政治大學數位史料研究叢刊

②

大學之道

知識分子與臺灣民主化

國立政治大學圖書館數位典藏組　編

大學之道——知識分子與臺灣民主化　目次

序

臺灣社會中的歷史意識

陳鼓應

一、

《大學雜誌》產生於臺灣的一個特殊年代。

一九四九年國府退守臺灣，同年五月宣佈島內進入戒嚴狀態，隨即頒布嚴苛的《懲治叛亂條例》。一九五〇年，韓戰爆發，美國第七艦隊橫守臺灣海峽，麥卡錫主義的白色恐怖散播到臺灣，蔣氏政權獲得CIA的技術支援，在島內進行地毯式的大逮捕。自此以後，戒嚴時期延續三十八年之久，史稱臺灣的「白色恐怖時代」。一九六〇年九月四日，《自由中國》雜誌創辦人雷震因刊物內批評時政的言論而遭逮捕、雜誌也被查封。自此，言論界噤若寒蟬，整個六十年代籠罩於政治的高壓陰霾中，時人稱其為「啞巴的一代」。直至七十年代初期，由於國際局勢的調整加上島內經濟的發展、教育的提升，戰後成長的青年乃結群而出，於一九七一年元月改組《大學雜誌》，這個群體後來被稱作「《大學雜誌》集團」。

一九七一年至一九七三年間，臺灣社會接連發生三個重大事件：《大學雜誌》改組，「保釣」運動興起於臺大、政大各校園以及「臺大哲學系事件」。事實上，後兩個事件的進展都與《大學雜誌》的言論傳播密切相關。

七十年代初期，在革新浪潮的推動下，《大學雜誌》交織著民主到民族、人權到主權的言論主軸。直至《夏潮》雜誌出現，可以說這一主軸或顯或隱地貫穿於整個七十年代的思想言論界。八十年代以後，雖然臺灣政治結構發生重大轉變，黨外刊物蜂擁而出，但在理論層次與思想內涵上，卻十分單調，所觸及的議題多屬新聞相關的政論性質。在理論層次和思想內涵上遠不及《大學雜誌》與《夏潮》，更不如五十年代《自由中國》雜誌來得激盪人心。下面容我簡要陳述五十年代至七十年代間的思想言論進程。

二、

五十年代以來，《懲治叛亂條例》的頒布及其執行，致使大陸時期制定的《憲法》形同虛設，《條例》儼然淩駕於其上，成為威權統治迫害異己的殘酷工具。七十年代，我蒐集到許多老政治犯的判決書。僅一九五〇年，島內便發生桃園案、臺中案、麻豆案等三大政治案件，大量逮捕所謂思想有問題的異己份子。每次逮捕都秘密進行，即使平民也送至軍法審判，而且一審判決。一般來說，作家和知識份子多以《條例》第七條「以文字、圖書、演說，為有利於叛徒之宣傳者，處七年以上有期徒刑」量刑；被視為情節嚴重者，則以二條一死刑起訴或終身監禁。根據「戒嚴時期補償基金會」的資料，五、六十年代以來審理的政治案件多達一萬三千多件。由此可見，政府公權力的無限膨脹和濫用，以至於蒙受不白之冤的民眾不可勝數。此番「白色恐怖」的特殊局勢於六十年代達到高潮。

五十年代雷震創辦的《自由中國》半月刊，在蔣氏政權特務統治陰森壓抑的氣氛中，發出振聾發聵的諍言。至一九五七年，該刊連續發表多篇社論抨擊時政，如，〈反攻大陸問題〉、〈政治的神經衰弱症〉、〈「反共」不是黑暗統治的護符〉。這些言論形成官方與民間的緊張對立，官方輿論嚴厲地斥責該刊物為宣揚「反攻無望論」。胡適之先生知曉後更是十分緊張，認為「反攻大陸」是「金字招牌」，並撰文〈容忍與自由〉，提醒知識份子需保有容忍的態度，強調容忍比自由更重要。隨後，殷海光先生撰寫了〈胡適論「容忍與自由」讀後〉，闡明「自古至今，容忍的總是老百姓，被容忍的總是統治者」，告誡胡適先生「不應以這個社會對你底『無神的思想』容忍為滿足，而應以使千千萬萬人不因任何『思想問題』而遭監禁甚至殺害為己任」。

《自由中國》這類文章的發表，正是我們在大學求學的階段。那一時期，在學界復古主義和道統意識構成觀念的牢籠，緊緊地禁錮著我們。該刊物發出震撼人間的呼聲，激起時代的「掃霧運動」，使我們這一代的在校大學生既看清現實，又大開眼界。臺大校園內由師長們所散發出的五四精神，借助《自由中國》的平臺，在思想觀念上得到推展，成為我們的驅動力和創發力。

《自由中國》半月刊的社論連續多期針砭時弊、檢討政策弊端，觸怒了當局的神經。最終，這一知識群為首的雷震被捕，由《自由中國》倡導的民主運動也隨即宣告終結。往後的十年間，臺灣社會的知識份子遁入群體性沉默，沒有一本政論性的刊物出版。只有一本討論文化問題的《文星雜誌》，可以算作知識份子在文化議題上發出個別聲音的唯一平臺。

從六十年代初，存在主義思潮便進入校園，以其對西方現代性諸多困境的反思，衝擊著青年學生的思考。我個人在此時借助尼采和莊子的思想，用以表達我對自由民主的嚮往。一九六六年，我忽然因為當局迫害殷海光教授（參見殷海光《我怎樣被迫離開臺灣大學》）而遭受牽連。隨著大學專任教職被解除，我的現實生活跌入了前所未有的窘境。六十年代後半期，李敖、陳映真、柏楊等作家又相繼被捕；身處特殊時期的我們，成為名副其實的「啞巴的一代」。直至《大學雜誌》的改組，這一沈悶的局面才真正得到改觀。可以說，《大學雜誌》接續著一個特殊時代的自由呼聲，承載著一個特殊時代的民主記憶。

三、

七十年代伊始，島內經濟實力穩健攀升，教育體系也日趨完善。然而，黨內元老重臣派卻積弊深重，觀念陳腐，阻礙新生力量接管政事。因此，上層結構老舊僵化與經濟發展日趨繁盛間的張力，推動著各行各業謀求政治社會的除弊更新，改革的呼聲日益高漲。值此之時，光復後在臺灣受教育的第一代知青，迎合時代的主題，結群而出，數十名的社務委員以聯合署名或集體論政的形式參與《大學雜誌》的改組擴充，將其由思想文化性刊物扭轉為社會政治類期刊。一九七一年元月，在《大學雜誌》第三十七期（改組後首期）上，我寫了一封〈給蔣經國先生的信〉（與劉福增、張紹文聯署發表），文中回應了蔣先生指出青年人不發言的社會現實，我們認為青年人不是不願發言，「主要的原因可能是不敢說，或覺得說了也沒用」。同期，〈臺灣經濟發展的問題〉（邵雄峰）、〈容忍與了解〉（陳鼓應）、〈消除現代化的三個障礙〉（張景涵）、〈學術自由與國家安全〉（陳少廷）這四篇時政性文章一經面世，便引起輿論的關注（參看第三十八期〈對上期的幾點意見〉一文）並招致當局的警覺。〈容忍與了解〉是我寫的第一篇政論性的文章。文中我曾這樣說：「安全人員的安全工作造成很多人的不安全感」，這是我在白色恐怖時代中的內心感受，這也道出當時大多數人的心聲。文章的開頭，我還指出看待現實問題需要「拉開視線，從廣大的文化背景與歷史的洪流中去看」。

一九七〇年秋，美日合謀操縱釣魚島主權紛爭，海外學生運動率先反抗帝國主義的蠻橫。同時，中央政府在危機處理上極度失職，當局無法在艱難時刻捍衛民族尊嚴與主權完整。一九七一年四月十五日，「保釣」運動發生，臺大、政大學生為保衛中國領土釣魚臺而向美使領館示威。同年五月，《大學雜誌》第四十一期刊登「保釣」運動專號。是年十月，由我擔任輪值主編的《大學雜誌》第四十六期，陸續登載〈國是諍言〉長文（張景涵等十餘位簽署）、〈中央民意代表的改選問題〉（陳少廷）、〈釣魚臺問題對話錄〉（王曉波）等多篇政論性專文。此後，由臺大法代會學生陳玉玲和洪三雄主辦的「言論自由在臺大」座談會，以空前的規模轟動校園，會議實錄更被《大學雜誌》第四十七和第四十八兩期轉載。

時隔數週，法代會又舉辦了「民主生活在臺大」座談會。會後，我將發言稿撰寫成〈開放學生運動〉，並在《大學雜誌》第四十九期上發表。言論力度的逐步增強，隨即引來當局的警覺以及中央日報對我為時六天的連續抨擊。

一九七二年夏，我懷著「朝聖」般的心情首度赴美探親。當時，美國是我眼中「自由」、「民主」的燈塔；其「自由」、「民主」的理念，是我用來對抗白色恐怖時期獨裁政權的精神武器。但是我到了美國，看到美國越戰後期的百業蕭條，而軍事工業卻一枝獨秀；看到美國政府一方面在媒體上宣揚「自由」、「民主」，一方面卻用坦克、大炮支持多國的獨裁政權。就連這片所謂「自由」、「民主」的土地，都是早期透過對印第安原住民的殺戮掠奪得到的。我越來越清醒地認識到「世界警察」的不正義，正如羅斯福總統所自詡的：美國就是一座「民主兵工廠」。的確，「民主」其表，「兵工廠」其裡——軍事干預別國並建立百餘處軍事基地。而在加州校園，我又親眼目睹了南京大屠殺的慘烈錄影，此情此景，喚醒我幼年時期對日本戰機轟炸故鄉福建長汀的記憶。書本中文字記載的百年近代史，也越發地鮮活起來：不止一個國家侵略你，而是多國侵略你；不止一個國家欺淩你，而是多國欺淩你。民族情懷與主權觀念瞬時撞擊著我的心靈，著實激盪起我內心深處的歷史意識。

「保釣」運動與旅美經歷大幅地拓展了我的思想視野，同時也迫使我反思：歷史意識於我們而言何其重要！一旦真實的過往被人為地抹去，那麼產生出來的歷史知識便有所偏執，而這也使得完整歷史的圖像，會被各種現實需要切割成意義破碎的片段，正如我們這一代青年一度被美國官方的片面宣揚蒙蔽住雙眼。尼采就曾說到：「過分缺乏歷史意識，就會像阿爾卑斯山下的居民般視野狹隘」。自此之後，民主與民族、人權與主權成為我現實人生中的關鍵議題。而這一議題正是一九七三年「臺大哲學系事件」爆發前《大學雜誌》不分省籍、不分統獨的群體言論主軸。五十年代，《自由中國》抨擊專制政體而倡導民主和人權；七十年代，《大學雜誌》遭遇軍事霸權而宣揚民族與主權。前者對內而後者對外，伴隨其中的是視域的漸漸寬廣與思考的逐步深刻。直至七十年代後期的《夏潮》和《臺灣政論》，也都遵循這一主題運轉而推進其言論活動。可以說，民主運動自此融入了抵禦外侮的特殊意涵。

探親期滿我即返臺，同年十二月四日，「民族主義座談會」在臺大舉辦。我將上述感想在會上進行表述，引起官方決定使用政治力來壓制「保釣」運動，隨後便發生「臺大哲學系事件」。

如今，時代畢竟不同了，我們那個年代的人際遇多艱，卻能激發出一種冒險患難的拼搏精神。當年「保釣」運動的學生領袖，如洪三雄、陳玲玉、錢永祥等，他們不僅在校成績優異，而且極具社會關懷和民族情操。與現在的草莓族或「太陽花學運」的風雲人物形成鮮明對照，他們連最基本的「服貿」內涵是什麼都搞不清楚。這不禁使我想起喬治．奧威爾的一句話：「Ignorance is power」（無知就是力量）。

時代畢竟不同了，我雖然曾經呼籲開放學生運動，可我們那時學運的核心主張是抵禦外侮，反對國際軍國主義者的不正義，並且呼籲同學們要擁有充分的責任心和歷史感。

時代畢竟不同了，我們那時正處於「白色恐怖」時期的一黨專權之下，而如今的兩黨政治則流為惡性競爭。最終，帶頭的學生卻淪為政黨的工具，恰似我當年極力批判的「職業學生」。

四、

此次，政大圖書館將去年（二〇一三）的這場學術會議整理成冊，我想對館長劉吉軒與數位典藏組暨組長莊清輝表達由衷感謝，也利用這個機會，將個人與這本論文集的關係作個說明。

最早是在四、五年前政大圖書館的數位典藏計畫，當時擔任組長的譚修雯，與柯雲娥、張惠真等諸位女士積極地與我聯繫，希望個人提供民主運動的相關史料。構想很好，幾位更是熱心，我也有意願提供，尤其是臺大哲學系事件的相關史料，只是後來在兩地忙碌的過程中，我們的聯繫就少了，計畫因而擱置。三年前，感謝任教於世新大學口語傳播學系的夏春祥，願意在研究相關主題的過程中，將兩方重新聯繫起來，並積極地聯絡各方人士籌辦二〇一三年底的研討會。

在去年十一月十五日上午「《大學雜誌》的回顧與前瞻」的會議場次中，我們當年的親身經歷者有機會在公開場合一同回味過往，也互相惕勵地看向未來。後來，我也看到了由華中師範大學歷史文化學院何卓恩教授的博士生韓毅勇，和協助我整理檔案、記錄現場的助理黃建波整理出來的會議討論逐字稿，他們幾位與當天下午幾位青年學者與研究生對於《大學雜誌》的研究論文，更是今日表達對那個時代紀念的最佳方式。所有這些都讓我倍覺溫馨，也想起我的老師殷海光過世前給我的一封信，他說：「鼓應，此刻在燈下和你寫信，說不出的淒涼。人與人之間，只有內心溝通，始覺共同存在。人海蒼茫，但願有心肝的人，多多相互溫暖。」

序

大學圖書館的人文守護

歷史存在於史料中，臺灣青年知識分子對人權的渴望與對民主政治的理想，具體而深刻的展現於一九七〇年代初期的《大學雜誌》。歷史也存在於當代人們的認知與記憶當中，曾經有一群臺灣青年知識份子追求美好社會的熱情與勇氣，在《大學雜誌》中燃燒、閃耀。政治大學圖書館於二〇一三年十一月舉辦「政治大學數位史料與研究論壇」，以「知識分子與臺灣民主化：大學雜誌」為題，邀請走過歷史波濤的先行者，一起回顧一段艱辛的道路，同時也透過史料的研究發表，嘗試協助新世代的青年，重新找回臺灣社會的歷史。

研討會上午場次為南方朔（王杏慶）先生的專題演講及《大學雜誌》核心成員的座談，由洪三雄先生主持，與談人包括陳鼓應教授、張俊宏先生、陳達弘先生、陳玲玉律師及林孝信教授，共同思辨與激盪，帶領與會者一起認識人權民主思潮的孕育與成長過程。下午場次則為《大學雜誌》史料研究論文發表，分別由政治大學臺灣史研究所的薛化元教授及世新大學口語傳播學系的夏春祥教授主持，透過新世代學者的論述與解構，讓歷史得以傳承。本專書特將貴賓講稿、綜合座談、口述、研究論文、史料選摘等集結成冊，以茲推廣利用。

一九七〇年代初期的《大學雜誌》，承襲一九五〇年代雷震的《自由中國》、一九六〇年代的《文星》

雜誌，秉持自由主義，相繼發出人權民主改革呼聲。政大圖書館以人文史料保存與學術使用為理念，在陳鼓應教授的協助引介下，獲得《大學雜誌》發行人陳達弘先生提供未經審查之《大學雜誌》最具影響力時期（一九七一至一九七二年，第三七至六〇期）之原始版本，並授權進行數位化保存與資料庫建置，成為有價值的學術研究素材。在此特別向兩位先進致上感謝。另外，夏春祥教授協助撰寫本書編注文字，引導使用者方便閱讀，一併致謝之。

歷史需要保存，歷史更需要解讀與認識，讓後代子孫能在歷史中得到啟發，進而提升文明的價值。本館於二〇一二年開始，每年舉辦「政治大學數位史料與研究論壇」，以小型學術研討會形式，鼓勵年輕學者利用本館建置之數位史料，並協助推行研究成果之發表與交流，「知識分子與臺灣民主化：大學雜誌」為此系列之第二個年度主題。未來本館仍將戮力於人文社會科學之基礎資源建設，耕耘人文社會科學研究之土壤，並共同守護人文理念之傳承與創新。

政治大學圖書館館長　劉吉軒　二〇一四年八月於政大

專題演講——對《大學雜誌》的我見我思

政論家　南方朔

自二〇一一年中風後，雖然腦袋沒有影響，也還可以寫字，但是寫得很慢，右邊的運動神經受到影響，所以走路變得很慢，走路也變得很累。因此，從二〇一一年以後，幾乎已不出門，出門很累、很辛苦、很麻煩，也造成別人的麻煩，因此，現在就很少出門。今天承蒙貴校的邀請，希望能講述個人對《大學雜誌》的想法與看法，這是很難得的機會，於是欣然答應。透由這樣的場合，讓我們回憶很多過去歷史的發展脈絡，可提供未來的參考與反省，因此，就欣然答應來到此與大家見面。

在座的各位年輕的同學們，你們也許真的是活在一個非常倒楣非常不好的世代，畢業以後，各位領22K、23K、24K，然後整個臺灣社會，面臨到人類歷史上不多見的政治衰退期，而臺灣更是典型的例子。臺灣最近幾年的飲食風波，如最近的食用油事件，臺灣已亂成一蹋糊塗了，這是一個很典型的政治衰退的一個社會。臺灣看起來是亂七八糟，看起來是沒甚麼前途，所以各位你們生長在這樣的一個時代，真的是非常鬱卒，可是越鬱卒的時代，我們越要反過來想，鬱卒的時代事實上也正是年輕人最可以發揮，發揮自己的道德勇氣，正義認知，然後對社會有參與的貢獻，有那個決心，最好的一個時代。

臺灣過去在半個世紀以上，甚至往前追溯，我認為臺灣的學生們、年輕人們，甚至知識份子們，過去曾經有過三次知識份子、知識青年的大集合運動，現在應該是到了第四次的前夕。這幾年臺灣的大學

生，從事抗爭、從事社會的再民主的深化，很多事情其實都是年輕人搞出來的，所以我認為臺灣現在已經面臨到臺灣青年知識分子的第四次大集結。

臺灣青年知識分子第一次大集合是日治時代，臺灣從甲午戰敗輸給日本以後，臺灣經過一段時間的武裝抗日，我們都知道臺灣老百姓沒有武裝，但日本殖民政府有龐大的軍隊，所以武裝抗日的運動注定失敗。武裝抗日之後，臺灣就歸順日本，在歸順中慢慢地學習。

自明治維新現代化開始，整個日本社會的西方化，大正時代是研究日本推行西化很重要的一個階段，今天臺灣很多的現代化的老餐館、老戲院、百貨公司，大概都是大正時代引到臺灣來的。大正時代是日本現代新思想發揚期，透過教育之父（按：福澤諭吉）影響到整個日本，從而影響到臺灣。所以大正時代的末期，大政十年、十一年，相對地臺灣的青年們，受到當時整個日本的現代化風氣的影響，所以臺灣以日本的留學生為主的青年們，就開始一波一波的運動，有六三法的廢棄運動，然後有臺灣議會設置運動，最後發展成一個臺灣文化協會。雖然我們都知道那個時代，臺灣做一個次殖民地，要發展出一個跟日本本國一模一樣，享受到日本現代化的自由、繁榮的水準。臺灣人想爭取這樣的一個地位，這是從當年的美國獨立革命前夕，美國人民希望爭取到跟英國人一樣的待遇，是同樣的發展脈絡。由於時代的不一樣，當時假若是高中畢業，就已經是知識分子了，假使是醫科的專科畢業，就已經是大號知識分子了。當時臺灣的知識分子就前仆後繼，從六三法廢棄運動，一直到文化協會、農民組合這樣的一套整個發展過程。最後當然完全被日本欺壓下去，那個時候發展的名詞叫大檢肅，就是檢查、肅清，經過好幾波大檢肅後全部都掛掉了，都沒有了，那是日治時代臺灣人第一次知識分子的大聯合的大型運動。

日治時期過去了，變成國治時期。我先講一段歷史的公案，可能在座有一些人不同意。前幾個月，臺灣在吵，臺灣以前是要稱日治，還是日據？吵了老半天。但相對我要提出一個觀念，今天的臺灣，是國據，還是國治？可能這和很多人讀現代史的認知是不一樣，我的認知白先勇完全同意的。

各位要知道，民國三十八年一月蔣介石下野，辭掉總統的位子，總統讓給李宗仁做，所以我的意思是說，從民國三十八年一月初開始，中華民國總統就已經不是蔣介石了。然後民國三十八年年底，國民黨把中央黨部總裁辦公室、行政院辦公室、中央黨部辦公室全部移到臺北來，那個時候他不是以一個合法統治的身分搬過來，然後到了三十九年五月份左右，國民黨的軍隊，他已經不是一個國家軍隊了，他是一個黨的軍隊，正式撤出海南島，正式撤出舟山群島，跑到臺灣來。意思就是說，國民黨的軍隊來臺灣，基本上不是一個合法政權，他也不是中華民國政府，他是中國國民黨的軍隊的政府，所以我一向認為，國民黨統治臺灣，他不是合法的統治臺灣，他是一個槍彈的軍事的組織佔領臺灣，我是這樣解釋。正是因為蔣介石統治臺灣在正當性上有問題，所以民國四〇年的總統復行視事，總統已經不見了，怎麼復行視事，所以那個不合法。

後來為了要讓他的整個統治具有合法性，一直要拖到民國四十三年，透過國民大會代表的增加名額，補缺額，勉強把一千三百五十五個代表的大多數補齊了，然後開了第一屆國民大會，第二次會議，蔣總統才當選總統。勉強有一個不合法中的好像合法的一個地位，意思就是說，蔣介石來臺灣，絕對不是一個合法政府來臺灣，是中國的一個強大的軍事集團的力量，然後跑到臺灣，佔據著臺灣，臺灣的人沒有武力啊！所以從三十八年一月然後到四十三年的五月，蔣總統繼續擔任像似合法總統，其實整個五年，臺灣是一個非法佔領的時代，不具有任何正當性。

蔣總統自己不是一個合法總統，他當然知道，所以來到臺灣以後，透過好多的政治動作，譬如說，那個時候國民黨丟掉中國大陸以後，跟他來的大官們——立法委員、監察委員很多，但國民大會有三千多個人，跟他來的非常少，連一半都不到，所以他要拼命去湊這個正當性。因此，他的總統的復行視事不是國民大會給他的，因為國民大會人都不夠了，不用開會了嘛，是立法院給他的。於是它就變成臺灣的一個巨大的政治包袱，就是所謂的老賊論。立法委員是整個蔣政權的最大的基礎，然後另一個拼湊出來的國民大會，是替蔣政權背書的一個橡皮圖章，所以他們就變成一個龐大的利益共同體。而這個利益共同體，不能有任何一個不見掉，因為不見了以後，統治政權就完全沒有了。所以只好從民國三十九年以後，臺灣的中央民意代表，立法委員、監察委員，全面不改選，全面一直延續。他不得不延續，因為一個立法委員沒有了，還有一個監察委員沒有了，或是任何一個國民大會沒有了，他整個統治的正當性就完全沒有了。而監察委員是幫他彈劾李宗仁的，假設監察委員不見了以後，繼續的那個總統還是李宗仁，不是蔣介石。

所以各位要知道，整個臺灣為甚麼在過去好幾年，一直在吵鬧不休的老賊、老賊，老賊是說中央民意代表機構，不退休，一直當下去，這個是跟他的統治的正當性，還有安排是有密切關係。因為蔣總統知道自己的統治好像是不正當的，所以他活著的時候，都有那種充分的恐懼感，對老百姓恐懼的要命。

在蔣介石恐懼感之下，臺灣的第一次知識分子大集合，那就是《自由中國》。《自由中國》是民國三十八年十一月創刊，民國五十九年，出了二六〇期以後，被迫停刊，雷震被抓去關，被抓去關了好多人，而為什麼要辦《自由中國》？由於國民黨來臺灣以後，國際形象很差，是一個腐敗的政權，被趕出中國大陸。共產黨是比較進步的；國民黨是比較差的。面臨到這樣的一個形式時，國民黨怎麼改變自己的形象？於是就用幾個當時在國民黨裡面還有一點形象的人，還有點形象的自由派，給你們當官。那個時候國民黨裡面一個學問不錯，形象也很好的自由派大官叫吳國楨。吳國楨那個人永遠不得志，不可能有發展的機會，而因為國民黨需要改變形象，所以就把吳國楨抓來當那個政務委員。那個時候臺灣行政院政務委員裡面，有民社黨的，有青年黨的，講民權的，好幾個。那個時候國民黨需要開明派來幫他化妝，需要改變美國對你的形象，所以需要把一些受過現代化教育，美國人好像認識的人，賦予他們不同的任務。而那個時候的雷震，就是一個富有對美宣傳重要任務的人。所以早期《自由中國》半月刊的經費來源之一，是臺灣國民黨的「反攻救國宣傳基金」裡面出來的，他是需要這樣的一些人幫他來包裝。可是任何具有知識分子性格的人，他不可能被御用，永遠聽話。而雷震先生，在被用了以後，他改革社會的那個基本的知識分子的意願出來了，你叫我玩假的，我就要跟你玩真的，所以《自由中國》半月刊，我認為從歷史解釋角度來講，他應該是一個別人教他玩假的，他要玩真的這樣的一個知識分子運動。

這些知識分子，他們真的還是很堅持，只有從國民黨系統出來的一些外省的大官，在臺灣是沒有根基，所以要跟臺灣本地的、延續的文化協會過來的那個草根性的民主的勢力結合在一起，才可能有前途。所以到了民國四十九年的年中，《自由中國》半月刊開始醞釀要組黨，然後跟臺灣很多本地的政治人物，檯面上的政治人物都不錯的，像郭雨新、郭國基！這些不錯的人，都具有現代化思想的人，然後他們就辦地方自治座談會，辦了好幾次。對於國民黨來講，這還得了，簡直是造反了嘛，所以就在這個時候，就用了一個很莫名其妙的罪名，把雷震抓去關了，像傅正老師啊，夏濤聲先生啊，好多個人就被他們抓去關了。我們都知道任何一個時代，當出現了一個風聲鶴唳的氣象以後，當然整個知識分子運動，就完全瓦解掉了。所以臺灣戰後的第一波知識分子大聯合因此而瓦解。

當年的《自由中國》半月刊，真的很風光欸！它一共出了二六〇期，出了一〇年八個月，每期可以賣多少本呢？訂戶當然不多啦，訂戶很少，但每次在書報攤都可以賣兩萬本，那個時代臺灣的經濟很差，老百姓、讀書人會花錢去書報攤買雜誌的可能性很低的，臺灣的老百姓一個月都會把他的兩萬本雜誌買掉，好厲害！好厲害！所以就是說，雜誌、知識分子運動、時代，三者結合，雖然這個結合最後是瓦解掉了，可是臺灣戰後自由民主的第一波運動，就是在《自由中國》半月刊所形成的。所以第一波知識分子，那是臺灣文化協會第一波，《自由中國》半月刊是戰後的第一波，等於是臺灣的第二波。

第二波之後，我們注意到又有一個很奇怪的現象，就是在民國四十六年十一月，臺灣創了一個《文星》雜誌，可是這個文星雜誌，到民國五十五年（按：應為五十四年底）就停刊了，他只辦了九十九期（按：應為九十八期）。我進大學的時候，剛好是《文星》停刊的時候。《文星》停刊，書店要拍賣，東西要賣光光，所以我有好多書都是在文星倒閉的那個書店買的，便宜買到的，很多英文書也都是在那個時候買的，在中華路峨嵋街的那個角角上面。而《文星》雜誌是國民黨中常委蕭同茲先生辦的，所以那個時代，我們就知道整個國民黨從政治到文化，整個霸權在他們手上，他們需要半月刊那個時代——國民黨形象不好的時候，需要辦一個顯示臺灣很開放，很西化這樣的一個雜誌，這個角色就由蕭同茲先生來辦。

《文星》這個雜誌，有它的好處和壞處，很大的一個壞處就是造成臺灣的一個形象：外省人有學問；本省人粗魯沒學問。臺灣長期以來都有那個省籍歧視，我覺得跟《文星》雜誌是有關係的。我講一句很不禮貌的話，不是在污衊古人，《文星》雜誌主要是由外省的菁英分子所辦的文化雜誌，對臺灣社會上，造成一個印象——這些外省人有學問。比方他們會寫誰是甚麼小說，甚麼文學家，甚麼外國文學家、藝術家。我們哪裡有聽過，我們吃飯都來不及吃了，我們哪懂這個東西。外省人有學問、有文化；臺灣人沒學問、粗魯。臺灣的省籍文化，其實跟這個雜誌種下攸關於一些因素所造成的印象有密切的關係。可是我們都知道，當你做為一個知識分子，不管你是本省、外省，當你具有了一點點文化權利以後，都會假戲真做，都會叫你服從，你要造反，所以《文星》也是。他的核心都是一群外省的文化人，當他們辦了雜誌以後，得到了文化的權力以後，他們的慾望都會擴大，改革慾望都會形成。近代改革的理論，都有一個最基本，而且全世界都已經接受的一個說法，就是：改革一定是開一點點窗以後，改革動力，改革會因為期望增加而勃然爆發。所以當知識分子改革的慾望爆發以後，統治者一定要壓制。《文星》就是這群主要是外省人的知識分子，他們享有了文化權利，而他們期望增加以後，他們要玩真的，所以國民黨的人越來越不能忍受。

可是《文星》所創造出來的整個風潮，只限在校園裡面，對臺灣社會沒有甚麼大影響，所以我不認為他是一個甚麼知識分子集合的運動，我不認為。它就是整個臺灣的外省青年，第一次的反省，就是文化的自由到最後會不會碰到所謂政治上的自由？一定會碰到。它是一個外省企業重要的啟蒙運動，對臺灣整個社會影響很大。像我小時候，我們在臺南鄉下，你說《文星》，我說從來沒看過。當《文星》倒閉，我剛進大學，我也沒看過，所以我對《文星》的了解，都是以後才了解的。所以《文星》的時代，臺灣一九六〇年代是很文化沙漠的，整個社會是由那種很強的白色恐怖轉化成比較淡的白色恐怖的一個轉化的階段。

一九六〇年代尾巴，臺灣社會就開始變了。一九六〇年代，白色恐怖已經淡了，它已經不再像以前一樣抓來就槍斃，抓來就關、坐監牢，社會已經開始有一點點進步，那個情況已經不能忍受了，不能接受了，所以白色恐怖變淡。當一個以前恐怖很嚴重的時候，到白色恐怖變淡以後，整個社會的那種欲求，期望就開始增加。一開始的時候，出現了一個雜誌，叫《大學雜誌》。《大學雜誌》在那個轉型的時代產生，最先只不過是要辦一個大學生、青年們可以增加一點品味的概念性雜誌，所以是一個很典型的、大學生型的，做為一種身分認同的一種雜誌。所以《大學雜誌》從民國五十六年十一月創刊，前三年不好看，每期都是在談一點大學生的風花雪月，有的沒有的，很有氣質，好像也沒有甚麼大意思。所以近代的人談《大學雜誌》，都不是談《大學雜誌》的初期，他沒有意思嘛，就不談了。可是當一個時代在變，青年們開始有了新的期望，他們都希望經過宣傳媒介，來發揮他們的影響，所以《大學雜誌》從第四年開始改變，就是我們在座的陳鼓應老師、張俊宏先生，還有今天下午可能會來的一些先生們、學生們就開始進去了。這次我覺得很可惜有兩個老師沒請來，楊國樞老師、胡佛老師，還有那個李鴻禧老師，這個沒有請來，滿可惜的。這些人跟在座這幾位，都進了《大學雜誌》，這些知識分子他們是有期望。

楊國樞、胡佛等，他們是念美國書的，他們在美國留學，他們好歹有一點美國式的自由民主的概念，美國式的價值標準，好歹有一點，他們至少希望臺灣也能夠學一點人家美國，整個社會能夠釋放到那個程度。而張俊宏先生，好歹是一個臺灣的地方人士，對臺灣有關心。如果炒來炒去，都跟臺灣沒有關係的題目，哪有意思，沒意思啦！所以他們代表了《大學雜誌》的本土派，對西方人不是不懂，是懂，只是更關心臺灣的問題，許信良、張俊宏這樣的人。還有我們的陳鼓應老師，他的思想跟這兩派都不一樣，他是比較具有更宏觀的整個大中國的發展方向，從這個脈絡來看很多當時的問題，他是另外一個比較異端的知識分子。所以一九七一年到一九七三年，這一群很奇怪的一群人，怎麼可能兜在一起，不可能兜在一起，就兜到了《大學雜誌》上面去了，而整個《大學雜誌》就變成了很異質的結合，非常具有知識分子反叛性格的一種結合。他們談問題的題目，架構很大，關切臺灣的現實問題，這樣的一群人一進來以後，知識分子所能夠發揮的改變，成為風潮造成這樣時事的趨勢就形成了。所以《大學雜誌》在一九七一年到一九七三年在臺灣知識分子圈裡面發揮很大的影響力。

我是那個時代的人，所以後來一九七二年的社務委員改組，我還是社務委員之一欸！那個時候，我跟楊國樞、胡佛老師都是很熟的朋友，李鴻禧也是很熟的朋友，還是我鄰居。所以當他們在辦《大學雜誌》的時候，我說你們讀書人辦雜誌沒路用啦！要成為一個支持社會政治發展的一個組織，所以《大學雜誌》這一批所謂洋派的人，後來成立了今天還在的澄社。澄社是我跟何懷碩、楊國樞，我們有一天開會，我就跟楊國樞一直拱啊，我說《大學雜誌》好歹也要變成一個具有英國的費邊社這樣的一種性質的知識分子團體才有意思啊，只是空談而已沒有意思，所以《大學雜誌》這一批留洋派，他們就開始形成了所謂臺灣的澄社。澄社，我是真正的搖籃推手。

可是臺灣在這個時代，發生了真正重大的變化。民國五十八年六月，蔣經國成為行政院副院長，民國六十一年五月二十六號，蔣經國成為行政院院長。蔣經國他從五十八年成為行政院副院長以後，他就需要造勢，他要發揮他的贛南精神，要造成一個接班人、愛護青年、希望改革，他要造成這樣的形象。所以就在那個時候，《大學雜誌》的某些人，我不知道，就跟蔣經國就有了掛勾，《大學雜誌》變成了記載營造改革氣象的一個雜誌。可是任何一個知識分子運動，從玩假的到玩真的，都是一個發展的過程，都必須付出代價。《大學雜誌》就為了跟整個臺灣政治社會發展，蔣經國的營造時勢，但當蔣經國營造時勢已經穩定下來以後，整個《大學雜誌》本身就發生了路線爭執，而那個時候就開始了所謂的土洋分裂，洋派已經感覺到不對了，他們就退出。土派，就開始一步一步的走向更加的與現實結合。

可是任何一個知識分子的關心，如果缺少了有學問的人替你背書，就會變得很弱，而臺灣所謂的有學問的定義是甚麼呢？就是有沒有美國博士，這是有沒有學問的定義。辦任何一個雜誌，若沒有一個博士替你背書，這個雜誌沒有公信力，臺灣從《文星》時代，就開始形成一個臺灣很反動的文化現象，沒有博士簡直就沒有發言權。這也是國民黨為什麼要用博士當官，沒有博士他不用的，因為你不是人才嘛！他們已經創造出整個臺灣文化的價值。所以，《大學雜誌》到後期的時候，就沒有人幫它背書，它已經變成一個純粹的看的雜誌，已經完全沒有影響力了。一九七三年是它影響最大的時候，七三年後慢慢的就沒有影響力了。可是我們可觀察到，《大學雜誌》已經創造出了一個知識分子重新關心臺灣問題的一個氣氛，所以誰延續了這個氣氛？當年《大學雜誌》開始分化了以後，這個正式的傳統被誰繼承了，被《臺灣政論》所繼承。

一九七五年，《臺灣政論》創刊，所有的美國的、日本的、臺灣本地的很多臺灣籍的知識分子結合在一起，而臺灣知識分子向臺灣人證明了一件事情，不是只有外省人有學問，臺灣人照樣有學問，我們一堆博士也在這裡啊！我們談問題，我們可以談各種問題啊！所以《臺灣政論》的創刊，對於臺灣本地的知識份子的影響真的很大、很大。學問不是被國民黨裡面少數官僚體系所壟斷，臺灣子弟也有學問，《臺灣政論》創刊的時候，各位可能都不知道，他創刊的第一期可以刷五刷，每刷一萬本，一個雜誌在一九七五年的那個時代，一期可以賣到五萬本，那個嚇死人的！所以《大學雜誌》、《臺灣政論》開始，我認為是開始了臺灣的知識分子獻身於社會的一個很關鍵的，在臺灣本地的一個運動，是臺灣的大歷史裡面第三波運動。《臺灣政論》、《八十年代》，接著知識分子參政，張俊宏選省議員、許信良選桃園縣長、中壢事件，最後到一九七九年，高雄事件抓了一堆人，軍事法大審等。從一九七二至一九七九年，整個臺灣社會動盪程度非常巨大，每天街頭巷尾就在談論說黨外不合，整個臺灣社會，民主本土運動是空前的高漲。最後變成了一九八六年的九月二十八日民進黨成立，一九八八年一月十三日蔣經國逝世，一個時代結束。

蔣經國從權力很大，到他逝世以後，到二〇〇〇年臺灣政權輪替，為一個時代畫下休止符。第三波的臺灣知識分子大運動，對臺灣的貢獻巨大無比。雖然亂了很長一段時間，但跟古代的革命不一樣，造反不一樣，它是透過很深層的社會本身的改革，社會本身的啟發，然後造成整個時代、整個政權的完全崩壞掉。由於時間不夠了，我們只能再簡單講，第三波結束對臺灣政權輪替。

我們都知道，臺灣人從政當權時間太短，從清朝開始到日據時代、日治時代到國民黨時代，自己掌控一個國家，自己當家做主的經驗短得、少得要命。所以政權輪替以後，民進黨的陳水扁他真的不會治國，他沒有那個歷史傳統，如何去治理一個國家，他不會！民進黨也不太會，所以二〇〇〇年一直到二〇〇八年臺灣亂七八糟。而且不只是他沒有能力，那個時代臺灣整個的立法院是在國民黨手上，所以立法院不跟你合作，你變得更加亂七八糟，所以就促成了二〇〇八年馬英九上臺。

馬英九一上臺以後，臺灣的很多人就在說國民黨有人才，這個話是陳水扁講過的，陳水扁以前說過國民黨有人才不給我用，所以造成臺灣社會的一個印象——國民黨有人才。當時我就說過，我說國民黨沒有人才，國民黨只有一堆書呆子，沒有人才，後來證明這段時間為什麼臺灣搞得亂七八糟，就證明國民黨沒有人才啊，有人才怎麼會搞成這樣，就是沒有人才啊！而且從二〇〇八年開始，我幾乎是第一個公開批評馬英九的人，我認為馬英九是一個只會作秀不會做事的人，他很會包裝，可是做事的能力真的很差，我當時就說了。當時臺灣很多朋友就說，老王幹嘛罵他罵那麼難聽啊，現在證明了，我還有先見之明噢，我不是那麼笨的噢！我研判正確。

當一個社會，一個很強的領導人，開始的時候很強，後來證明他不行，然後整個社會的那種要求民主，對這個政權做本質的反省能力就增強很多。所以最近這一年多，我們都看到臺灣社會對臺灣認同的問題，對臺灣未來角色定位的問題，對民主改革必須走入最深化，一個民主體制怎麼才會更加穩定，這些更基本的問題，是最近這一年多，臺灣更年輕的一輩，拼命在思考、在行動的一個問題。所以我認為二〇一三年、二〇一四至二〇一六年，恐怕是臺灣的民主改革運動第四波大集合。

對於第四波大集合，我認為會徹底改變臺灣，臺灣的新認同會出現，對未來更詳細的規劃，應該會出現，而臺灣更厲害的人才應該會冒出來。所以我對各位同學你們這一輩，我充滿了樂觀的期待。現在臺灣已經到了第四波知識分子大集合的時代了。清華大學的學生好勇敢啊！東吳大學的學生好勇敢啊！臺大的學生好勇敢啊！政大的學生比較沒有聲音噢！現在各個地方、各個大學的學生都很積極參與思考臺灣的未來，而我覺得這是一個臺灣從以前的第一波、第二波、第三波大集合沒有像這一波這麼徹底過，所以我認為生長在最壞的時代的人，換個角度來講，恐怕也是生長在最好的時代。你們的理想，你們的期望，你們真正的改革，會透過你們的努力而在臺灣落實。雖然我們一天到晚都在批評臺灣，因為臺灣要完蛋了，可是我相信臺灣不會完蛋，臺灣透過第四波知識分子大集合大運動，一定會對臺灣產生革命性的一個改變。好，我就報告到此為止，謝謝各位，謝謝！

提問部分

提問者：南方朔先生您好，我是政治大學廣播電視學系一年級的學生，您剛剛有提到說一個鬱卒的時代正是發揮社會正義最佳的時機。那我想請問您，看到目前一些學生包括清大陳為廷，參加一些社運活動的時候的一些看法。因為很多人問說：我們的一些理念還不夠成熟，然後在發表意見的時候，沒有辦法很用很大人的方式去發表我們的想法，那我想請問您對學生在做社運的時候有甚麼建議？謝謝。

南方朔：跟各位報告一下，我自己是一個從事社運起家的人，對臺灣第一次街頭運動，當時林正杰在臺北搞了一個街頭小霸王的……運動，我是最重要的策劃者。所以我認為一個民主社會，統治者是有責任去把一個社會治理的井井有條，而社會同時有責，你能夠把一個社會治理好，然後老百姓就不會抗議。當你治理不好，老百姓就有抗議權，而抗議權基本上是一種表達方式，可以很激烈，可以很滑稽。像美國是抱著一隻豬去諷刺統治者；臺灣丟鞋子啊！那個苗栗縣長運氣不好，被砸到頭啊！就運氣不好嘛！對不對，馬英九被丟鞋子我認為完全正確，完全正確。我們不能夠用教書的那套，學生要有教養啊！不要丟鞋子啊！吐口水啊！意思就是說，我們辦教育的人、辦媒體的人，我們要有是非正義判斷的標準。政府失能，把國家搞得亂七八糟，老百姓向你丟鞋子抗議有甚麼不對，很對啊！他沒有向你丟手榴彈就不錯了。所以，我們對抗議的那種表達方式，我們還停留在古老的專制時代，老百姓不要抗議，老百姓乖乖牌。不對！學生們從事比較激烈、比較滑稽、比較無厘頭抗議活動，我認為是對的，可以的，這是人民的權利之一，這是天賦抗議權。天賦人權我們都知道，最古典的時代，天賦人權、天賦革命權、天賦抗議權，那是天賦欸，老天給我的我當然可以抗議。

至於說年輕人他學問不夠，他的理念講不清楚，我們跟各位報告一下，在這個時代，誰能在裡面講得清楚，馬英九講得清楚嗎？國民黨講得清楚嗎？歐巴馬講得清楚嗎？全世界沒有一個人講得清楚。你一定是要透過長期的表達和表現，人民可以耙梳出你的整個邏輯和價值是甚麼？任何一個人，透過一個行動、一篇文章，永遠不可能講出一個理念，然後說理念是甚麼？我也講不清楚啊！世界那麼複雜。可是我有沒有理念，當然有，你把我的文章先拿來看，長期看，看，看，有一個基本價值在後面，那就是長期我的價值。

我認為最近這兩年，臺灣很多的大學生出來抗議，他們的理念，我已經感覺到了，就是用臺灣自己的術語來說，他們就已經是在形成一個民主必須深化的一個價值，人民有抗議權，天賦人權、公民權的概念是更加深化，然後對於民主制度的整個運作，甚麼是合理的？甚麼是不合理的？用最近這幾天的例子來說好了，一個政府、一個政黨，你可以制定很多規則，很多黨章，很多很多法律，在法律上我們叫做人為律，叫人的制訂法，自己制定的，合理不合理？肯定不合理。但是自己制定下來的，很多自訂法是違背人的基本價值，你黨章修訂總統當然主席，這是你制定的。可是另外一個價值就是胡志強說的，你當了黨主席你當然要為了你黨的選舉勝敗負責，當然要負責啊！胡志強的話有沒有道理，有道理，他的道理我們叫自然律。一個世界、一個社會，總有一些道理應該是每個人心裡面都知道的道理嘛！這個我們叫自然律，黨主席要為失敗負責，理所當然的事情，我們叫自然律。然後透過修改黨章，我可以不負責，叫人為律，當人為律牴觸了自然律的時候，恐怕是自然律會贏。全世界的人為律都規定老百姓不可以造反，全世界都規定的，這是人為律。可是為什麼全世界還有很多國家在革命、在造反，為什麼？革命權是人類的自然律，老百姓活不下來了，老百姓就造反了啊！所以造反是天賦的人權，是一部份的自然律，你規定老百姓不能造反，哪有這樣的法律，那是人為律，所以類似於這些基本價值如何思考？辯論哪些行為？我覺得最近這一年多臺灣年輕人真的表現得不錯，而且年輕人做了很多事情。假設我們從正義公平的角度來看，還滿符合未來的公平正義的，所以我才對現在第四波的青年的集合，充滿了樂觀的期待，謝謝。

提問者：（李酉潭教授）王教授，各位貴賓，各位同學大家好。我一直都有看王教授的文章，前陣子也有聽你的演講。今天聽你講，我覺得不吐不快，因為你罵得好。當臺灣社會一大堆人參與社會運動，我們的徐世榮教授也帶頭參與了，反而學校、同學還不夠積極，你講的好，因為政大有老師罵這些學生理盲與濫情，所以我覺得王教授今天罵政大同學，罵得好。包括今天，如果同學們沒辦法主動來聽這個演講，我感覺政大就沒資格叫社會科學的大學。所以我身為一個政大的老師，我反省也受益很大，包括你今天的演講我受益很大。但是在這邊我想跟你請教一個事情，那就是臺灣民主化，現在在民主深化，但是有一個部分叫做民主鞏固中心的定義，就是制度化，臺灣制度化可能出現了一個缺點，可能不是只有用人民抗議行動就能解決，也就是憲政制度、選舉制度跟政黨制度這三個制度可能和全世界比較起來都不是非常好的，憲政制度部分，變成總統議會制，屬於半總統制比較不好的；然後選舉制度又學日本那種不成比例的當選原則，而不是學德國那種模式也不是好的；政黨制度裡面，國民黨黨國體制沒有崩解之下，黨產變成黨主席可以綁架黨員，綁架全國人民最重要的、最後的一個堡壘，也是最後的一個障礙，而修憲上次又弄出這麼難修憲。請問南方朔先生，你覺得除了年輕人抗議之外，除了這個社會力展現之外，如何最終用憲政制度來解決臺灣現在所面對的問題？謝謝！

南方朔：謝謝各位老師的認同，各位先進各位同學，我是一個讀書人，我到現在為止雖然這麼老了可是我還是一直在讀書，而且我曾經講過一句話，我說我讀的書只讀東方跟西方最古老的書，我很喜歡讀古代經典，希臘羅馬，中國先秦諸子我都一直在讀的，然後同時我非常喜歡讀，專門在讀西方最新的書，劍橋出版社、史丹佛出版社、哈佛出版社的書，我專門在讀他們的書。我相信知識分子跟一般的大眾還是有所不同，我們要讀書增加知識，增加系統性的知識，所以我雖然主張年輕人應該參與社會，可是我同時在主張參與社會是要像誰一樣，是要像羅素一樣。羅素是一輩子在書房走來走去的，他不是一天到晚在走街頭的，他也沒有把自己一天到晚關在書房裡面，他碰到時代大變化就跑出去，變化搞定了，回來做學問。這樣的人做學問，他整個人的性格都是這麼大刀闊斧嘛，所以他的學問當然就跟別人不一樣啊！所以羅素的學問才會這麼厲害啊！就是說一個讀書人是應該要有在群眾之中、在書房之間，來來去去的那種氣魄。在你回到書房去的時候，你就是從事自己喜歡的專門的學問，可以用一個知識分子的有系統化去思考方法，去思考一個國家、一個社會的制度怎麼落實，人民品質怎麼去改善，國家選舉制度國家的那些問題，真正找出更大的根源。這是我自己長期以來都是以羅素式的知識分子角色自我期勉。我自己是喜歡文學的，專門讀外國小說、文學史，我喜歡英美詩歌，並曾經當選為臺灣的年度詩人，我喜歡文學，我喜歡詩人。可是當社會變成這個樣子，我必須走出來，但我真正的精神還放在詩、文學上。所以各位年輕人，你們也是啊，把自己的學問、喜歡的找到，然後把你關心的社會給找到，如果能的話，替臺灣將來做更好的診斷，臺灣要來怎麼樣改革，政黨應該怎麼做，政治人物應該怎麼做，媒體應該怎麼做？中國人對系統性的思考能力很差，以前那個梁漱溟先生啊，他在中國文化要義裡面，就說中國人是比較差的一種人，中國人沒有對大的問題的思考能力。西方在十三世紀已經開始出現權力制衡的概念，在十三世紀已經形成了。中國五千年歷史，我們到今天也還沒形成啊！我們看不起這些人，立法委員很爛，我那麼優秀的行政院，臺灣到了今天為止，我們還沒有制衡的基本認知，所以臺灣對中國文化那種不著重系統性思考，從事系統性的點點滴滴的改革精神，我認為是以前的人沒有思考到的，這些基本的問題，恐怕是更年輕的一輩，必須思考的問題。謝謝！

自右至左：

洪三雄（立者）、陳鼓應、林孝信、張俊宏、陳玲玉、陳達弘。

綜合座談——《大學雜誌》的回顧與前瞻

時間：二〇一三年十一月十五日

地點：政治大學商學院一樓國際會議廳

主持人：洪三雄先生

與談人：陳鼓應、張俊宏、陳玲玉、陳達弘、林孝信

主席洪三雄先生致詞：

陳老師、俊宏兄、達弘兄、孝信兄、陳玲玉、各位同學，大家好！四十五年前，我跟在座各位同學是一樣的年齡，剛剛聽王杏慶的演講當中，有位同學提問，他說：「我們學生，年紀還小，在這個所謂的關懷社會、關心政治的運動裡面，可不可以扮演甚麼樣的角色？」我說，當然可以。當年我也是一個不懂事的、跟在座各位一樣的年齡，但是我們參與了《大學雜誌》。受它的影響，我們開始關心社會、關心政治，而追求自由民主的歷程，則是一直持續到今天。

今天很榮幸地邀請到五位與談人，都是和當年《大學雜誌》有關的人士，先跟大家做個簡單的介紹。陳鼓應教授，他是《大學雜誌》的靈魂人物之一，當年發生所謂的臺大哲學系事件，他就是主角。《大學雜誌》當年在陳老師、俊宏兄、達弘兄他們幾位的辛苦經營之下，維持了相當長的一段時間，尤其度

過了一九七一年、七二年兩個很關鍵的年代。

張俊宏先生。《大學雜誌》的創辦人是鄧維楨先生，但是創辦之後，在財務方面發生一些問題，是由張俊宏先生跟他的堂弟一起把《大學雜誌》穩固起來。《大學雜誌》因為刊登〈臺灣社會力分析〉這一篇論文，開始引起當政者的注意，也開始引導臺灣全面性去思考臺灣未來、臺灣的現狀，很重要的一篇論文。

陳達弘先生，改組以後一直是《大學雜誌》的總經理，換句話說，他是檯面上《大學雜誌》之所以能夠生存下去的最重要人物。

林孝信先生，當時人在美國，他創辦了《科學月刊》，而《科學月刊》在那個年代剛好與國內的《大學雜誌》遙相呼應，因他是黑名單不能回國。臺灣的現代化所追求的兩大目標：一個是自由；一個是科學。因此，林孝信先生在那一段時間裡，對我們也有相當大的貢獻。

陳玲玉律師，在那個年代她跟我一樣，我們都還是學生，可是我們開創了一個「社會跟學校的結合，老師跟學生的聯合」。當時我們因為《大學雜誌》的發行，因為臺大學生運動的推廣，故有這段歷史可以在今天與大家共同回憶。

至於我今天為什麼當主持人？在前面幾位前輩面前，我根本沒有資格站在這裡當主持人，但若是來擔任串場角色，那就還好。我簡單說明當時的時代背景。

臺灣在一九四九年，就開始宣布戒嚴，一直到一九八七年宣布解嚴，前後三十八年又二個月。戒嚴是甚麼大家知道嗎？戒嚴就是說非法逮捕就是合法，沒有法律根據的，任何限制你的自由跟人權是合法，這叫戒嚴。各位也許不能夠了解它的意義，但是就這三十八年又二個月當中，我將臺灣追求民主化的過程區分成三個階段。

第一階段是一九五〇年代，剛剛王杏慶也提到，就是所謂的《自由中國》的年代。《自由中國》是在一九四九年國民黨撤退到臺灣之後，由雷震跟殷海光所創辦，一直維持到一九六〇年雷震被捕。這份雜誌主要特色是高知識分子完全在所謂的反共復國，反攻大陸的前提下，來宣揚思想性的政治雜誌。

第二階段是一九六〇年代，也就是從一九五九年到一九六五年，《文星雜誌》的年代。這個雜誌創辦之初，是以文學、生活、藝術為宗旨，可是當李敖加入了《文星雜誌》之後，轉變成為思想的、生活的、藝術的，甚至於提倡所謂的要全面的西化。《文星雜誌》在一九六〇年代帶領著臺灣的知識界，於一九五九到一九六五年的五、六年間，可以說是引領風騷。當我們念大學時經常要看《文星雜誌》，甚至於要到牯嶺街買《自由中國》雜誌，以了解未來臺灣的社會到底應該怎麼走。

第三階段是一九七〇年代，七〇年代又可分成前後兩段，前半段是從一九六九年到一九七四年，也就是從蔣經國擔任行政院副院長一直到臺大哲學系事件發生，這段期間最主要代表性的刊物就是《大學雜誌》，待會我們可以慢慢來體會；後半段是從一九七五年一直到一九七九年，也就是從《臺灣政論》、《八十年代》、《美麗島雜誌》，一直到美麗島事件的發生。

臺灣的民主化，在這樣的演變過程當中，可以說是一段非常悲慘的民主化進程。這裡面包括了戒嚴體制下對自由的剝奪，而在政治層面上，「動員戡亂時期臨時條款」凍結了中華民國的憲法也長達三十八年。意思就是：總統可以無限制的連任。因此，當蔣經國被任命為行政院長的時候，蔣中正已連任了五屆總統。同時，在動員戡亂時期臨時條款之下，中華民國國會，包括國民大會、立法院、監察院的所有代表、所有的委員，是不用改選的。就是因為有這樣的背景，我們今天來探討《大學雜誌》在這段期間的貢獻，才有特別的意義。

陳鼓應教授：

現在，大家都常使用「白色恐怖」一詞。所謂「白色恐怖」，就是成立很多與憲法相悖的特別法，例如「懲治叛亂條例」等等。這些特別法使得憲法保障人民的權益，如結社、遊行等自由就被剝奪了；在這些法條規定下，老百姓的命運常常在軍事機關（警總）的一審中就判決。特別是懲治叛亂條例，很多作家的逮捕就是據此，例如楊逵。他寫了〈牛犁分家〉的短篇戲劇，描述農村兄弟因為妯娌矛盾要分家，一個拿牛，一個拿犁，結果是春天到了還是不能耕田，還是得要合力經營才行。一九四九年，他寫了五百字的〈和平宣言〉希望中國人不要持續內戰地打自己人，就被判了十二年；陳映真、柏楊、李敖等作家遭到判刑監禁，也都是根據懲治叛亂條例第七條「以文字、圖書、演說，為有利於叛徒之宣傳者，處七年以上有期徒刑。」

《大學雜誌》之所以能一開始就有那麼多的社務委員，從幾十個到最多一〇八個能夠聚在一起，是

牛犁分家

楊逵

第一幕

時間：民國三十二年春天的一個黃昏。

地點：台灣農村。林耕南家的前庭。

人物：林耕南、大牛、鐵犁、秀蘭、金枝、日警、兵事課員、男女小孩幾個。

布景：舞台右邊是林耕南的草房前門，草房邊一棵大樹。大樹下一張桌子幾把椅子。左邊後面通田園，前面通公路。幕開時，幾個附近農家的男女小孩圍在桌邊念書寫字。

小孩甲：春天到了，草木青。

小孩乙：家家戶戶，忙春耕。

小孩丙：大小動手，耕地播種。

小孩丁：勤勤儉儉，合力經營。

一同：開拓荒地，創造美麗的田園。

小孩甲：土地抛荒。

小孩乙：蕃薯飯，應菜湯……

小孩丙：喂喂，林伯公回來了！

一同：（騷動，有的站起來打招呼）伯公，您回來了！

耕南：（手提草籠由公路回來，望着小孩們點頭打招呼）啊！啊，你們都很用功，眞乖。（拿起書本）剛才讀到哪裏？

小孩甲：土地抛荒。

小孩乙：蕃薯飯，應菜湯……

耕南：（笑笑）不對呀？怎麼能讓土地抛荒，看看清楚，一個字一個字唸下去。

小孩甲：（一個字一個字慢慢唸下去）不要讓土地抛荒，就不怕沒蕃薯飯，應菜湯……

耕南：對了，你們都眞乖，伯公賞給你們每人一塊糖。（分糖給小孩們）

小孩甲：林伯公，我爸爸說，明天很忙，叫我在家裏看小妹妹，不能來……

耕南：不能來？這樣不好！無論怎麼忙，總要想辦法多念一點書才好，才不會成爲戇百姓啊。春耕時節，誰都很忙，你就把小妹妹帶到這裏來吧，晚上我會跟你爸爸說明白。

小孩乙：林伯公，可以帶小妹妹來嗎？

耕南：當然可以。這裏沒有街老虎，也沒有臭水溝，對於小孩子是很安全的。再說，一面玩樂，一面學習，又可幫家裏做一點事情是多好呢！好了，天快要黑了，回去吧，明天再見。

小孩們：（嘻嘻哈哈收拾書本）伯公好，明天見！

耕南：（摸摸小孩的頭，拉拉小孩的手）你們都好。明天早一點來，可把今天缺的課補一補……今天因爲伯公有事上街，沒有教你們學習新的。）

小孩們：好，再見，伯公再見。（散人）

耕南：（坐在椅子上愉快地望着小孩們）小天使，我眞喜歡這些天眞愉快的小天使！（把草籠提起來，拿出一塊布，近看遠望，很愜意地點頭）眞不錯！

秀蘭：（端飯桶出）爹，您回來了。洗洗頭臉，準備開飯吧！今天您走了這麼遠的路，可累了吧？（拭桌）

耕南：（點頭笑笑）今天很好！不累！

秀蘭：爹，您今天爲什麼這樣高興？

耕南：（笑咪咪地）爲什麼不高興！開戰以來，什麼都是配給的，尤其布料都是壞的，既不耐用，又穿不暖，要找一塊合意的實在很不容易（還在欣賞手裏的布）。你看這有其背景。因為根據懲治叛亂條例，如果三個人聚集在一起，說我們要從事於政治改革，那就二條一以死刑起訴，屬有組織地叛亂。

一九六六年，殷海光教授到文化大學來聽成中英演講，講完後他提問，有位教授說：「這就是我的老朋友殷海光教授」，於是大家鼓掌。這一鼓掌就有人打小報告，說是我把他帶來煽動學生的情緒，於是我被警備總部的特務機構迫使文化大學解聘。一九六七、六八年時，申請臺大哲學系專任教職；結果是在幾次審查過程中，學校安全室總是把資料抽走，不讓審查程序完成。這真的讓人灰心、沈悶！頓時覺得天下之大，竟無處容身。

一直到六九年，經過知青黨部、組織部和調查局等五個安全單位的調查，結果說思想沒有問題了。坦白講，我那個時候還很年輕，根本沒有思想，卻莫名其妙被認定為思想有問題。一九六九年，我才拿到專任教職；那段期間，我一直受到約談。後來透過朋友介紹，我才有機會在不同的場合同國民黨負責思想工作的第一組解釋：我們接受理想的教育，結果教育出來之後，卻成為一個安全單位追捕的對象，所以我們當然就會反政府、批評政府。當時的第一組副主任俞諧聽完覺得有道理，所以希望可以跟我及一些朋友們談一談。於是在同當時的國民黨中央委員會秘書長張寶樹反應之後，一九七〇年十月三日，我參與了「社會青年人士座談會」，跟大家一起參與討論國是。

參加會議前，我們在藍天（咖啡廳）商量：怎麼來開這個會？當時出面召集朋友、青商會的張紹文慎重地認為有這機會幾十個聚在一起，要好好商量。但最後，意見分歧，分成兩派：一派是主張溫和、漸進的高幹子弟；我、俊宏跟陳少廷這邊，則主張要積極把握機會，把怎麼抓人、安全工作造成大多數人不安全感等狀況說出來。

一九七〇年十月，由張寶樹跟各組主任（相當於六個部長）一字排開在中央黨部（就是中常會，也是蔣老先生開會的地方），一個桌子一個麥克風，然後又有衛士拿著槍。所以，陳少廷一去就嚇壞，同我說不講了。現在我手中的這個邀請函，載明與會者一共有三十六個人，連戰也在其中。但是，他好像簽了名沒有參加。其他三十五人的組成，用大陸的話來說，大概一半是高幹子弟，也就是臺灣話說的權貴後裔；另外一半則是有青商會背景的企業家，用大陸的話來說，就是富二代。由富二代跟高幹子弟的一個組合，我跟俊宏則是平民百姓。

開會時，我第一個發言。這個會議的相關資料可參考張紹文《追尋》一書。還有這些沒有公布過的資料，大家的發言紀錄全在這個地方，四十三年了，我今天讓它重見天日，感謝臺大特藏室，讓我可以調出來讓大家看。我當時發言描述，今天來此是因為我思想有問題所引起，在場的還有幾十位我的朋友，以及朋友的朋友。這可說是年青人第一次有機會跟掌握權力的最高的機構來對話。人家拿到邀請函時，都問我說：「鼓應，會不會是鳴放？」就是引蛇出洞，讓你講了話以後再來整肅。我講完話，張寶樹中央黨部祕書長臉都變了，他馬上站起來說：「我保證，你們甚麼話都可以講，沒有問題。」他保證完，我也表達感謝後就說：桃園中學有個十二、三歲的的學生，明明是訓導人員就可以解決的問題，卻被視為是政治犯並由安全單位把他抓起來……。

在我提出數個安全相關的例子後，吳大中出乎意料地說：國民黨跟共產黨沒有兩樣，都是採取極權高壓統治；無論是國民黨體制跟軍中所設立的政風制度，都跟中共一樣模仿蘇俄。兩個黨的統治方式，只是五十步笑百步。此話一出，張寶樹「啪！」桌子一拍，把大家嚇了一跳。他說：「如果國民黨跟共產黨一樣，今天開完會你們通通出不去了。」這個會議記錄就在我助理的電腦裡面，希望有一天整理好了以後可以公布。

今天能夠在一起，是因為三雄跟玲玉舉辦「言論自由在臺大」與「民主生活在臺大」等活動，結果他們因籌辦活動被記過，我則因為在活動上發言而受到「關注」。所以，我們是生命共同體。我這一生曾遭遇四次解聘，無論是流浪到美國、還是遠走到大陸，他們總是在我最困難的時候照顧我，也總是不遠千里的來看我。

我在國家檔案局裡面找到一個未公布的資料，上面的內容讓我明白：一九七三年，臺大哲學系事件是怎麼發生的。民國六十三年一月十四日，調查局發了一份公文給國家安全局，該公文主旨為〈檢舉臺灣大學文學院哲學系重要動態研析專報〉，內情寫著：殷海光接受了哈佛燕京社的研究補助，而哈佛燕京社的費正清是共匪同路人，所以他的學生陳鼓應等人也就連帶有問題。上面還寫著：當時系主任洪耀勳傳播甚麼艾思奇的《大眾哲學》，「並引進殷海光（四十一年八月）、陳鼓應（五十八年三月）為系中講師，擴大散佈左傾思想，鼓動學生運動」。另外，我手上還有另一份警備總部調查局的「機密」資料，案題為〈臺灣大學陳鼓應、王曉波、盧正邦、錢永祥、黃道琳案情資料〉，上面寫著：在美國有一個匪諜的組織，指導方針為「分頭進行、最後集中」。那時，某位臺大外文系的同學從美國寄了幾本禁書給錢永祥等人，便被當局解釋為：該匪諜組織透過盧正邦、錢永祥、黃道琳三人「分頭進行」收取禁書，然後「最後集中」到陳鼓應、王曉波的手上。這樣一來，我們就全都變成了「匪諜份子」。這個帽子是這樣扣過來的。這些檔案中所羅織出來的故事，現在看起來荒謬，但在過去是將人入罪的公式化作法。這份資料一方面記錄了當局結束臺大校園保釣運動的關鍵步驟，另一方面也提供了臺大哲學系事件緣由的思考方向。這份資料是在吳乃德先生幫忙下找到的，在此我要向他表示感謝。

下個月（十二月）的三十號，臺大校史館跟圖書館要舉辦一個四十周年臺大哲學系事件的回顧活動，到時候我再公布這些文件。今天公布的資料，是要告訴各位：《大學雜誌》為什麼能夠把大家聚在一起，就是因為一九七〇年十月青年問政的聚會基礎，大家合在一起。改組後發行創刊三周年紀念的第三十七期，就有張俊宏、陳少廷和我的文章。其中有篇〈給 蔣經國先生的信〉，文章中指出蔣經國問：為什麼不說話，我表達是：不敢說，因為說了就被逮，然後找不到工作。那個時候，我們盡可能地盡一點知識分子責任。但是，最重要還是保釣運動的發生。因此，陳玲玉、洪三雄發動了一連串的活動，促成王杏慶所謂的第二波、第三波改革運動。謝謝！

洪三雄先生：

《大學雜誌》它具有四個特色。第一個，從《自由中國》、《文星》之後，雷震被逮補，後來《文星》

也被迫停刊，因此《大學雜誌》代表著第一個意義，就是文人的再論政，也就是說，知識分子重新開始關懷我們本土，《大學雜誌》代表的意義在這裡，而這份意義的代表性人物就是張俊宏先生。大學雜誌在一九七一年的一月號，就發表了一篇張紹文、陳鼓應、劉福增共同署名的〈給蔣經國先生的信〉。在同一期，陳鼓應先生的〈容忍與了解〉，張俊宏先生的〈消除現代化的三個障礙〉，還有陳少廷先生的〈學術自由與國家安全〉，這幾篇文章，打響了《大學雜誌》的名號，也震驚了整個臺灣社會。

張俊宏先生：

鼓應兄說他能活到今天、站在這裡，是因為三雄跟玲玉。同樣地，讓我能活到今天，還能站在大家面前的，則是鼓應。我們當年一直覺得：《大學雜誌》頂多就是一個年輕人的刊物，是一份給海內外知識分子的消極性小雜誌。但是，今天能夠成為這個局面，老實講核心人物就是他（按：陳鼓應）。我後來進了景美監牢才知道，早我十年或是二十年，寫一封信、或在大學校園裡辦個讀書會，都會有牢獄之災。我想，如果沒有像鼓應這種角色，那些因此在我故鄉、在這附近、在獄中、在精神病院受苦的人，都難以在艱困的過程中活下來。

為了此次會議，和孝信多次談論，得到一個共識，發現那個根源居然就是五四時代。五四時代的三個訴求——德先生、賽先生、及失土，經過將近百年，才終於在臺灣重新面對。南方朔先生說，下一波青年結合的運動，可能就要以此為中心，再度重現。

補充回答專題演講時的同學提問，我們重新去反省當年蠻幹的結果，發現我們錯了，民主的走向是錯的。但是，如果沒有當時的決定，今天的臺灣就沒有民主。雖然錯了，但是如果我當年搞對，或許你們就沒有重新再結合的機會。你們必須在我們當年帶來的問題中，重新發現生命的意義。民主和法治是沒有錯，我們當年（尤其是我），把順序搞錯了。民主為先的結果，造成今天你們抱怨連連。

事實上，先有法治基礎的國家，民主不會是今天這樣子。如果我們當年搞對了，結果也不見得對你們是好的。一代永遠有另外一代解決不了的問題，人類才可能循環下去，也才可能不斷地激發生命力。我曾跟白狼（張安樂）說：「相容可以相生，但是相剋可以相成」。在五行學裡面，相剋是可以毀滅的，但是相剋，懂得把它轉化是可以相成，成不只是成功的成，它是加減乘除的乘，它是加倍的。五行學理面也承認，水火是互滅，互相毀滅，但是水火可以轉成相繼，就是相成的功能。相容是相加，相成是相乘。我們的生命以及我們這個國家，就是充滿了相剋而相成。今天，五四時代的三個理想，在臺灣都是互相衝突卻又相成的結果。今天兩黨、兩岸、兩代，甚至於兩種，就是容易衝突。但是，衝突的結果卻在相成之中，創造了一個新的文明。所謂的兩種是什麼？統、獨的兩種，最早的始作俑者就是鼓應跟我。在《大學雜誌》，我家是編輯部，我家的小茶几就是為了統獨之爭而拍破。到現在，四十個年頭過去了，仍舊沒有辦法解決。但也是因為沒有解決，而不斷地產生了相成的效應。《大學雜誌》今天竟成為臺灣唯一被接受打進中國大陸的刊物；不是《美麗島》，也不是《臺灣政論》，而是《大學雜誌》。《大學雜誌》顯然產生了相成而相容的結果。

兩岸之間如何找到未來的交集點？我認為應當透過《大學雜誌》，把五四時代的賽先生、德先生在臺灣發揚茁壯。兩岸、兩黨、兩種，或許會在這裏面產生共鳴，而在期待之中創造一個新的時代。我不贊成南方朔先生的觀點，他認為會在臺大、東吳、清華發源。我個人則認為是在政大；我深深的期待這個地方，能夠成為下一個大結合的發源地。我這麼說是有根據的，政大紀念雷震先生、紀念胡適先生，以及今天能夠把《大學雜誌》——這個被年輕世代遺忘的東西，能夠重新把它發掘出來，進而開發促成了兩種、兩岸以及兩代之間的融合。

洪三雄先生：

四十幾年前，在那樣的環境之下，就因為有了一份傻勁，覺得應該要幹，就要幹下去，所以讓《大學雜誌》開花結果。往往我們做一件事情，都會想到到底會有甚麼樣的結果？但是在那樣艱苦的環境，在那樣恐怖的環境底下，我們似乎沒有去考慮這個問題。我記得陳少廷先生，他經常掛在嘴邊的一句話就是，「大學是社會的良心」，我就是受他這句話的感召，所以大學時就跟陳玲玉，我們就找陳鼓應，但不是拿刀拿槍，而是用我們的熱忱跟我們的認知，跟社會（俊宏兄、鼓應老師）結合在一起，為臺灣的未來試圖尋找可行的脈絡。

我記得張俊宏先生在一九七一年元月號雜誌裡，他所謂《消除現代化的三個障礙》，第一個就是要進步，因為當局老是以安定來阻礙進步；第二個他要求要包容異見，就是不相同的意見，因為當局也以安定而來阻止言論的自由；第三個他主張要機會均等，也就是剛剛陳老師所提到，有所謂大陸的權貴分子，有所謂的富二代，在那個時期，這些人把臺灣的菁英幾乎未來發展的期望阻礙到，所以俊宏兄他的這篇文章引起很大的反省。我剛提到我歸類《大學雜誌》的幾個特色，第一個就是說知識分子的重新投入，對於整個社會的關懷；第二個就是如何面對一個保守勢力，提出所謂革新保臺，要落實到社會面來，這是《大學雜誌》第二個特色。在那個環境裡面《大學雜誌》經營得相當辛苦。接著要介紹為《大學雜誌》的財務把關，而且能夠讓《大學雜誌》一期一期順利出版的當時的總經理，後來擔任了發行人的陳達弘先生。

陳達弘先生：

站在這邊，我有個想法靈光閃現：為什麼今天的座談不是在臺大，而是在政大？我們過往都是在臺大校園活動的啊！這好像冥冥中給我們一個啟示，就是臺灣未來的另外一個進步，可能是從政大開始。

近年來我跟鼓應兄，一直談到《大學雜誌》的再出發，他有提到幾個很好的觀念，我非常感動！我本來已經淡出了，七十幾的老人何必重出江湖。我非常敬佩三雄兄，七十年代臺大學生運動的領袖，那時候我們就看到臺灣的未來，是來自於年輕一輩的參與。現在坦白說，我會覺得年輕一代的參與感很低，我沒有看到新世代的新力量產生。當然，這是因為臺灣現在的政治環境，不是黑就是白，不是藍就是綠，有沒有可能有一種中道力量，一個比較超然位置的聲音呢？

我曾經跟康寧祥說，你來做《大學雜誌》的老總（社長），他說：「不行！我是看《大學雜誌》而被影響的，一旦我接了社長，這個刊物就變成康寧祥的雜誌。」這個見解很不一樣，你要有一個超然、客觀的框架，為臺灣整體考量。所以，我對鼓應兄非常、非常的敬佩，為什麼？因為我出版了他一本《聖經的批判》，後來我到新加坡參加書展，就有人同我說：「你有多少本我全部買了。」我說：「唉唷！怎麼有這麼好的客戶。」就同他請教：「你買來幹嘛？」他說：「我全部要燒掉！」因為他是基督徒。以我家裡來講，我媽媽是基督徒，女兒也是基督徒，我的太太是天主教徒，照理說我怎麼可以出《聖經的批判》這類書籍呢？其實，就跟鼓應兄不斷提倡的言論自由一樣，我也不蠻幹，學習他們各位以聰明的方式，將言論自由在臺大凸顯出來。

我跟《大學雜誌》結緣是從第五期開始，換言之，是從民國五十七年的五月份開始，當時是我經銷《大學雜誌》。後來，因為幾度的財務變化，我自二十三期開始接手，算是第三棒。因為我發現有這樣的菁英，有這些見解，有這樣的學者專家，而我是一個生意人，為什麼不提供一個平臺或是一個運動場，讓這些精英有一個好的地方來發揮呢？所以我在二十三期的時候，回應這些知識青年當時的看法，尤其是俊宏兄，讓我覺得他是真正的政治醫生，像一個書生型的，既關心國事，又那樣的執著。所以坦白講，我在《大學雜誌》能夠認識他們兩位，包含少廷兄、三雄，又能夠提供這個平臺讓知識份子的聲音可以浮現，這是我很樂意的事。本來我已經淡出了，但在這邊做一個宣佈，《大學雜誌》應該要重出江湖。

我目前正在做一個復刊的籌備計畫，這個計畫有幾件事情要做：第一件事是《大學雜誌》的論文補助計畫；第二個是口述歷史。《大學雜誌》這麼精彩的演出，已經四十幾年了，這樣的內容如果沒有留下一些文字，這些言論集就沒了，過去他們所做的努力，我們不知道，有過去才有現在、才有未來。所以我覺得應該要將這個過去的珍寶重新呈現出來。所以，數位化我非常贊同，用途正當，我可授權政大出版。

我今年已著手進行《大學雜誌》的總目錄整理，年輕朋友或是學術界的朋友，要研究《大學雜誌》才有工具書。《大學雜誌》從創刊到現在，出了二百多期，每一期都有一個三百字的主題介紹，目前已經整理到八十期，有需要的話可向政大要。臺灣的未來，大家都很迷糊，搞不清楚到底要如何，希望未來有一個中道力量，能夠超越這個框架，國際化及全球化。我個人傾向再提供一個平臺，資金正在籌措。

洪三雄先生：

陳達弘先生的《大學雜誌》再出發的計畫，未來能夠實現。任何的收穫都一定要有所付出，最近我想大家都知道有所謂的丟鞋子的事件，我個人並不鼓勵這樣的做法，可是我倒是想跟各位探討一下，那不丟鞋又能夠做甚麼呢？不丟鞋我們經濟就能夠進步？我們社會就能夠發展？我們政治就能夠親民嗎？我想這問題值得大家來深思，就是四十幾年前，我因為學生運動，因為跟《大學雜誌》結合，在推展臺灣的本土化、臺灣的民主化，我也付出了代價，臺灣大學記了我兩個申誡，我民國六十一年六月畢業，臺灣大學六十一年的八月記我一個大過，畢業之後八年拿不到護照可以出國，即使拿到了日本京都大學的入學許可，但是我沒辦法出國，因為我沒有護照，這就是代價。但是這些代價，今天大家可以在一個民主自由的社會裡面來進行反思。當初，是因為釣魚臺事件，激起我作為一個二十歲左右的青年，覺得我應該要為這塊土地來付出，同樣的時間我要介紹一個人就是林孝信先生，他那時候在美國，他創辦了《科學月刊》，跟臺灣的《大學雜誌》幾乎是遙遙相呼應，他們在海外也是有家歸不得的痛苦，但是他們依然勇往直前，現在我請林孝信先生為大家講話。

林孝信先生：

我跟《大學雜誌》並沒有直接的淵源，如果硬要扯上一些關係，是因為雜誌創辦人鄧維楨是我大學室友，創辦的過程我略知道一些。後來，我就出國了，這可能是比較直接的關係。間接的關係，我是大學生，當然也是個讀者。倘若那時候留在臺灣，我應該也不會參加《大學雜誌》，因為我是念科學的，所以對於當時《大學雜誌》推動民主化或是社會改造的工作沒有很大的興趣，也不是我想像中要做的事情。

但今天我會站在這裡，是因為人生有些事情是跟你原先的料想很不一樣。我從小立志要做一個科學家，是很標準的「來來來，來臺大；去去去，去美國」。臺大物理系畢業以後就申請到獎學金去芝加哥大學，好像一切都滿順利的。因為辦《科學月刊》如同辦《大學雜誌》的構想，只是很單純希望能為我們所成長的社會做一點事，大概就是這樣一個很單純的想法。但是《科學月刊》創刊後一年，就發生保釣運動，被捲進保釣運動，才讓我漸漸對臺灣很多事情，包括對《大學雜誌》的意義才開始有所理解。所以我跟《大學雜誌》的關係，是屬間接關係。

三年前，《科學月刊》創刊四十週年，臺灣很多科學界的朋友，說《科學月刊》出了四十幾年，現在還在出，所以辦了一些紀念活動、慶祝活動。《科學月刊》創刊第二年就發生了保釣運動，所以也辦了一些紀念保釣運動的活動。有一次偶然的機會碰到俊宏兄，我們談起來，無論是《科學月刊》還是《大學雜誌》都有共同的背景，就是當時國際大勢是在一個很劇烈的變遷過程中，這點可能大家不太了解。看到《大學雜誌》在七十一年的變化，剛才王杏慶先生有提到一些原因，但是我覺得他可能漏掉了一個原因，就是整個國際局勢的轉變；保釣運動很直接受影響，我想《大學雜誌》也有一定程度受到間接影響。

當時國際的大潮流，促成了整個臺灣民主化，促成臺灣七〇年代的社會巨大變遷。那個時代，今天一些年輕朋友很難想像的到，自由、民主、進步在七〇年代其實都還不存在，但是我們不要因為享受這些東西，就忘了在《大學雜誌》耕耘的人，或是冒著直接危險的人。他們為這個奉獻、付出，我們希望能夠好好地重新再現七〇年代臺灣的變遷，個人覺得這段時間的再現，對臺灣現在是非常有意義。

臺灣社會有一個很嚴重的問題令我擔心，就是臺灣似乎是棄歷史化的社會，對於一些歷史事件，我們都越來越陌生。七〇年代很多事情恐怕你們（年輕人）都不瞭解，但我們可以看到，臺灣半個多世紀以來最大的社會變遷。這個社會變遷時代，我們應該想辦法讓它重現出來。俊宏兄提到這變遷的意義，可以結合到五四運動來談；也可以說一九一九年五四運動他們所希望能夠達到的目標，也許在臺灣某種程度是先走到或走得比較徹底——不論德先生、賽先生或者是抗日。這三樣東西，是五四運動當時年輕人非常關切的一個問題，七〇年代就是面對這些問題。二十一世紀的變化，是兩三百年來西方主宰世界局勢的一個變遷的時代，杏慶兄所提到這個變遷的時代，臺灣是不是有可能有第四波的青年集結或知識分子的集結運動，我覺得是有可能的。但是整個外在形勢所在，還要靠我們共同的努力，所以，我覺得政大，在這裡提出《大學雜誌》的紀念，能夠讓我們重新再現，開始來重現七〇年代。

這段回顧，我們這代的人——包括參與者，如陳鼓應、張俊宏他們——應該有責任要把它重現於社會，以迎接未來更大的變遷，甚至一個新的潮流的出現。因此，今天以對《大學雜誌》的紀念做一個起點，希望將來繼續有更多的活動；也很高興聽到達弘先生提到《大學雜誌》的復刊，預祝這樣的活動能夠蓬勃再發展。

張俊宏先生：

北大青年在五四運動時，認為要解決這個國家的失土，就如同剛剛南方朔所講的，需要有一個能籌畫未來的頭腦。只考慮解決失土，是沒有用的，同時必須要解決你的德先生與賽先生。缺乏德先生與賽先生，才會造成今天這個結果。很不幸地，北大那些頭腦，過了半世紀沒辦法在那裏紮根，反而藉著蔣介石遷臺的過程，把劊子手與知識份子一併帶來。在臺灣仍是一片沙漠的時候，讓德先生與賽先生在這裡發芽、成長。但是，德先生和賽先生在發芽成長的過程中都出了問題。孝信做的是賽先生，我們做的是德先生，都出了問題。同時，領土——釣魚臺——也出了問題。當年為了解決失土問題，而著手於德先生、賽先生；今天要處裡德先生、賽先生，反而必須要從失土著手，這是很弔詭的。

這一個星期以來，中日摩拳擦掌地進行戰後最大規模的軍事演習。如今，兩強在釣魚臺的幾次動作宣示後，都難以找到適當的下臺臺階。而美國（太平洋司令）說得很清楚，他支持的是日方。換句話說，美國能夠和平解決，但仍希望戰爭發生。這挑明地擺出在二〇一四年跟中國收拾的態勢，這場戰爭非打不可的局面越來越厲害。強國都已經無能為力才要打，唯一能夠免於戰爭的，只有最弱者的一方——臺灣。作為島主國的一方，到現在為止都是沉默的。在朝者如此不可寄託，在野者怎麼喊也喊不起來。二年前在三雄家裡，大家一起商量怎麼辦，大家確認這個是著手的地方。但是，到現在為止也搞了兩年了，除了在網路有些微的聲音之外，毫無聲音、毫無回響，大家僅能靜默地等待戰爭的發生。大家好好思考一下，是不是會造成爆發？也許下一波的青年運動，受到這個刺激才會起來。而我擔心的就是：起來的時候來不來得及？我不知道。我認為在這個議題上防範於未然，可以得到的利益應該是最大的。

洪三雄先生：

釣魚臺事件大概是發生在一九七一年，七一、七二年這兩個年度裡面，是臺灣發生釣魚臺運動最激烈、最普遍的一個年代。那個時候，我跟陳玲玉都是二十出頭的大學生。我們在臺大，開始了許多的所謂的學生運動，最主要有三個學生的活動，第一個就是我們舉辦了「言論自由在臺大」，第二個我們舉辦了「民主生活在臺大」這兩個座談會，緊接著我們還舉辦了一個全面改選中央民意代表的辯論會，而這三個會議都是陳玲玉主持的，我們就請陳玲玉跟大家說說。

陳玲玉女士：

我就是剛剛陳鼓應老師所說的跟他生命共同體的那個女學生，有時候我常想，如果不是我跟三雄的話，陳老師大概這一生，至少經濟上不會這麼困頓。但是如果沒有我們兩個，他的人生不會這麼精彩，不會在學生的民主運動上，站了這樣的歷史地位。所以我們對你很抱歉，可是也覺得我們是把你捧上那個歷史地位的那個人。

我現在是個律師，我們律師業常常講的一句話叫做「權力是爭取來的」，實際上我要講的是：民主也是爭取來的，民主不是天上掉下來的。但是當我們做一個學生知道我要去爭取民主的時候，其前提是我知道民主，我知道我欠缺民主，我才知道我要爭取它，我如何爭取它？

記得在高中以前，唯一的目標就是考第一名，考上臺大法律系第一志願。進了臺大杜鵑花城，我的心裡是開放的，因為我覺得我以後不用再考試了。才開始發現原來有雷震、胡適先生的《自由中國》，還有《文星雜誌》。我第一次在臺大，劉福增老師跟我講的話，我到現在還記得，他說：「你看臺大，建築物一棟一棟的蓋，臺大的精神在哪裡？」這句話從那個時候打擊了我一直到現在，我才知道原來除了物質之外，人是有精神面的。

看了雷震他們的《自由中國》、《文星雜誌》，甚至到牯嶺街，很冒險、很好奇地去看了很多禁書之後，我們從雜誌裡面，看到真正的很多知識分子。從書中，從雜誌中，我才知道甚麼叫做民主？甚麼叫做自由？我們才知道戒嚴中，我們是欠缺這些東西的。很幸運的是一九七一年發生了保釣運動，那時洪三雄他是大三，他是法代會主席，我是他的秘書長。當時我們第一次舉辦示威遊行，是為了這群保釣學生。從臺大校園走到美國大使館，洪三雄是三位代表臺大學生去遞美國抗議國書之一。

那個暑假之後，我們想，我們就這樣子了嗎？我們還能做甚麼？所以洪三雄鼓動我當法代會主席，就可以繼續鼓動民主自由的工作。那時候有一個很重要的同學——錢永祥，他是臺大哲學系的，還有王杏慶、王曉波。因為錢永祥，我們認識了陳鼓應老師，因為他是哲學系的。我跟陳鼓應老師真是一拍即合，因為話都是我們在講，洪三雄文章寫得很好，話都是我們兩個人在講，而且我們兩個是非常激動的。於是我決定要當法代會主席之後，就跟洪三雄事先規劃好，十月要辦「言論自由在臺大」；十一月要辦「民主生活在臺大」；十二月是要辦中央民意代表全面改選。

今天想起來很輕鬆，其實是非常非常困難的，那是很恐怖的事情。我們其實要談言論自由，可是為了護身符我們加了在臺大。然後我們說我們要談臺大的審稿制度，為什麼是教官來審稿，我們希望教授來審稿，其實是不應該審稿的。從這裡開始，接著請陳鼓應老師主要談人是有自由的，然後再找了七位老師座談。之後談民主生活，一樣要加一個在臺大。記得在預演時，陳鼓應老師說大陸有甚麼大字報，我們就在「民主自由在臺大」座談會的時候，陳老師一上臺就說我們要臺大的民主牆，要做大字報，那真的是一個非常恐怖的事情。

每次座談會結束後，我們還有一個革新的做法，我是法代會主席，洪三雄是法言社社長。《臺大法言》是月刊，洪三雄就說我們要革新，把月刊改成雙週刊，然後把《臺大法言》從輿論性、校園性的雜誌改成是政治性的，將每一次的座談會，全部刊登在《臺大法言》。不只這樣，我們還去串聯，我們兩個加入臺大新聞社擔任主筆，串聯了臺大全部的社團。後來辦中央民意代表全面改選的時候，臺大其他的雜誌，共同幫我們以正反方的意見講應該要全面改選。

還有一個很重要的人，就是中央民意代表全面改選座談會，由周道濟先生贊成不應該改選，因為要維持法統。現在講起來是很奇怪的，民意代表為什麼可以不要改選？為什麼是終身職呢？可是他們認為當時的中央民意代表是大陸選的，他們說不能改選，因為他們是代表大陸的法統，國民黨只是退居臺灣，如果改選的話，這法統就斷掉了。後來我們就想，如果法統是要這些老國代來代表，那這些人死了法統怎麼辦？到哪裡去了？我們今天想得很簡單，但那時候這些都是禁忌。

很幸運，那時候有一個張德溥訓導長，他最後是核准我們辦了中央民意代表全面改選，但有一個要求，必須要把「應否」全面改選用一個很大的字，所以我就做一個海報在臺大校門口，從街的那一頭就可以看到整個海報。我不是用一個看板，我是用十幾個看板，一個看板只寫一個大字，所以是很大、很大的字，中央民意代表「應否」兩個字全面改選，借了臺大校總區體育館，容納了三千多人。張俊宏先生、康寧祥先生等幾個長輩，都在下面聽。因為在臺灣是不可能有這個機會去談論這個題目的。這題目談完之後，其實在整個臺大學生的思維，受了很大的震撼及打擊。因為我們知道民主，我們知道自由，我們知道要去爭取這個權力的東西，可是這也產生了一個很大的衝擊。不只是洪三雄跟我個人被記過的問題，最重要的是國民黨利用《中央日報》刊載了一篇文章，叫做〈小市民的心聲〉，這個作者叫做孤影。

內容是說臺灣非常安定，生活多幸福啊！我們可以去吃一條龍，那時候還沒有鼎泰豐；唱歌到麗聲歌廳，那時候沒有卡拉ＯＫ。在這樣安定的生活，你們這些學生簡直是太不知足了，大陸就是因為民主學生運動搞砸了。當時陳鼓應老師講要民主，學生要民主大字報、民主牆，所以我和三雄對於這樣的全面改選，我們就想爭取，但學校已經不准我們去辦座談會了。剛好〈小市民的心聲〉這書，政府機關印出來約有一萬本，散發到全國大專院校、高中，大家都要去念這本書。於是我們就辦演講，叫「〈小市民的心聲〉演講會」，不過被要求陳鼓應不能參加，我就說好。因此，就請了王文興老師、黃默老師、還有王曉波三個老師。並跟陳鼓應老師說，你就坐在下面，結論講完後沒有誰要發言，就請陳鼓應老師起來講，其實通通是演練好了。

我做小市民心聲的時候，第一個，學校禁止借用臺大體育館來辦活動，校方說除了畢業典禮跟開學典禮外；第二個借臺大法學院的圖書館（可以容納四百多人），校方說圖書館也不能借，最後找到了臺大法學院最大的教室，大概只有一百六十人。辦「小市民的心聲」座談會那時候，不只大家佔位子，後面、外面的草原通通站滿了人，大家不讓我開始，說擠不進來，最後將麥克風拉到給教室外的同學聽。

我今天要講的是，我們那個時代，不管是這些所謂的知識分子。要辦「小市民心聲座談會」的時候，林紀東老師給我們一篇文章，他本來要親自來講，可是後來生病，要我當場唸。他說因為〈小市民的心聲〉作者叫孤影，就是不具名，孤隱其名。他說請你唸這篇文章時一開始就說：「我是林紀東，我是臺大的憲法老師，我的學生的任何言論，大家都可以批評他，但是當你批評我的學生的時候，請你站出來用你真實的名字。」然後他就講為什麼要言論自由？最後說請你用我的真名林紀東發表。你知道那樣的一個教育，到今天我都還牢記，他教育我形成我今天這樣子的人格。所以我們在臺大的那幾個運動下來，我想除了是那些人之外，人與人之間的感情是不一樣的。

我記得在小市民心聲座談會的時候，王文興老師說，為什麼小市民心聲這個孤影，他會認為把學生運動導致亡國。以大家都懂的例子說明，一個人感冒他可能會發燒，發燒可能會引起肺炎，肺炎如果弄得不好會感染到其他的器官，所以你就會死。可是在邏輯上，你不能說：所以感冒你會死。今天的政府如果要用戒嚴時期來教導民眾，那就是這樣，發生 A 的時候結論就是死，就是 B，因此就說有學生運動就會亡國，這是一個很錯誤的思維，老師就是這樣教我們的，改正我們的思維。同時我們那時候開始在做學生運動，和今天最大的不同是：我們當時，任何的運動，你可以感覺它是沒有個人的，我們真的只有國家民主、自由民主，這樣子的一個社會的思維。

我真的很希望有機會與同學分享，我們師生之間，老師用知識分子的心態，來教導我們，如何影響我。三雄和我因為那個活動下來，我們深切地知道，我們永遠為追求臺灣的自由民主而努力，但是我永遠不會成為政治人物，雖然那時候的老師都認為我們會是檯上的最佳的政治人物的人選，可是我們不會，因為我們覺得我們願意做一個永遠的批判者。因為我們可以講真話，我們不用去逢迎政黨，我們可以做一個非常自我，當你無所求的時候，基本上社會國家才會進步的。我想我們今天不是在緬懷過去，緬懷過去的目的是為了開創未來。

我今天來看《大學雜誌》，跟現在的雜誌有甚麼不同，會發現今天那麼多月刊，那麼多雜誌，有太多的新聞太少的論述，我們這個社會有太多的名嘴，有太少的知識份子。我想《大學雜誌》教導給我們的是：我們真的是很申論的，我們做的每一次的座談都看了很多的書，站起來的時候，我們知道在甚麼樣的主題講甚麼樣的話。

我們不反對丟鞋，我們希望做到的不只是丟鞋。我記得我們那時候講「言論自由在臺大」，因為我是主持人要開場，我還記得那時候第一次講話，我想了很久，我要講甚麼才不會被抓去，在這個場合能很完整的讓我講完。而每一個座談會確實都很順利地講完，因為我是很有技巧的。譬如我說：「臺大不是沒有言論自由，否則今天的座談會不可能召開；臺大言論自由是不健全的，否則今天的座談會沒有召開的必要。」你想我這樣講，是不是很安全，我達到我想要講的話——就是說臺大言論不自由，可是我用這樣的方式來表達。

所以我覺得學生是可以做很多的事情，因為沒有包袱，也會受到比較大的容忍。但是我們真的不要搏鬥，要智取，當時若不是智取，我不可能留下言論自由、民主生活、中央民意代表全面改選、一個小市民心聲這樣的非常珍貴的史料。不是我精采，是有那麼多精彩的老師，但學生有個很重要的任務，就是怎麼樣找到那個精彩的老師去爭取他、聳動他，讓他站出來，像陳鼓應一樣，是非常重要的。

所以非常謝謝大家，我真的很高興大家都可以來。最後講一句跟政大很有關的，臺大這些事情發生之後，我們不只可以進步，那時候也開始逮捕人了，包括陳鼓應老師、王曉波、錢永祥，洪三雄當時在當兵也被叫去了喔！他們被逮捕大約十五天後被放出來，放出來的有一個很重要的事情，否則會被關更久。有一個政大的同學郭譽孚，他是錢永祥的朋友，跟大家也都是很好的朋友，這些朋友進去了之後，因他不是臺大的，他跑到臺大的校門口，用刀自殺，他說：「請放了我臺大的朋友」，這是政大的同學。

陳鼓應老師：

有一天，三雄、玲玉等同學在我研究室裡討論保釣要做什麼？我說談言論自由的問題。大家都覺得「言論自由」在一九七〇年很敏感，但我覺得這個議題很重要。後來，三雄和玲玉就舉辦了「民主生活」、「言論自由」這兩個座談會，他們就很技巧的框上「在臺大」作為護身符。座談會輪到我發言的時候，我說：今天不是討論言論自由重不重要的問題，而是討論如何避免「恐懼的自由」和「自由的恐懼」。演講完了以後，滿身汗，既興奮又緊張。當天晚上有人敲門，還好是老太太找錯門了，我緊張的以為是警總要來抓人了。

今天來說，很多東西跟我們都相連在一起，例如我跟孝信，是在一九八二年以後，他單身，我在他芝加哥的寓所住了三個多月。另外，在高雄事件前的那個晚上，我跟施明德、陳菊、艾琳達商量本省、外省都要合作，第二天一早就聽到余登發被逮捕的消息。我們到張德銘律師事務所，林孝信託人帶信息說要跟我們黨外會合。因此，我們把大家聚在一起，商量要去橋頭示威。所以說，這中間有很多偶然的事情把大家牽連在一起。

今天我要特別謝謝在場的何卓恩教授，他是武漢華中師範的教授。三年前，他舉辦了一個殷海光討論會。殷先生在臺灣，沒有人討論他，但是那個討論會大概有四、五十篇論文都在討論殷海光，所以我很歡迎他來。他現在也有一個博士生正在寫《大學雜誌》，我希望能透過這些機會讓兩岸多多交流，我認為這個非常重要。

林孝信先生：

我覺得除了把《大學雜誌》或者德先生、賽先生拉到與五四有關連，是不是也可以把它拉到更深一層討論。五四運動廣義來講，可以說是第三世界在這兩、三百年在受到西方帝國主義的壓迫之下，最具代表性的一個事件；這個事件的出現與完成，也許就象徵著這世界和國際的局勢可以走出比較平等民主的格局。

雖然每個國家內部都強調民主，但是我們知道在國際上，到現在為止，還是有一個霸權在，那就是美國。他可以監聽全世界每個地方，他可以不經過考證，就隨便派兵去攻打別人、去侵略，而且還覺得一點問題都沒有。所以在國際局勢來講，今天這個世界還是不民主的，還是一、二個大國在操縱世界，未來這段時間也許還會有很重要的事件發生。

陳鼓應先生：

我非常感謝館長，感謝譚組長以及夏春祥老師，還有很多好熱心的同仁，讓我們感覺到被忘記的事情忽然之間大家關心了。尼采有一句話：「如果缺乏歷史意識的人，就像阿爾卑斯山下的居民那樣思想視野之狹隘。」雖然歷史是過去的，但我希望政大可以把我們以前的東西數位化或者是把它寫下來。今天這樣的場面，讓我覺得很溫馨。我的老師殷海光過世以前給我的一封信，他說：「鼓應，此刻在燈下和你寫信，說不出的淒涼。人與人之間，只有內心溝通，始覺共同存在。人海蒼茫，但願有心肝的人，多多相互溫暖。」所以，我今天不只是來參加學術會議，能看到大家、跟大家在一起，就覺得好溫暖，好溫暖。

陳達弘先生：

一句話就好，我不知道政大有沒有政治性社團，剛剛聽玲玉講了學生運動的心法，我覺得非常的精采。因為年輕人要能夠真正的自我表達，我認為社團的活化非常重要，政大是不是可以請玲玉傳授怎麼樣讓社團活潑起來。如果學生在學校只是默默地過去，由你玩四年，好像有點浪費。怎麼樣參與社團，建議政大應該多辦一些，讓學生可以多一點瞭解，怎麼樣活化他們的社團？

張俊宏先生：

玲玉當年說：「甚麼法統？我們硬是要把法統變馬桶。」這句話大家也許都忘了，但我因為這句話感染性非常強烈而記憶深刻。制度的問題，或許是政治系研究的範圍，但是最後反而不是從這裡去著手，也不是從人民著手，最典型的例子就是總統直選。因為總統直選既違憲也違法。但是，至今有沒有修憲、有沒有修法呢？過去修憲修法的提案，在國民大會中沉睡。國民大會解散後，現今的立法委員也擱置在那裡。是我想到中學時期的一位公民老師，他說：你們不要去管他們！大家不要以為是法條，就是要照文字去掙扎。只要你知道這件事是不違法，而且能說出正當性的理由，你就去幹吧！即使犯法，法也可以寬容你，舊刑法第十六條有這個，但是新刑法已經把它刪除；民主化以後，反而把當年民主化的法條給刪除。當時推動全面改選，全面改選當然有法律根據，總統直選遭遇到的最大的挑戰就是：要去修法一定要修憲。我說這是你們法律系的範疇，我們政治系是不來這套。正當性底下，是可以凌駕合法性，合法性即是根據正當性而來的。法，政府隨時可以修改，但是必須擁有足夠的正當性。當時就是用這些方式去做，才把總統直選通過。當然，總統直選為現在帶來的悲劇和遺留下來的問題，恐怕得由新的一代來思考。

洪三雄先生：

簡單總結一下今天的座談會，我想《大學雜誌》，在我們整個的民主化過程當中具有相當大的意義，這個意義有兩方面，一方面證明了一件事情，就是說你有付出一定會有收穫。在一九七一年到七二年之間，《大學雜誌》輝煌的時代所創造出來的很多的言論，今天都已經一一實現，臺灣的言論自由、臺灣的民主化、分別在一九八八年、一九八九年及二〇〇五年廢除了動員戡亂時期臨時條款、中央民意代表全面改選、北高兩市的市長由老百姓直選等等，證明了你只要有付出，自然會有結果，民主自由的代價是我們要付出，這是一個。第二個，《大學雜誌》也給我們一個很大的期許，就是說你想要有結果，那你一定要付出。剛剛俊宏兄提到，我們爭取到了自由，爭取到了民主，今天大家可以在沒有恐懼的情況之下，可是卻面臨到民主的危機，卻面臨到自由的濫用，這些都是我們要深深去思考的問題。因此《大學雜誌》給我們這個啟示，就是說如果我們要這個社會更健全，如果我們要這個國家更強盛，那麼我們每一個人都必須要付出些甚麼？這應該是一個真理，在海峽兩岸都一樣。最後我再強調一次，大學雜誌社前社長陳少廷先生說的一句話「大學是社會的良心」，我希望我們大家都能夠成為社會的良心。

越是鬱卒的時代，越是發揮道德勇氣的時代——《知識分子與臺灣民主化：大學雜誌》研討會雜感

華中師範大學中國近代史研究所　何卓恩

前言

十月份在北京的一次學術會議上，我從陳鼓應先生那裏得到信息，十一月十五日政治大學將辦一個《大學雜誌》的專題論壇。正好這個時候我會來臺北參加輔仁大學歷史系舉辦的研討會，遂向陳先生表示希望有機會去旁聽，陳先生熱心告知了具體操辦和主持活動的夏春祥教授和薛化元教授，經聯繫，得慷慨應允。於是，輔仁大學的研討會結束之後，我就很期盼地列席了政治大學數位史料與研究論壇「知識份子與臺灣民主化：《大學雜誌》」為期一天的活動。

之所以說很期盼，是因為我自己素來對臺灣民主轉型的歷程興趣盎然。過去圍繞《自由中國》及後續出版物做過一些閱讀，也瞭解一些臺灣解嚴以後的社會變遷，但對處於兩者之間的一段時期，有著怎樣具體的努力和演變，仍心存不少疑問和好奇，而《大學雜誌》時代正是此一轉折的關鍵。很幸運，這次在政治大學活動會場，得以親見歷史的弄潮者和見證者陳鼓應先生、張俊宏先生、王杏慶先生、洪三雄先生、陳玲玉女士、陳達弘先生、林孝信先生，親聞他們在恐怖之下鼓動風潮的感人故事和他們時過

境遷之後結合現實的深刻反思。受益之餘，感想亦多。

「五十步笑百步」的時代

時下的中國大陸，發展中出現的社會問題紛紛爆發。伴隨社會不滿情緒的增長，一些公共知識份子於歷史產生翻轉的看法，對國民黨和兩蔣在臺灣民主轉型中角色，不乏想像性的溢美。《大學雜誌》的出場和退隱，恰好印證的不是「聖王仁政」，而是「民主是爭取來的」的樸素道理。

陳鼓應先生是《大學雜誌》時代最活躍最激進的知識分子之一，拜讀過他發表於其中的〈容忍與瞭解〉、〈說話是一種天賦的權利〉、〈不平乃不滿之因〉、〈論保障基本人權〉、〈開放學生運動〉等激昂文字和在「言論自由在臺大」、「民主生活在臺大」等等座談會上的慷慨發言的記錄，至今仍有熱血沸騰之感。這次紀念會中，陳鼓應先生又講述了兩個重要細節，一個發生在《大學雜誌》改組之前的「青年問政座談會」上，一個發生在《大學雜誌》分裂後的「臺大哲學系事件」中。

問政會召集於一九七〇年十月，當時蔣經國準備上位接班，釋放出虛言納諫、拔擢才俊的姿態，陳鼓應抓住第一次年輕人有機會與當權者對話的機會，一下子拉高言論，帶動其他與會者批評言論上升。其中一位先生直言：國民黨反共，但壓制社會的做法跟共產黨相差無幾，國共是五十步笑百步。主持者張寶樹被激怒，斥責道：「假如國共是一樣，開完會後你們就不可能回去了。」結果大家還是一個不少回去了，而且當局還提議他們辦一本雜誌來表達年輕知識份子的心聲，於是才有了《大學雜誌》的出場。而臺大哲學系事件的發生，卻完全是另一種狀況。陳先生講述了殷海光在世時國民黨就指稱其和弟子受美國共課費正清指揮為匪宣傳，殷死後特務機關繼續羅織罪名清除「殷黨」出臺大。陳先生還公佈了一份剛剛解密的檔案，檔案內容顯示陳鼓應、王曉波、盧正邦、錢永祥等接受美國共課的指示，和黨採取「分頭進行，最後集中」的方式進行。這時蔣經國已經做了行政院長，接班的準備事實上完成，不再需要青年才俊的支援，遂重新回到政治恐怖。

這兩個故事，前者似乎表明「五十步」確實不同於「一百步」，後者則顯示五十步與一百步終究相差不遠。

既然五十步與一百步在同與不同之間，當權者固可自由拿捏為其所用，知識分子也可以恰當把握為社會所用。也許，由劉福增、陳鼓應、張紹文〈給蔣經國先生的信〉發端，《大學雜誌》上大量痛陳時局危急（保釣、尼周公報、退聯等）、力籲「革新保臺」的文字，應該就是當時臺灣新生代知識分子的機巧運用吧。而且，他們從坐而談到起而行，開拓出臺灣民主運動最激動人心的時代。

「選舉萬歲」之後

張俊宏先生在《大學雜誌》上有好幾篇重頭文章，比如〈消除現代化的三個障礙〉、〈臺灣社會力的分析〉、〈國是諍言〉、〈二十五年來臺灣選舉史的檢討〉、〈談現代選舉的意義〉等，有些當時就出了單行本，其社會影響不言而喻。其中選舉問題是他關注頗集中的方面，並且後來親身投入地方選舉和黨外運動，致力於民主制度化的實現。在他看來，西方的「選舉」和中國的「科舉」一樣，都是人類制度建構的大貢獻，有益於文明的進步，有必要接納這種制度來消除專制政治的弊害。

關注選舉、鼓動參與選舉的不限於張先生，《大學雜誌》編委會曾組織過多次關於選舉的座談會，一位編委甚至曾用「選舉萬歲」這樣斬釘截鐵的語句來表達對於民主的期盼。事實上，也正是因為張俊宏先生、陳鼓應先生，以及其他一大批知識分子前仆後繼地參與到各級選舉活動，終於有了新世紀「數頭代替砍頭」的政黨輪替。

張俊宏先生是民進黨人，基於過去對臺灣藍綠統獨對立的瞭解，這次會議我曾先入為主地以為，張先生也許會談些與本省精英在臺灣民主運動中的貢獻和犧牲相關的話題。出乎意料的是，張先生反而對此隻字未提，申述的卻是五四精神的落實和臺灣民主運動的失誤。

他說（大意）：《大學雜誌》時代我們所要實現的，仍然是五四留下的三個東西：「德先生」、「賽先生」和所謂「愛國」的問題。五四愛國是保衛青島，《大學》時代是保衛釣魚臺（大陸稱釣魚島）。愛國的途徑是革新，以民主和科學來使國家強大。但是在追求德先生的時候，我們犯了錯誤，我們將民主與法治的順序弄錯了，以為民主實現了，就有法治了。「民主優先」錯了，應該先建設法治的基礎再搞普遍選舉，這樣的民主才會健康，也就能避免今天民主的混亂。不過，相剋者亦相成，當年我們的錯誤，給今天的青年一代留下了機會和使命，那一代沒有完成的，可以在這一代完成，以解決當今民主的危機。

張先生一席話，令我再次震撼。這是一個「民主老兵」的反省，也是一個老資格民進黨人的反思。這種回歸中道的聲音在臺灣如果越來越大，便意味著臺灣民主深化的希望越來越近吧。

王杏慶的故事

會上擔任主題演講的南方朔（王杏慶）先生，在《大學雜誌》時代，尚屬「後進」，一個不同凡響的後進。

雜誌第四八期，有一個「王杏慶的覺醒引起的社會反應」專欄，共八篇文章討論他的故事。故事的核心為，「當眾多的青年學生剛踏出大學校門，就急著湧向留學的『窄門』時，一位獲得美國密西西比大學研究所獎學金的青年，卻寧願放棄這個機會，留下來為多難的國家盡一份力量。」王杏慶先生「來來來，來臺大」畢業之後，得到了眾人求之不得的「去去去，去美國」的機會，卻因為臺灣被迫退出聯合國，心情激憤，感覺「國家到了這個地步，作為年輕的知識份子應有所表示」，而做出兩項決定：第一，約集同學聯名發表呼籲書〈這是覺醒的時候了！〉；第二，放棄自己的留美計畫。在給美國教授的信中表示：「我的國家或將面臨一項巨大的變革——政治的、軍事的、或經濟上的。在這岌岌可危的時候，我自認無法擺脫對我的家庭、我的國家及人民的責任。」

王杏慶先生從此加入《大學雜誌》，用他苟日新日日新又日新的筆，參與到引發臺灣激變的社會運動之中。從〈論民主國家中人民的異議限度——不平則鳴謂之「異議」〉等文章中，大約已經可以預測「王杏慶故事」到「南方朔政論」的躍升。而他這次所做的主題演講，也仍然沒有離開知識份子「對國家及人民的責任」。

演講中，南方朔先生對臺灣政治轉型後的現況非常不滿意，覺得政治混亂、經濟衰退、食安危機，「我們處在一個非常倒楣非常不好的時代，鬱卒的時代」，但「越是這種時代，越是年輕人發揮自己道德勇氣最有機會的時代，是社會參與最好的時代。」於是他講了臺灣三次知識份子大集結：日治時代的文化協會，老蔣時代的《自由中國》和《文星》，小蔣時代的《大學雜誌》和黨外運動。他說每次都是最鬱卒的時候的起而抗爭，前兩次都沒有成功，第三次因為與民眾運動結合而有所成就。他樂觀預言，現在到了第四次大集結的時候。

「第四次大集結，會是最徹底的變革」，大批有系統思考的青年知識分子參加進來，即在書房之內，又在群眾之中，通過成熟的社會運動，建立起合理的憲政制度、政黨制度和選舉制度，深化民主的價值。「臺灣不會完蛋，一定會有革命性的改變」，南方朔先生信心滿滿地說。

命運共同體

《大學雜誌》不是孤軍奮戰，一如五四時期的《新青年》。《新青年》在北大提倡民主、科學，內有學生刊物《新潮》，外有留美學生刊物《科學》。《大學雜誌》時候，也有臺大法學院學生主辦的《臺大法言》與之互相配合，以及新一代留美學生創辦的《科學》月刊與之遙相呼應。《臺大法言》的主辦人洪三雄、陳玲玉伉儷，《科學》主編林孝信先生的到來，給《大學雜誌》的奮鬥環境提供了最好的詮釋，也體現了活動主辦者的匠心。他們的講述，將臺灣民主運動的時間（年齡）和空間（地域）維度，淋漓盡致展現在今人面前。用陳鼓應先生的話說，這叫「命運共同體」。

當年參與民主運動的臺大在校學生，雖然青春稚嫩，卻也慢慢被白色恐怖下的艱困萃煉得十分老辣。陳玲玉女士至今記得，在舉辦「言論自由在臺大」座談會時，自己作為主持人的開場白：「我們可以肯定：在臺大，言論絕非不自由。否則，今天的座談會不可能召開得成。但是，在臺大，有關言論自由的制度也絕非健全，否則今天的座談會沒有召開的必要。」

用一個可能與必要的論式，避免給人口實，實現了艱難的突破。此後他們一發不可收，接連主辦「民主生活在臺大座談會」、「民族主義座談會」、「中央民代改選辯論會」等，均獲轟動效果。可見知識分子的道德勇氣並不意味著鼓勵做烈士，而是爭取在不傷一馬一卒的條件下，最大限度推動社會前進。

《大學雜誌》復刊的期待

在經濟和行政上做出重要貢獻的《大學雜誌》總經理陳達弘，也蒞臨會場。他給聽眾闡述了《大學雜誌》「超然、客觀、中道」的辦刊原則，還帶來了繼數位化之後，正在進行總目錄編纂的資訊。而最令人振奮的，是他計畫約集同仁重新復刊《大學雜誌》，以承擔起新時代社會運動發動機的職責。

《大學雜誌》每期封面顯著位置都載有「大學之道，在明明德，在親民，在止於至善」的話。這段話在古典文獻中的原意，當然不外勸善，鼓勵讀書人修養身心，厚德載物。在現代社會，這仍然必不可少，但卻應該有更多的內涵。現代人要明的「明德」，除了道德，還有社會治理之公德，這就需要現代價值的啟蒙；現代人要親的「民」，已經不是俯瞰下的黎民，而是平等的公民，這就需要彼此寬容。胡適一再指出，「容忍比自由更重要」，無論啟蒙還是社會運動，知識分子都應該放低身段、放下偏狹。只有這樣，才能使社會的面貌日益改善，向「至善」之境一點點靠近。

以此，我們期待即將復刊的新《大學雜誌》，繼往開來，不負眾望，在臺灣民主深化、兩岸和平發展的大歷史中，充當至關緊要的樞紐。

文人論政再思考：臺灣七〇年代《大學雜誌》之研究

世新大學口語傳播學系副教授兼系主任　夏春祥

一、研究問題的提出

新聞史中，「文人論政」概念經常被提及，泛指晚清之後的中國知識份子以報紙作為表達媒介，並對國家社會提出意見與改革建言的文化現象。[1]在此，文人論政成為新聞報紙中一種文字報國的具體傳統。類似的論述，目前於大學任教的新聞評論者王健壯在〈走在歧路上的一隻羊：媒體在政治發展中的角色〉一文中曾經寫道：

> ……從一九八八年報禁開放以來，轉眼二十多年過去，曾經扮演民主改革火車頭的臺灣報紙，除了陷入經營的困境外，更陷入了發聲的困境。過去，中立、客觀是臺灣媒體基本的自我要求，這個自我要求，這幾年卻因為政治環境的兩極對立，或媒體自我催眠，被動或主動地被貼上藍綠標籤，臺灣媒體與臺灣政治幾乎是同步「極化」，這個現象從二〇〇〇年政黨輪替後，更趨嚴重。……但臺灣媒體何以變得如此的「政黨化」？
>
> ……一個讓媒體在政治發展過程中變成負面角色的原因，乃是媒體負責人角色的蛻變。

1　李金銓，《文人論政：民國知識份子與報刊》（臺北：政大出版社，二〇〇八），頁二。

> 八年前，「中國時報」創辦人余紀忠過世後，許多人稱譽他是臺灣最後的報人，並且感嘆文人辦報的傳統從此將成絕響。
>
> 報老闆能被稱為報人，就像 reporter 能被稱為 journalist 一樣，都是角色價值的被肯定。但報人辦報與非報人辦報有什麼不同？簡單說，報人辦報就是文人辦報，是文人以辦報的方式論政……。張季鸞當年辦「大公報」是這樣辦，余紀忠辦「中國時報」也是如此。而且這兩家報紙不但都曾執報業之牛耳，有一言而動天下的影響力，更曾大賺其錢，經營上並不輸商人辦報。[2]

在此，「文人以辦報的方式論政」，使得「文人論政」與「文人辦報」的詞彙可以相互替代、交換使用。只是，若將前面知識份子以報紙為媒介，而對政府提出建議的內涵一併思考，我們不禁想探詢：文人論政的概念究竟指的是一種議論時政、介入社會的文字類型？還是一種報紙經營管理的角色內涵呢？

當然，在王健壯的論述中，余紀忠的辦報是文人論政傳統的一部份。但這種一般認知下的報業管理與媒體經營，該如何在文人論政概念中被安置呢？在討論《文人論政傳統的釐清與辨明》[3]中，夏春祥曾指出過往在新聞史中，提到文人論政，能夠聯想到的多半是由張季鸞、胡適之等人在報章媒體上所實踐出來的一種文化景象，卻很少注意到由英斂之等在「經營／管理」上種種作為所扮演的角色。他因而依照德國社會學者韋伯（Max Weber, 1864-1920）那種衍生自現實世界，卻又不只是社會鏡像的理念類型（Ideal type）[4]，進一步地將民初以降文人論政概念所形成的傳統，轉化成為「報導／評論」、「自由主義」與「經營／管理」等三種理念要素，並討論其與大眾傳媒專業工作之間的關聯。

易言之，媒體老闆的報人角色常被忽略，但在文人論政的傳統中，這經常是個產生樞紐作用的關鍵前提。因此，文人論政若是一個以「自由主義」為內涵，並以「報導／評論」為形式的社會介入方式，那麼，「經營／管理」的要素卻經常未被看到，以致於欠缺辨識與反省。本文援引這樣的架構，試圖去釐清在新聞體例盡可能中立報導事件的前提下，知識份子有意識地依據自由主義立場，透過一種文化治理（Cultural governance）的經營技術，將發表特定評論時所需要的媒體空間安排出來的文人論政概念，究竟包含著怎麼樣的具體內涵？對於傳播科技所帶來的新媒介已日益蓬勃之際，這樣的思索似乎更具現實意義。也就是說，如果文人論政指涉的是政治權力（Political power）的監督和與聞，那麼這種在社會權力（Social power）面向上的理解，又該如何在此傳統中加以表述呢？

大陸文化評論者傅國湧曾經撰寫〈「文人論政」：一個已中斷的傳統〉一文，內容中曾以古曲「廣陵散」相比，用以說明文人論政已曲終人散，「一切都將化為烏有」。[5]這在共產黨統治下的中國（一九四九—）或許如斯，但在臺灣社會，情況絕非如此。只是，臺灣文人論政的概念經歷了什麼樣

2 王健壯，〈走在歧路上的一隻羊：媒體在政治發展中的角色〉，余紀忠文教基金會網站，http://www.yucc.org.tw/news/column/（二〇一〇年四月一日）。

3 夏春祥，《文人論政傳統的釐清與辨明：臺灣 1970 年代《大學雜誌》暨相關知識份子之研究》（二〇一四），世新大學學術研究專案計畫。

4 Max Weber, *Methodology of social sciences*. New Brunswick, NJ : Transaction Publishers, 2011.

5 傅國湧，〈「文人論政」：一個已中斷的傳統〉，《社會科學論壇》，第五期（河北，二〇〇三），頁五三。

的發展歷程？而其間扮演關鍵樞紐的經營與管理元素又有過什麼樣的具體典範？本文便由此出發，而對此傳統進行概念分析的積極意義，便如同《關鍵詞：文化與社會的詞彙》一書作者威廉斯（Raymond Williams, 1921-1988）所指出的，對於特定概念的探索將可使關注者在過往傳統方面得到一個輪廓性的瞭解，繼而在模糊、曖昧中，以理性分析凸顯出當今迫切問題的實質根源。[6]

二、探索對象的確立

基本上，文人論政主要孕育自那些受過教育、拿過文憑讀書人對於那些相同身份者的指涉，以及他們對於週遭環境的品評討論，而清末、民初的新式傳播媒體，又延伸了這種對於國家社會言論介入的文化現象。歷史研究者李仁淵曾在討論晚清新式傳播媒體與知識份子關聯性時指出：新式傳播工具形成一個前所未有的管道，使得文人們的理想抱負與現實關懷可以連結起來；而不管政治立場為何，新式傳播媒體都已成為改變甚至顛覆現狀的政治工具。[7]

換句話說，文人論政確實成為描述過往新聞報業的核心概念之一；資深傳播學者陳世敏便認為，「文人論政題旨是學術上極大的創新，也是東、西方報紙的一種關鍵區辨。」[8]只是在全球化的發展動力下，這種分野越來越淡薄。在遍觀百年新聞史之後，傅國湧便寫道指出：「文人論政傳統的產生、存在至少需要三個條件：一是民間報刊的空間，二是經濟獨立，三是知識份子能保持人格獨立。」[9]而在一九四九年以後，中國大陸已完全沒有純粹民營的報刊雜誌；爰此，不難理解傅國湧何以認為文人論政傳統在中國大陸已經消逝、亡佚。

在臺灣，國民政府的敗戰退守雖然帶來了很長一段時間的軍事戒嚴（一九四九至一九八七）。但是，民辦自營的傳播媒介一直有著自身的發展軌跡，賡續而未絕，尤其是在雜誌方面。一九四九年十一月二十日創辦於臺北，並於一九六〇年九月一日發行最後一期的《自由中國》雜誌，便是作為起點之一的典型案例[10]。當然，總共發行了二六〇期的它是文人論政傳統的一種體現，傅國湧便以殷海光在《自由中國》半月刊上的評論文字加以例證。但這一論述時而清晰，時而在灰色邊際中帶有爭議，畢竟在創辦之初的經費上並不獨立。先是當時在政府中擔任教育部長的杭立武，提供經費補助；一九五〇年三月之後，則是由陳誠接掌的行政院與吳國楨領導的臺灣省政府共同補助；一九五二年起，更是從美國「自由亞洲協會」獲得大宗的長期訂戶。[11]與上面傅國湧的理論性陳述比較，經濟獨立其實只是相對的說法，《自由中國》的案例便可例證經濟上雖受政府或他國支助，但言論上仍可就事論事、發揮影響，因此這

6　威廉斯（R. Williams）著；劉建基譯，《關鍵詞：文化與社會的詞彙》（臺北：巨流，二〇〇三），頁 xxiv。

7　李仁淵，《晚清的新式傳播媒體與知識份子：以報刊出版為中心的討論》（臺北：稻鄉，二〇〇五），頁一〇二。

8　李金銓，《文人論政：民國知識份子與報刊》，封底頁。

9　傅國湧，〈「文人論政」：一個已中斷的傳統〉，頁五三。

10　林淇瀁，〈由「侍從」在側到「異議」於外：論《自由中國》與國民黨黨國機器的合與分〉，《文人論政：民國知識份子與報刊》（臺北：政大出版社，二〇〇八），頁三五〇至三六五。

11　請參閱薛化元，《《自由中國》與民主憲政：1950 年代臺灣思想史的一個考察》（臺北：稻香，一九九六），頁七六至八九。何卓恩，《《自由中國》與臺灣自由主義思潮：威權體制下的民主考驗》（臺北市：水牛，二〇〇八），頁一一二至一一三。

自由
香港航空版
第一卷 第一期
發行人 胡適
創刊號
不外借
中文期刊資料室
要目
「自由中國」的宗旨……胡適
發刊詞……本社
民主與極權的衝突……胡適
自由與平等……傅斯年
獨裁，殘暴，違背人性的共產黨……雷震
思想自由與自由思想……殷海光
青年號角
本刊開闢青年號角的前言
美國的教育週
從赤色家庭解放出來……沈晦
一個俄國空軍上校到初美國……
給讀者的報告……
中華民國三十八年十一月二十日出
社址：台北市金山街一巷二號

雷震照片，雷震中心提供。

刊物反映也摸索著當時知識份子對於文人論政概念的實踐方式。

只是，關於《自由中國》的研究文獻已相當豐富。本文試圖討論的則是一份在時間上已經觸及到一九七〇年代，且與今日臺灣發展直接關連的《大學雜誌》。針對這個時間點，社會學者蕭阿勤在戰後世代與文化政治變遷的討論中，曾經指出：「戰後臺灣重大的政治、文化變遷，始於一九七〇年代」[12]，他因此以「軸心時期」加以描述。知名作家鄭鴻生則從文學的角度，描述出這段時間為「臺灣的文藝復興年代」[13]。然而，不管描繪的名稱為何，在一九七〇年代中，作為執政者的國民黨政府在內、外都遭遇到極大的挑戰與變革，這包括了中華民國的退出聯合國（一九七一）、美國將二次世界大戰後託管的釣魚臺交給日本所引發的釣魚臺爭議（一九七〇至一九七二），以及國民黨內部的權力鬥爭等。在這些內、外交織而來的挑戰中，一個最為明顯的變化，就是在緊接下去的幾年中，臺灣社會的黨外雜誌有著極為蓬勃的發展。

基本上，黨外雜誌泛指國民黨與當時合法政黨，如民主社會黨、青年黨等以外機構或個人所擁有的傳媒刊物。[14]但真正變成一個象徵符號，並在現實生活中產生影響的，則起自於黃信介、康寧祥等人在一九七〇年代選舉中的作為。[15]在此之前，國民黨以外的人士無法藉由報紙、電視等大眾傳播媒體，傳

12 蕭阿勤，《回歸現實：臺灣一九七〇年代的戰後世代與文化政治變遷》（臺北：中央研究院社會學研究所，二〇〇八），頁一。
13 鄭鴻生，〈臺灣的文藝復興年代：七十年代初期的思想狀況〉，《臺灣的七十年代》（臺北：聯經，二〇〇七），頁八一。
14 李明水，《臺灣雜誌事業發展史》（南投：臺灣省政府，一九八六），頁一〇六。
15 彭琳淞，〈黨外雜誌與臺灣民主運動〉，《「二十世紀臺灣民主發展學術研討會」論文集》（臺北：國史館，二〇〇二），頁五四。

達自己的信念與主張，於是選擇雜誌作為傳播訊息的重要工具。美國政治學者包澹寧在《筆桿裡出民主：論新聞媒介對臺灣民主化的貢獻》一書中，認為高壓戒嚴時代，雜誌乃是民主聲音表達與傳遞的重要渠道，理由有二：一、相對於報紙來說，雜誌的核可證照容易申請登記且在經營資金上進入門檻比較低；二、雜誌本身具有獨特的文化特徵，例如：雜誌多有設計過的封面，這使得訊息的感官刺激比較間接，比較不會成為大規模集體行動的直接因素，加上裝訂後的紙張比報紙更容易保存，方便傳遞與交流。[16]

一般來說，以黨外雜誌作為研究對象的相關文獻，多從《自由中國》開始，經由《文星》、《大學雜誌》、《臺灣政論》、《中國論壇》、《夏潮》、《八十年代》，以迄《美麗島》的一段演變歷程。[17]本文不以其它刊物為對象，專以《大學雜誌》為主題的重要原因，便是它在創辦時間與文化意義上的承先啟後。資深評論者南方朔便曾針對它的意義指出：

> ……第一梯次是「自由中國半月刊」的民權運動，它在四十九年九月，因為雷震的被捕判刑，而宣告終止。這是五〇年代的自由主義知識份子運動，它在六〇年代，藉著「文星」集團，再次出現。……這兩次知識分子運動是單薄無比的，僅限於高層政治上、理念上、文化上事物的異議。它們的起與落，總體的影響力，均沒有七〇年代「大學雜誌」集團的久遠。[18]

從這裡來看文人論政的傳統，影響力的具體內涵雖未闡明，但《大學雜誌》的樞紐作用卻相當清楚。它最早挑戰了當時國民黨的「法統說」[19]，並集中力量於「中央民意代表改選」的問題，因而成為日後各種黨外雜誌的一個起點；再則是它在明確而清晰的中國視野裡，突顯出關懷臺灣社會的現實意義。[20]

在後來的發展中，這個綿延一致的整體會被操作、分裂成兩個對立的範疇，這種變化也使得《大學雜誌》的意義更加明確：它是在統、獨發展前的一次大合作。本名王杏慶的南方朔因而寫道：臺灣意識主控下的論述行為模式乃是現代臺灣政治及社會發展中的獨特現象，以《大學雜誌》為首映場。[21]而在一篇討論臺灣自由主義思想的文字中，曾任行政院長的江宜樺也提到了這份刊物對於自由主義精神的延續，以及在現實議題上是如何超越《自由中國》與《文星》，並成為日後各種政治理念的醞釀根源[22]，這樣的論述也更加支持了本文關於研究對象的判斷基礎。

16 包澹寧（D. K. Berman）著：李連江譯，《筆桿裡出民主：論新聞媒介對臺灣民主化的貢獻》（臺北：時報，一九九五），頁二〇八至二〇九。

17 蕭淑玲，《臺灣黨外雜誌對黨外運動的作用 1979-1986：以「八十年代」系列、「美麗島」、「蓬萊島」系列兩大路線為例》（中壢市：中央大學歷史學研究所，二〇〇四），頁一。

18 南方朔，〈中國自由主義的最後堡壘：《大學雜誌》階段的量底分析〉，《中國自由主義的最後堡壘》（臺北：四季，一九七九），頁九至一〇。

19 法統說，一般是用來解釋國家與政府存在的合法性基礎，亦即是統治權力的法律根據。在一九七〇年代的臺灣，法統說用來作為國民大會、立法院，以及監察院等成員始終未曾改選的重要依據。請參見陳少廷，〈中央民意代表的改選問題：兼評周道濟先生的方案〉，《大學雜誌》，第四十六期（臺北，一九七一），頁十三，以及司徒一，〈民國法統與中華民國憲法〉，《黃花崗雜誌》，第三十期，二〇〇九的相關論述。

20 彭琳淞，〈自由・民主・本土・臺灣：看臺灣戒嚴時期的政論雜誌〉，《全國新書資訊月刊》（臺北：國家圖書館，二〇〇七），九月號，頁三三。

21 請參見王杏慶，〈《大學雜誌》與現代臺灣——一九七一至一九七三年的知識份子改革運動〉，澄社編，《臺灣民主自由的曲折歷程：紀念雷震案三十週年學術研討會論文集》（臺北：自立晚報社，一九九二年），頁三八七。

22 江宜樺，〈臺灣自由主義思想的發展與困境〉，《自由民主的理路》（臺北：聯經，二〇〇一），頁二九七。

三、傳播媒體的實踐

前面提過，文人論政乃是新聞報紙中一種文字報國的實踐傳統。其具體要素包含有「報導／評論」、「自由主義」與「經營／管理」等。最早被系統性地視為是傳統象徵的，多半是《大公報》張季鸞在「報導／評論」方面的作為；近來的研究成果，則是將胡適在「自由主義」面向上的努力視為核心焦點。本文的分析架構奠基於此，試圖透過這些理念性要素，來檢視《大學雜誌》在一九七〇年代臺灣社會中的各種作為，繼而釐清上述醞釀自清末、民初的歷史概念，在「經營／管理」方面有何具體指涉？又經歷了甚麼樣的變化？

從傳統的延續來看，自由主義精神的傳遞成為文人論政中的核心要素；其並非是在觀念孕育之初便與生俱來的，更不是自然而然地來到我們的生活之中，而是經歷了一場社會、文化的演變、更動。因此，它本身便是不斷調整、修正，繼而被辨識與選擇出來的。歷史學者章清便曾指出，儘管「自由」是「自由主義」的核心概念，但「自由」能否成為「主義」，在中文世界卻大有討論空間，大體是因為對「自由」的闡述較為突出其負面涵義，因此在晚清中國各種「主義」大行其道之際，「自由」卻難以成為「主義」。[23]當然，既是選擇，在一段時間以後，「自由主義」便被「自然」地接納了。只是，它也會在接受與拒絕之中，發展出自己的面貌。[24]在這裡，詞彙的指涉並不一致，這意謂與提醒著：在使用特定概念時，脈絡的重要性。對於文人論政的傳統來說，臺灣社會與《大學雜誌》的作用，也因此種價值而被本文挑選出來。

一般而言，臺灣的自由主義者在一九四九年首次藉由雜誌模索文人論政的實踐可能，卻在十年左右的嘗試之後再次走入歷史。此後，他們不再直接碰觸政治議題，反倒像德國學者哈伯瑪斯所描繪的西方歷史一樣。讀書人先是在文學性公共空間，如《文星》[25]中獲得了演練、體驗的機會，而不去觸碰敏感性的政治議題，這為日後在政治性的公共空間中扮演稱職的論辯角色奠定基礎。而《大學雜誌》便是這個政治性公共領域發展過程中的一個起點，而且是個關鍵的一步。[26]

這是就傳媒外部的環境加以解釋。至於《大學雜誌》內部，它本身也經歷了一場由文學、藝術到政治、社會的轉換。一般來說，由臺灣大學心理系畢業生鄧維楨創辦於一九六八年一月的《大學雜誌》，在它於一九七〇年底進行編輯成員改組之前，是屬於「『校園文化』的充分顯露」[27]，或者可以描述成是「臺灣大學的同仁刊物」[28]，關懷集中在文化、思想與文學、藝術方面，「內容傾向近似早期的《文

---

23 章清，〈個人與國家之間：晚清思想界對「自由」的闡釋〉，《史林》，第三期（上海，二〇〇七），頁九至二九。

24 高力克，〈在自由與國家之間：新月社、獨立社留美學人的歧路〉，《報人報國：中國新聞史的另一種讀法》（香港：香港中文大學，二〇一三），頁一一三至一四五。

25 《文星》雜誌創刊於一九五七年十一月，停刊於一九六五年十二月；它和《自由中國》共存了兩年又十個月。一九八六年九月，《文星》復刊，但發行至一九八八年，旋即停刊結束營業。

26 吳泰豪，《《大學雜誌》政治主張之研究——以1971年至1973年為中心》（臺北：政治大學臺灣史研究所，二〇〇八），頁二一。

27 南方朔，〈中國自由主義的最後堡壘：《大學雜誌》階段的量底分析〉，頁三〇。

28 鄭樹森，《結緣兩地：臺港文壇瑣憶》（臺北：洪範，二〇一三），頁八。

星》」[29]。當時擔任「副總編輯」的鄭樹森，便在回憶中提及許多文學作家，如羅門、蓉子、周夢蝶、商禽、管管，以及影評人但漢章等，都在雜誌上發表文章，甚至如畫家阮義忠，也在此擔任藝術編輯。[30]這種試圖避開政治禁忌、在文藝上深化發展，以「為沈悶時代開闢一個可以提供新鮮空氣的窗戶」[31]，使得《大學雜誌》的基礎稍加穩固，並開始擁有菁英群體人際網絡的具體基礎[32]。但在發展過程中，也經歷了幾次財務與經營上的危機，因此促成了雜誌的改組與轉型。[33]而為了將這之後的一些論述變化闡釋清楚，底下的討論也就依照分析架構中「報導／評論」、「自由主義」，與「經營／管理」三個面向分別進行。

（一）、在「報導／評論」面向上的《大學雜誌》

基本上，作為一份刊物的《大學雜誌》，並不像報紙一般，每天都會提供讀者必要之新聞。但從一九七一年一月改組編輯委員會、發行出刊「創刊三週年紀念／特大號」開始，《大學雜誌》便以一份評論現實發展、寫給當時行政院副院長兼財經委員會主委蔣經國的公開信聚焦了社會目光。

> 經國先生：
>
> 　報載　先生在六十年度冬令青年育樂工作研討會中，指出青年人有希望，國家才有希望；青年人有前途，國家才有前途。並勉勵青年們：多講、多說、多發表意見。先生說：「真理是經過辯論才產生的。」這話很對，我們願在這裏，提供一點小意見，供先生參考。

在當前社會中，有不少青年人不願說話，主要的原因可能是不敢說，或覺得說了也沒用……

其次，有不少青年人感到政府不信賴自己，我們這一代青年都是此地教育環境培養出來的。自己培養成長的子弟都不信任，還信任誰呢？有感於先生對青年的關切，因而作如下幾點建議：

（一）多接觸想講真心話的人。……

（二）提供一個說話的場所。……

（三）若有青年被列入「安全紀錄」而影響到他的工作或出國時，請給予申辯和解釋的機會。[34]

這篇文章的主要執筆人是出生於福建長汀的陳鼓應[35]，寫就後找了企業人士張紹文，與本省客家、

---

29 韋政通，〈三十多年來知識份子追求自由民主的歷程——從《自由中國》、《文星》、《大學雜誌》到黨外的民主運動〉，《臺灣地區社會變遷與文化發展》（臺北：中國論壇，一九八五），頁三六四。

30 「副總編輯」一詞，應該屬於口頭上的肯認，鄭樹森有提到他與當時擔任總編輯的何步正互動之餘的一些描述。畢竟在雜誌創辦之初，問題極多，經營未步正軌。

31 張俊宏，《我的沉思與奮鬥》（南投：作者，一九七七），頁五。

32 這開始的人際網絡，是以獨資者鄧維楨為核心，然後包括了出版商陳達弘、學長陳少廷、學弟王曉波、王順、何步正、苗栗同鄉郭正昭、林松祥等。而在編輯事物進行時，何步正找了同是僑生的鄭樹森來幫忙。後來，王曉波、王順畢業離開，郭正昭找了他在中研院的同事張俊宏，陳少廷推薦了張潤書，以及另一位香港僑生甄燊港也加入。

33 陳少廷、陳達弘（一九七八）《政治蒼蠅的嘴臉：駁斥張俊宏的讕言》一書中便曾記載著第一次「救亡會議」是在一九六八年第七期出版以後，而第二次存亡，則是因為關係人楊維楨與和步正之間的關係緊張，因此在一九六九年，由張俊宏堂弟張襄玉接手負責資金。但在幾期以後，雜誌的虧損擴大也導致危機再現，最後則是由寰宇書店的老闆陳達宏出資繼續。一九七〇年十月以後，當時國際青商會中華民國總會秘書長張紹文出面協調，希望雜誌開放改組，以形成更大的社會影響力，這可說是第三次的改組。

34 劉福增、陳鼓應、張紹文，〈給蔣經國先生的信〉，《大學雜誌》，第三十七期（臺北，一九七一），頁十七。

35 在《陳鼓應先生口述歷史抄本》中，提到了雜誌要出刊第三七期前，名譽社長丘宏達去印刷廠改過文章，自己則是跑去把它改回來。後來在雜誌社的編委會中，便提到一旦進了印刷廠，以後誰都不准去更動的運作共識。

大學雜誌
創刊號 中華民國五十七年元月一日出版
1

同樣是殷海光學生的劉福增一起署名，以更完整地反映這篇文章的代表性。在一份關於《大學雜誌》的訪談紀錄中，劉福增便指陳，在當時「從來沒有人敢公開向蔣經國寫信」[36]，畢竟他是國民黨當時崛起中的政治強人、也是當時總統蔣介石的長子，一般認為他將擔負起未來國家的重責大任[37]。

這樣的評論位置使得《大學雜誌》的政治重要性大為凸顯。只是，這樣的作用一直被界定在國政建言的層次。在張俊宏《我的沈思與奮鬭》中，《大學雜誌》名譽社長丘宏達（一九三六—二〇一一）的發言紀錄記載著：自從元月份（一九七一年）開始，邀請了七十幾位海內外的青年擔任社務委員，「其目的並不是要結合一個集團作為討價還價的工具，目的只在擴展稿源，另方面也使海內外青年有一個知識報國的園地」。[38]在這點上，《大學雜誌》社長的陳少廷曾在一場座談會中公開說道：

……我們《大學雜誌》並不是一個政治的團體，它只是一群知識份子為了一個共同的理想而創辦的刊物。我們的理想是建立現代化的民主國家；我們希望從文化、思想、學術、知識等方面，來為這個理想而努力。最近幾個月來，我們刊登了不少有關國是問題的文章，這並不是我們有任何私人的企圖。事實上，這只是反應了從聯合國事件以來，知識青年對國是問題更為關切的現象。就整體而言，這毋寧是一個很好的現象。當代的中國知識青年承繼了以「天下為己任」、「先天

36 秦鳳英，《知識菁英對威權體制民主化之影響研究—臺灣《大學雜誌》個案分析》（臺北：臺灣師範大學公民訓育研究所碩士論文，一九九二），頁 a-7。
37 吳泰豪，《《大學雜誌》政治主張之研究——以 1971 年至 1973 年為中心》，頁二十。
38 張俊宏，《我的沉思與奮鬭》，頁四二。

下之憂而憂，後天下之樂而樂」的良知傳統，盡到了書生言論報國的天職。[39]

而《大學雜誌》也就因為在評論上的積極意義，反而創造出臺灣社會讀者去思索一些在每日新聞中幾乎不被處理、卻是極為關鍵的根本問題，這就產生了報導的作用[40]。典型案例如：一九七一年十月同樣由陳少廷所撰寫的〈中央民意代表的改選問題——兼評周道濟先生的方案〉等評論文字。這論述雖不是此一議題的最早文字，但從今日回顧檢視，實則具有「議題設定」（Agenda setting）的高度作用，更何況它不是以單一姿態現身。在該月份的期刊中，另有多人連署的〈國是諍言〉、署名陳濘生的〈今日知識青年之處境〉，以及陳陽德的〈現階段青年傾向之分析〉等文章，同時觸及到這一議題（請參見表一）。換句話說，如果文人論政的精神醞釀自《大公報》等報紙的長期實踐裡，那麼其在每天新聞實踐過程中的發展基礎，無疑是引導讀者關注與思考特定面向的報導作用。

當然，藉著評論達到報導的作用，是一有效的作法。但在報導功能上，《大學雜誌》亦有直接說明發生事件者，典型的案例如刊載於一九七二年十二月份關於警察執法等的描述文字，表達一個路人在臺北市街上親眼目睹與遭遇公務人員值勤態度違反人權、尊嚴的具體情況。

十月十日，欣逢國慶佳節，學校放假。我因有事，騎車外出，巧遇學生列隊遊行慶祝⋯騎至「三角公園」附近，剛好學生隊伍在前遊行。一鄉下佬模樣上了年紀的農夫，騎著一輛破舊的單車，後面載滿東西而至。也許在趕時間，也許是不明就裡，不但沒有下車，且試圖從路旁走廊屋簷下穿越而過。但偏巧前面就是個警察大人。結果他被此一警察老爺硬拖下車，連抓帶拉推到旁邊去。

當然後面東西落個滿地都是。受害者無言以對，蹲地而拾，而這位警察先生卻還站在一旁打官腔，令路人心中慨慨不平，……

辦完事以後，騎車沿原路返家。……我跨下車，迴避一旁，站立觀賞來打發時間。忽一警員吹哨而至，不分青紅皂白，見車就踼，態度非常神氣的樣子。我心中早就不舒服，又自認沒違反規則，更沒擋住去路，因此請教他為何踼我的車子？他竟大吼道：「你不知道踼你車子的用意就是要你退後一點嗎？」我告訴他要人退後，用勸告方式就可以了，何必動腳踼呢？況且我後面也已站滿行人和車輛，何處退呢？這位彰化交通大隊二九三號警員竟腦羞成怒指著我大罵：「你是什麼東西，我說的話不會聽嗎？你們這一批根本不是人麼！這麼多人，我那裡還有時間來一個個勸告，踼你的車子有什麼不對嗎？再囉嗦就替你家人管教你，沒教養的孩子！」我心中難過異常。平日自命為人民褓姆的警察，待民之道，竟是如此令人不敢領教。……回到家裡，躺在牀上，心中真不是滋味。不過，經家人一提今天還算走運，沒被冠上「妨礙公務執勤」的莫須有罪名或動手來幾下巴掌已算很好了，還生什麼氣呢？頓時，憤怒不平的心，似乎因為「僥倖」的心理，又輕鬆了一半以上。[41]

39　大學雜誌社，〈中央及地方選舉問題座談會〉，《大學雜誌》，第五六期（臺北，一九七二），頁三二。
40　當時的學生運動領袖洪三雄，便曾回憶指出這些議題與大學生思考之間的關連。請參見秦鳳英，《知識菁英對威權體制民主化之影響研究——臺灣《大學雜誌》個案分析》，頁 a-23。
41　周人德，〈警察對待老百姓的態度是這樣的嗎？〉，《大學雜誌》，第六〇期（臺北，一九七二），頁五六。

表一：1971 年 10 月份第 46 期《大學雜誌》內與中央民意代表改選有關文章一覽表

篇名		作者	內容說明
一、	國是諍言	張景涵等	頁 1 至 12，這是一份全面討論臺灣處境的綜合性文章。其中有提到「治理階層必須革新」的相關論點。
二、	中央民意代表的改選問題：兼評周道濟先生的方案	陳少廷	頁 13 至 16，作者討論政治學者周道濟所提、關於中央民意代表新陳代謝問題的幾點意見，力主改選中央民意代表，以達成全面的政治革新。
三、	今日知識青年之處境	陳漳生	頁 32 至 34，作者從青年立場出發，討論家庭、學校、社會、政府，以及國家等面向。其中在政府方面，提到中央層級的民意代表無法改選，有政治抱負的青年無法進入。
四、	一個本省青年對國是問題的幾點意見	陳少廷	頁 22 至 23，作者秉持與上文相同的立場，指出我們該如何在聯合國「中國代表權問題」的困境下，去某求國家的可能出路。其中，他將中央民意代表全國改選的問題，視為是當務之急。
五、	現階段青年傾向之分析：對暑期國家建設研究員的反應之調查與分析	陳陽德	頁 35 至 41，政府從 1949 年以來，首次辦理國家建設研究會，提供研究所及大學部學生去瞭解政府施政與公共事務。文中指出參與成員認為內政的全面革新重於一切，這就包括中央民意代表的及時改選以擴大民眾參與。

來源：1971 年 10 月份《大學雜誌》，第 46 期。（雜誌輪值主編：陳鼓應）

在這樣的脈絡裡，《大學雜誌》藉由「報導／評論」的功能，迅速地吸引讀者的目光，也在實施軍事戒嚴已二十餘年、一九七〇年代的臺灣社會扮演著重要的角色。換句話說，這種在軍事戒嚴時期將事實報導轉化為社會評論的作法，繼而在威權體制的高壓統治下爭取意見表達的公共空間，乃是一種希冀改革社會良心的具體展現。只是，這樣的作為需要一種道德勇氣作為基礎。

（二）、《大學雜誌》與自由主義

因此，《大學雜誌》更重要的意義乃是在於貼近人民日常生活過程中，積極地傳遞出一種民初以來便被仰望的意識型態——自由主義。尤其是從一九七一年一月份的第三七期開始，《大學雜誌》特別致力於傳遞這個信念。

該期中的內容，除了前面提過〈給蔣經國先生的信〉外，另有〈臺灣經濟發展的問題〉、〈消除現代化的三個障礙〉，以及〈學術自由與國家安全〉等文章，這些論述都可以視為自由主義精神的追求與體現。只是它們就如同中國自由主義象徵人物胡適在一九一九年所說的：〈多研究些問題，少談些主義〉一樣，各文立足點都是不同面向的困境描述，而不是抽象原則的敘述而已。以邵雄峰〈臺灣經濟發展的問題〉而言，便可以有個梗概的理解。

> ……最近六七年，臺灣經濟成長無論就絕對值與比率上言之，都有相當的實績；政府最喜歡引用的數字，不外乎國民總生產的平均成長率……數字當然代表一份生產增加的事實，我們謹向那些

廣大默默的勞動大眾致敬！……

所以有遠見的學者警告說，以二十年的功夫、日治時代的基礎、大量的美援，不過達成這種起碼的水準，不能算是什麼「奇蹟」，只怕是應該的事。……

當前最大的經濟問題乃是整個方向道路問題，首先，……我們這個社會上下並沒有充分辯論的機會，而整個社會的命運，就在沒有充分大眾參與的情形下被決定了。尤其社會的中下階層，既沒有發言機會，也沒有代言的團體，受人擺佈。[42]

現在看來，邵雄峰的這一論述仍然深具意義，它不斷提倡的便是在經濟發展過程中，要如何避免私人資本的單獨壯大。該文章到了後面，則直接指出孫中山的發達國家資本，節制私人資本應加以認真思索。這是適當的提醒，但明顯的對於當時標舉著三民主義理想的國民黨政府而言，反倒覺得這說法未盡公允，因此在下一期內容中，便已出現同樣是社務委員的不同觀點：「……相信各位的言論都是基於善意，並無其他因素外，覺得其中內容不無商榷餘地，並且可能造成誤解，我們因此不能不從另一個角度提出我們的看法」。[43]

整體來說，《大學雜誌》對於自由主義理想的追求，一如《文星》，而且是從草創初始的一九六八年就相當濃厚。因此到了改組之後，它依舊有著西方自由主義思潮的引介，例如：雜誌創刊時的參與者、後來離開編輯委員的王順，便翻譯、發表一系列J. S. Schapiro的〈自由主義的意義與歷史〉[44]。不同的是，它也如同《自由中國》後來的作法一般，嘗試轉向更為現實且具體的問題之上。例如在一篇名為〈這是覺醒的時候了〉的文章中，作者們針對當時中華民國在外交上的一連串挫敗與打擊寫道：

> ……國家愈憂患，我們書生報國的心智愈堅定；國難當前，我們已抑制不住滿腔翻滾的熱血。
>
> ……現在我們確知有少數資本家已將其財產存入外國銀行，並將資金轉到國外投資。而這些臺灣的資本家，是我們全體國民忍受了農村的凋弊，勞工的低工資，軍公教人員的清苦生活，所培養出來的，其有義務與臺灣的命運認同，我們也有權力制止其將全國百姓血汗所累積的一點資金攜走。因此，我們主張政府以鐵腕手段，制止資金外逃，嚴懲貪官污吏。（劃線字為雜誌文章之本來面貌）[45]

當然，這裡的敘述不僅僅是針對特定的問題，及其後面形成的原因，更重要的是他認真面對一種當時集體心態（Collective mentality）的作法。在此，胡適之當時的討論文字或可作為這裡體現自由主義的例證。

> 凡是有價值的思想，都是從這個那個具體的問題下手的。先研究了問題的種種方面的種種事實，看看究竟病在何處，這是思想的第一步功夫。然後根據於一生的經驗學問，提出種種解決的方法，提出種種醫病的丹方，這是思想的第二步功夫。然後用一生的經驗學問，加上想像的能力，推想

42 邵雄峰，〈臺灣經濟發展的問題〉，《大學雜誌》，第三七期（臺北，一九七一），頁四至五。
43 余雪明、關中、李鍾桂、施啟揚，〈對上期的幾點意見〉，《大學雜誌》，第三八期（臺北，一九七一），頁一。
44 J.S. Schapiro 原著；王順譯，〈自由主義的意義與歷史（一）〉，《大學雜誌》，第五五期（臺北，一九七二），頁三九。
45 王杏慶等，〈這是覺醒的時候了〉，《大學雜誌》，第四十七期（臺北，一九七一），頁二三。

> 每一種假定的解決法該有什麼樣的效果，推想這種效果是否真能解決眼前這個困難問題。推想的結果，檢定一種假定的解決，認為我的主張，這是思想的第三部功夫。[46]

這種作法就是在不同文章中，表達出相同與類似的理念，那就是在既有的社會體制之下為各種改革作法爭取合理空間的理論性陳述。除此之外，雜誌還規劃出「自由談」的專欄（從一九七一年三月份第三十九期起到一九七一年六月份第四十二期），提供讀者們有個直接表達意見的園地與平臺；討論的議題五花八門，包括了各個大專院校的內部問題、校園作弊、人造衛星、女性社會地位，以及大學聯考中男性保障名額等。但在《大學雜誌》中，更讓人留下深刻印象的則是一種較正式的口語傳播文本——「座談會記錄」的提供。其中，連載臺大法代會主辦的〈「言論自由在臺大」座談會記錄〉（上）、（下），更可以直接說明雜誌在自由主義追求上的來時路徑。

（三）、在「經營／管理」面向上的《大學雜誌》

只是，這場原本於一九七一年十月十五日舉辦於臺大校園內的言論自由座談會，為何會刊載於十一月份的《大學雜誌》呢？發言者之一、當時臺灣大學講師的陳鼓應回憶說：

> ……講什麼現在忘記了，但是記得很清楚的是，講完之後滿身大汗。……嘩！那個一講完之後，用臺灣話講，就是「爽快」！……講完之後，當然我們「把記錄」整理之後，就透過我把這個講稿在《大學雜誌》發表——我把它帶到《大學雜誌》，因為我覺得我們這個「光在校園裡講」不夠，

應該透過《大學雜誌》向外發佈。[47]

在這裡，發言者的情感（Sense）反應是很清楚的，而且也由這裡關於言論自由的符號（Symbol）醞釀出一種關於「意義」（Meaning）的考量：「我覺得我們這個〔光在校園裡講〕不夠，應該透過《大學雜誌》向外發佈」。在這點上，他在另一篇文章中寫道：

「言論自由在臺大」座談會終於舉辦了，它不僅是臺大，更是臺灣劃歷史的創舉。青年人從來沒有發言權，也從來沒有這樣的一個發言機會，卻在二十幾個年頭後的七〇年代，經由臺大法代會的努力而實現了。[48]

也就是說，這一意涵指涉了原先存在於大學校園內的集體座談，透過了編輯委員的人際關係網絡，轉化成為影響大眾的傳媒內容。此後，先是日本的中文刊物《天聲雜誌》予以轉載，再則是在臺灣發行量較為通行的一般性雜誌《綜合月刊》發行人張任飛（一九一七—一九八三）的專文評論等等[49]。諸如此類，都可以觀察到在實施軍事戒嚴的一九七〇年代，言論禁忌是如何點點滴滴的被改變，以促成一個轉變過程的開展。

而這種改變的歷程，其實是建立在一種新型的管理觀點、與既有的關係網絡裡。前面提過與創辦人

46 胡適之，〈多研究些問題，少談些「主義」〉，《容忍與自由：胡適思想精選》（臺北：南方家園，一九一九），頁二五。
47 楊雅玲、張建隆，《陳鼓應先生口述歷史抄本》（臺北：新臺灣研究文教基金會，一九九七），頁三三。
48 陳鼓應，〈民主、自由的先聲——記七〇年代臺大學生運動〉，《烽火杜鵑城》（臺北：自立晚報，一九九三），頁二。
49 洪三雄，《烽火杜鵑城——七〇年代臺大學生運動》（臺北：自立晚報，一九九三），頁一三八至一三九。

「言論自由在台大」

座談會記錄(上)

■ 時　間：中華民國六十年十月十五日

■ 地　點：台灣大學法學院圖書館三樓

台大法代會主辦

主席陳玲玉同學致詞：

首先，謝謝各位師長的光臨，也謝謝同學們不顧期中考的緊迫，來參加這個「言論自由在台大」的座談會。

我們可以肯定：在臺大，言論絕非不自由。否則，今天的座談會不可能召開得成。但是，在臺大，有關言論自由的制度也絕非健全，否則今天的座談會沒有召開的必要。

爲了肯定臺大是具有談論「言論自由問題」的自由，爲了促使臺大有關言論自由的制度更健全更合理，更爲了製造同學們說話的機會，所以，法代會設法提供這個講臺，不計成敗地把這個「言論自由在臺大」的座談會獻給大家。

希望同學們踴躍發言，更希望聽聽師長們的意見。現在，就請讓我介紹今天出席的師長：

張訓導長張德溥先生。工學院院長金祖年先生。法律系蘇俊雄先生。心理系楊國樞先生。哲學系陳鼓應先生。外文系王文興先生。哲學系王曉波先生。

金祖年先生發言：

各位同學：我無法就法律觀點發言，只能就我這一生或半生的生活經驗，和大家談幾句話。

我參加過很多同學的聚會，但未曾參加過同學們有關討論言論自由方面的活動，所以我對於臺大言論自由的尺度並不清楚。又因爲我個人，無論在校內或在校外，都是個說話最隨便的人，所以我只能在這裏提出兩點有關言論自由方面的意見：

第一：你談言論自由時，**無論是說話也好，寫文章也好，貼海報也好，須考慮對方是否會對它提出反擊**。如果對方提出，而你無法回答，那自己就要警惕了。

第二：你的言論是否對公衆有害；無論是對現在，或對未來，絕不可逞一時口舌之快，或標新之異。

我不知道學校如何限制學生和老師的言論。但是，學校師長對學生的言論是負有指導的責任的。如果學校有正當的理由，而刪改或不登你的文章，這並非限制言論自由。如果編輯同學，爲顧及組織的健全，而不發表自己的文章，這亦非言論不自由。

我想，我已經超過五分鐘了，謝謝各位。

蘇俊雄先生發言：

「言論自由」在今天，是一個憲法上的概念。但是這項概念本身和我們的鄧維楨有關的人際網絡，很快地在改組之後有了變化，並發展出幾個不同的菁英群體。雖然他們彼此認識，但各自依循著或是熟悉、或是陌生的網絡發展著各自的關連，幾個重要的核心人物是楊國樞、丘宏達、陳鼓應、張俊宏，以及張紹文。文獻中有的將此稱為「大聯合」中的土派與洋派[50]，有的則依其日後不同的發展而將其描述為「大分裂」下的特定立場與路線[51]。但在整個發展歷程中，《大學雜誌》所體現出來的文化意涵卻一直少被揭示。畢竟，是這段時間在「經營／管理」上的醞釀，使得後來關於「報導／評論」與「自由主義」的部分才得以開展出來。前面透過關係網絡創造出大眾社會談話題材的作法，便是可被辨識出來的經營技術之一，而陳鼓應單獨撰寫的文章卻要尋求友朋聯名的作法，更是一種需要辨識出來的文化行動，這種相濡以沫的群體發聲，也就是《大學雜誌》在軍事戒嚴時期得以延續下去的一種生存方法。

當然，要釐清《大學雜誌》的文化意涵，就必然得關照到傳媒存在的社會基礎，也就是《大學雜誌》後來得以改組的具體脈絡。一般來說，文獻中多是指出蔣經國準備接班，及其與國民黨內既有勢力之間

50 在相關文獻的討論中，南方朔（一九七九）曾以「土系」、「洋系」（或是「土派」、「洋派」）來描繪《大學雜誌》中菁英群體的關係。只是，這也是一個理念類型的用詞，不能絕對反應個體及與他人的實質關係。以第三十七期〈臺灣經濟發展的問題〉作者邵雄峰為例，他本名邵子平，係中華民國駐韓國大使（一九四九）、駐土耳其大使（一九五七）邵毓麟（一九〇九—一九八四）之子，為留德博士；一般來說，應被視為是「洋系」。但其文章發表後，許多被歸類為「洋系」學者的施啟揚（一九三五—）、李鍾桂（一九三八—），以及關中（一九四〇—）等人亦表不同意其論點。在言論立場上，反倒更接近土派的典型學者陳鼓應等人。

51 這些路線包括有校園改革主義者、臺灣意識本土主義者、中國意識者，以及右翼親國民黨者。請參見王杏慶，〈《大學雜誌》與現代臺灣——一九七一至一九七三年的知識份子改革運動〉，頁三八六。

的鬥爭，是《大學雜誌》改組可被接受的重要原因。國內、外第一份研究一九七一年至一九七三年知識份子改革運動的政治學者黃默（Mab Huang）寫道：

……。許多跡象顯示，蔣經國已準備接掌政府，而他及周遭助手們對於黨內元老領導者的許多觀點並不同意；很明顯的，蔣經國已決定在所有國家基本重要政治問題上依循他父親，耐心地等待自己時代的到來。[52]

當時在「法統說」仍甚囂塵上的情況下，在大陸各省選出的中央層級菁英代謝非常緩慢。而在一九七〇年代以前，政治上的穩定也變成了一種停滯，繼而惡化了當時臺灣所面臨的各種問題，包括國民黨政府在處理釣魚臺，以及對內財富不均狀況時的左支右絀。只是，過份地把《大學雜誌》的發展，看成是國民黨政府操控威權的全然體現，則不免過於武斷、片面。畢竟這是後來民主社會發展的一種醞釀過程，因此更多的歷史細節有待我們思索與檢視。就在這個時候，知識份子本身所擁有的意願，以及他們在人際關係網絡上展現出來的互動及成果也相當可觀。對此，當時在《大學雜誌》內積極參與活動的國際青商會中華總會秘書長張紹文也記錄過這些個別作為，與關係網絡之間相互呼應的情況：

……國民黨相繼舉辦二次〈社會青年人士座談會〉討論國是，事後，與會代表都言猶未盡，及青年人應負起「天下之憂而憂」之時代時命感。同時，大家發覺國民黨似有意開放青年建言空間。因此我提議改組大學雜誌，邀約一部份與會人士參加做主幹。以批評時政，提出具體建言為雜誌宗旨。並獲得丘宏達、楊國樞、陳少廷、陳鼓應、張尚德暨張俊宏熱烈支持和出刊。[53]

這種透過人際網絡互動與影響，產生與威權體制共存、斡旋之智慧與勇氣的方式，當然也是一種「管理／經營」技術的體現。畢竟，這種遊走邊緣的意見表達（例如，前面提過關於中央民意代表全面改選的議題）與威權操控同時存在的共時性，就使得社會、文化開始有了轉變的可能；緊握權力的國民黨政府再也無法獨自控制社會文化內容的生產。當然，事件的一開始並非如此設想，執政者單方面認為自己可以掌控全局。而這或許就是「管理／經營」技術存在的文化意義：在符號的運用中，使得情感與意義的表達呈現不一致的情況，以為未來的發展歷程奠定基礎。我們將此種新型的管理觀點描述為文化治理，藉以凸顯一九七〇年代臺灣社會變遷的面向。而在一篇關於文化治理文獻回顧的研究中，斯洛維尼亞學者 Vesna Čopič 和 Andrej Srakar 清楚指出這概念的重要意義便在於考量文化在社會脈絡上的作用，繼而將其和社會許多次領域，如政治和經濟的關聯建立起來。[54] 在此，主要的公共權威和文化代理機制的社會個體之間，關係已經有所調整。當然，這還談不上變化；只是，個體已可以在不專屬於政治的特定領域，藉由意見的討論與交流形成行動背後的支撐力量。關於此點，張紹文則回顧並比較性地寫道：

> 臺灣七十年代是黎明前最黑暗的時刻。……國民黨中央黨部開明派人士，環顧世界潮流巨變，智識爆發，臺灣教育普及，民智已開，交通和科技快遞資訊，已無法封鎖隔離人民與外界互通訊

52 Mab Huang. *Intellectual ferment for political reforms in Taiwan, 1971-1973.* Ann Arbor, Mich.: The University of Michigan, 1976., pp.4.

53 張紹文，〈黎明前的黑暗?〉，《追尋》（臺北：沈思齋，一九九七），頁二二七至二二八。

54 Čopič, V. & Srakar, A. *Cultural governance: a literature review*, European Expert Network on Culture (EENC), 6, from http://www.eenc.info/news/cultural-governance-literature-review , 2012.

息……因緣巧合張秘書長寶樹決定親自聽取各界社青意見。在一九七〇年秋季和翌年春天，嘗試採用疏浚方式，舉辦兩次秘密性社會青年座談會。直接與智青和企業社青坦誠溝通對話。深入探求青年人心聲和社會動脈。這是一項高明招數。和大陸政權於一九八九年六月四日處理天安門學生運動事件比較，南轅北轍……。[55]

當然，「因緣巧合」並不足以說明而這種改變的歷程。臺灣在一九七〇年時情況與大陸在一九八九年的比較則可以看出這種人為選擇的作用。政治評論者李筱峯則認為，當時各種不同背景的知識份子會集結於《大學雜誌》，應該是有相當程度地受到國民黨的默許，甚至是有相當程度的鼓勵與催化[56]。而在這裡，若純粹以負面陰謀的視角加以檢視，國民黨似乎成了毫無是處的他者；然而，作為一個民主社會中持續演變的政黨團體來看，歷史脈絡往往為此留下了深刻的紀錄。在〈風雲際會——社會青年人士座談會〉一文中，張紹文則是這樣記載著當時的情形。

張寶樹致詞：國民黨是一個由愛國青年締造的政黨，黃花崗七十二烈士中犧牲許多青年同志。臺灣自光復以來，本黨從未邀請過青年朋友在中央黨部中常會大廳舉行國是座談，可見本黨對這次座談會的重視。……陳鼓應第一位發言：中共毛澤東於一九五七年二月鼓勵學術辯論，發動「百花齊放，百家爭鳴」號召民主黨派和智識份子打破沈默，直言敢諫。他講後讓全國知識份子大鳴大放，到了六月間，他開始反擊，說是引蛇出洞一一鋤除。……會場氣氛顯得格外沈默遲疑，噤如寒蟬。

> 張寶樹和藹再三保證，強調國民黨這次如果不講誠信，沒有雅量接受批評，何必邀請大家來懇談。……
>
> 吳大中出人意表說：「國民黨和中國共產黨沒有兩樣，都是採取集權高壓統治。無論國民黨體制以及軍中設立政工制度，都和中共一樣模仿蘇俄。兩黨政權統治方式只是五十步和一百步差距而已。」
>
> 我昂首一望，與會代表無不驚愕，面色凝重。張寶樹面紅耳赤地站起來拍起桌子大聲說：「國民黨如果和中國共產黨一樣，今天與會諸位代表，休想走出會議廳大門。」[57]

很明顯地，在上述的對談話語之中，軍事戒嚴在每個人身心所烙上的記憶不見得為今日所熟悉。但從這些發言，可以理解到當時的知識份子與《大學雜誌》卻盡力地去展現一種對於言論空間的表達摸索與逐步開拓，這可說是文化治理的體現。在表達摸索部分，一九七一年十月份《大學雜誌》該期的輪值主編陳鼓應，曾經選刊了一篇舊文，作者是即將接任行政院長的蔣經國。編者在〈追念我的知友王繼春〉的文章之初如此寫道：

---

55 張紹文，〈黎明前的黑暗？〉，頁二一四至二一五。

56 李筱峯，《臺灣民主運動40年》（臺北：自立晚報，一九八七），頁九二。楊國樞後來在評論一篇文章中，曾提到「國民黨中央黨部在當時應該沒有辦這樣一本雜誌的想法」，請參見王杏慶，〈《大學雜誌》與現代臺灣——一九七一至一九七三年的知識份子改革運動〉，頁三九六。

57 張紹文，〈黎明前的黑暗？〉，頁二〇五至二〇七。

追念我的知友王繼春

蔣經國

蔣先生在贛南的新作風，在當時曾贏得無數青年人的激賞。苦幹、堅毅、不畏困難地和舊社會的惡勢力搏鬥，矢志清除那班專吃民脂民膏的「臭虫」。這篇文章是懷念當時一位故去的奮鬥伙伴，讀來眞摯感人。作者撰寫此文時，正當國難當頭。今天我們的國家再度地面臨了困境，希望當年的「新贛南精神」能在此時此地再現，以推動舉國上下共同為建立富強康樂、開放合理的新中國而努力。——編　者

一、總有一天我們會得到勝利的

在一個初秋的上午，我和你兩個人。走出贛州的建春門，經過東門浮橋，一邊走，一邊談，一直到離開梅林不遠的一個茶亭裏面才坐下來。我們談話的範圍很廣，但是主要的問題，是商量我們在贛南是不是還要幹下去。你講給我最深刻的一句話，就是說：「要不然，就勇敢的幹下去。要不然就走」。坐在茶亭吃茶的時候，有許多挑夫、農民坐在一起談，在我們對面桌子旁邊，來了一個剛剛放下擔子的挑夫，他揩了揩汗坐下來，自己對自己說：「這樣的日子眞不好過，米一天一天地貴起來，我們都會餓死了！」旁邊還有一個種田人接上就說「倘使蔣經國再不走的話，我們贛州人都會餓死了！我們自己的飯都弄不到來吃，而他還要我們去挖什麼保塘，修什麼電話？」那個挑夫好像是得到了無限的同情，於是又接下去說：「昨天保長要我的兒子去讀書，說這是蔣經國的命令。」那個種田人很氣憤的樣子接下去說：「我們贛州人又不是蔣經國的兒子，他們的兒子有錢去讀書好了，我們自己的事又要蔣經國來管什麼？他那裏會曉得我們靠自己這幾個兒子過活，好像是牛一樣地要緊」。他們愈談愈起勁，記得坐在你旁邊的一個人也開始發言了：「我們贛州人有了一個蔣經國眞是倒霉，他來的第二天日本飛機就來炸了，你看今年的稻都被蟲吃光了，倘使蔣經國再不走的話，我們還是搬到別的地方去住好」。

我們聽了這許多話之後，相互的看了一看，大家明白自己應當處一個什麼態度和對他們說些什麼話？我很清楚的記得那時候看你的表情，知道你的內心是如何的憤慨，同時態度是如何的鎮靜，你用南昌話問他們：「你們說的蔣經國是誰」？那個茶亭裏的老板一面冲茶，一面諷刺譏笑的態度說了一句：「老表，難道說還不知道這樣有名的蔣經國嗎？」旁邊就有人接上去說：「蔣經國就是住在米汁巷當專員的那個人」。你又問他們：「蔣經國的年紀大概很輕吧」？

蔣先生在贛南的新作風，在當時曾贏得無數青年人的激賞。苦幹、堅毅、不畏困難地和舊社會的惡勢力搏鬥，矢志清除那班專吃民脂民膏的「臭蟲」。這篇文章是懷念當時一位故去的奮鬥伙伴，讀來真摯感人。作者撰寫此文時，正當國難當頭。今天我們的國家再度面臨了困境，希望當年的「新贛南精神」能在此時此地再現，以推動舉國上下共同為建立富強康樂、開放合理的新中國而努力。[58]

這篇文章原名是〈讓我們來接受你的革命利劍——追念我的知友王繼春兄〉，寫於一九四三年。[59]本文在《大學雜誌》轉載收錄前，已因作為優秀的傳記文學作品，並經作者同意在《傳記文學》刊登過。[60]而根據此篇文章的刊載，政治學者黃默（Mab Huang）便因此推論此一刊物與國民黨之間的關連。這是篇充滿感情的文章，提到友誼、逝去亡友對自己在贛南所推動改革的奉獻與協助，以及對中國未來的希望。這可能是年輕大學教授們認為它是一篇鼓舞人心的作品，更有可能的是，他們欲藉此提醒蔣經國，他作為改革者的年輕歲月，並用以象徵校園師生對他寄予的無窮希望。事實上，在高度緊張的政治氛圍中，這篇文章的出版引起海內外許多猜測。一位資深的觀察家甚至認為這

58 蔣經國，〈追念我的知友王繼春〉，《大學雜誌》，第四十六期（臺北，一九七一），頁四二。

59 本文最早宣讀於一九四三年三月十七日王繼春的追悼會上，原先題名為〈哭王繼春之死〉。王繼春為一九三九年時江西省上猶縣縣長，一九四三年三月七日死於醫院。資料來源：徐浩然，〈你是人民的忠僕——讀蔣經國著〈哭王繼春之死〉〉，《蔣經國在贛南》（臺北：新潮社，一九九三），頁三五四至三六〇。

60 蔣經國，〈紀念兩個革命的伙伴〉，《傳記文學》，第二卷第五期（臺北，一九六三），頁三九至四七。

是蔣經國與知識份子群體的含蓄協議，以對抗黨內老一代的保守勢力。[61]

而在後續的討論中，黃默指出這樣的觀察並不貼切。在我們關於當事人的訪談資料中，該期輪值主編陳鼓應也提到這篇文章是由當時編委會成員的金神保所提供。[62]因此，在內容符合當時脈絡的判準下就被選刊，並不存在過於複雜的背景因素。只是，就此文與中央民意代表全面改選、要求赦免政治犯等很多政論性文字同時出現的角度來說，這種編輯的信念顯然是一種文化治理的有意識展示，期待臺灣社會的文化發展能有個變遷的明確方向。類似的情形也展現在雜誌文章中許多議題的討論方式、和知識份子在發言時的艱難突破。在〈「言論自由在臺大」座談會記錄〉的文章中，當時的臺大法代會主席、也是座談會主持人的陳玲玉，便以這樣的發言開場。

> 我們可以肯定：在臺大，言論絕非不自由。否則，今天的座談會不可能召開得成。但是，在臺大，有關言論自由的制度也絕非健全，否則今天的座談會沒有召開的必要。[63]

這種來自個人發言巧思的言論策略，凸顯出一種道德勇氣的新興形態：無須玉石俱焚、觸犯政治禁忌，卻可以運用技巧，以最大可能地推動社會對於差異的聽聞與接納。無疑地，在一九六〇年代末期的蔣經國準備接班，以及一九七〇年代初期中華民國在外交上的各種挫敗，使得國民黨政府對於異議的容忍遠超過往[64]；但若知識份子沒有加以把握，各種封建、反動的力量也隨時準備登臺，而文化治理的想法便是在這脈絡中浮現，它可以協助後來者更有意識地掌握「我們」作為變遷推動力量的關鍵。

也就是說，這在無形之間促成了言論空間的逐步開拓，而《大學雜誌》中關於長髮的一些討論，更可以掌握到這種文化治理信念中信仰與現實之間的拿捏問題。典型的案例如刊載於《大學雜誌》一九七二年十二月份〈嚴重抗議臺南市第二分局侵害人權〉的控訴文字。這是一位就讀於成功大學的馬來西亞男性僑生撰寫、投稿的，描述他因為頭髮過長而在臺南街頭散步時被粗暴拖入警察局毆打與剪短的經驗。

> ……「人權」被尊重是我們這個時代的最大特色，任何有違正義，有傷人權的行為都是令人無法容忍的。那天像羔羊一樣的被欺侮，四位警員兇狠的嘴臉，女朋友焦慮的神情，臭氣薰天的監牢……一切的一切都銘刻於心，無法忘懷。每當午夜夢迴的時候，總是心如刀割。我最近常常懷疑：在民主的國度裏，怎麼會有這樣的警察？在法治的社會裏，怎麼會有這種事情發生？發生在我身上是一個例子，但是整個社會還有多少類似的事件呢？為什麼沒有人挺身出來抗議……。壓迫、壓迫、心靈的壓迫使我再也不能保持沉默。我要大聲的高呼：人權要被尊重！正義要抬起頭來！[65]

類似的文字論述，在《大學雜誌》中經常出現，這包括了同樣作為長髮受害者的投書文字，以及針

61 Mab Huang. *Intellectual ferment for political reforms in Taiwan, 1971-1973.*, pp. 66.
62 陳鼓應訪談，時間：二〇一三年十二月十七日、二十三日，二〇一四年十月十日，訪談人：夏春祥。
63 臺大法代會主辦，〈「言論自由在臺大」座談會記錄（上）〉，《大學雜誌》，第四十七期（臺北，一九七一），頁二六。
64 Mab Huang. *Intellectual ferment for political reforms in Taiwan, 1971-1973.*, pp1.
65 郭耀南，〈嚴重抗議臺南市第二分局侵害人權〉，《大學雜誌》，第六〇期（臺北，一九七二），頁十一。

對此現象而來的討論文字。前者如五〇期〈由剪髮問題談起〉、五十一與五十二期合刊中的〈由警方取締長髮談「世代差距」〉，以及五十七期中，由作家也是教師的王文興的〈我的一封抗議書〉；後者則如同五十一與五十二期合刊〈從短髮談我們的教育〉的文章，討論北一女女學生對於髮禁的爭取，以及一篇名為〈寬容的社會〉的信件。

> ……這兩天，因為同室的一位同學被警察剪了頭髮，我們寢室幾個人便爭辯起剪長髮的問題。一部分的人認為：男孩子留長頭髮不好看，像嬉皮；更弄得男女不分，妨害風俗。警察應該把這些標新立異的人頭髮剪短，讓他們和正常人一樣。
>
> 另一部分的人不同意這種說法，認為：留長髮、短髮純粹是個人的行為，和所謂的「善良風俗」扯不上關係。在民主自由的國家裡，應該維護個人的尊嚴。
>
> 這使我想起五十九期大學雜誌的讀者來信欄，一位在美國的先生提到「把革新、朝氣和政治上的寬容在國內奠立。」我覺得，沒有寬容的社會，其他方面的寬容精神也就不容易存在。[66]

這些文章可以反應出《大學雜誌》在傳媒實務上的一些經營理念，以及他們在言論選擇與裁切上的分寸拿捏。以本文為例，作者將髮禁的不同觀點同時並存，藉以讓另類看法得以完整表達自己，便是一種再現技巧。而這種拿捏經常是傳媒實務技巧的各種運用，一個有意思的案例則是在投書文類的教育與討論之上，雜誌社直接以〈民主時代的讀者與雜誌〉為題，鼓勵讀者來信、投稿。

> 以前，閱讀雜誌的人只是想知道別人對事情有什麼看法而已。可是，民主時代的讀者卻不是這樣；

> 不但要瞭解別人的想法，更要積極地發表意見。民主時代的雜誌，同時要提供充分的「讀者來信」欄，做為溝通意見的橋樑。
>
> 所謂的「輿論」，假如缺乏民主時代的讀者，便成了空洞的名詞。進步自由的社會是「大學雜誌」提倡的目標。因此，為了鼓勵大家多觀察、思考我們社會上的問題，從本（六十）期起，讀者來信經刊登後，我們要送給他兩本當期的「大學雜誌」；同時各送一本給他的三位好朋友。[67]

在這邊，以「贈送雜誌」的作法達致與讀者關係的釐清，可視為是雜誌社自我定位的體現。這種以民主作為省思依據，去推動傳播媒體在社會中扮演積極角色的作法，自然是種對文化的「經營／管理」。因為這裡不僅傳遞一種訊息而已，更包括了對讀者終身學習的傳方參與，以及在反思背景下對特定理念的推動。

因此，若將這樣的變化置放在文人論政的傳統下，我們便可發現一種明確的趨勢正在形成，亦即是作為文字報國具體傳統的文人論政，已由一種知識菁英對於國家社會的批評、建言，轉化成為一種知識份子的自我反思與對於民眾生活的介入和參與。第四九期的《大學雜誌》刊載了一篇由王復蘇所執筆的文章〈臺大社會服務團成立始末〉，便清楚地闡述了這樣的想法。

> 保釣運動之後，臺灣的青年朋友們甦醒了。大多數人不再甘為埋首沙中的鴕鳥，他們開始對國事、

66 小磊，〈寬容的社會〉，《大學雜誌》，第六〇期（臺北，一九七二），頁十八。

67 大學雜誌社，〈民主時代的讀者和雜誌〉，《大學雜誌》，第六〇期（臺北，一九七二），頁二。

天下事付出更大的關切。各大專院校的政治性討論會蔚為學生活動的主要風氣。校內刊物，以及社會上的報章雜誌也開始以大量的篇幅來討論我國的處境，以及未來的出路等問題。繼我國被排除聯合國之後，這個趨勢更明顯了。社會各界於痛定之餘，亟思鼓舞振作，以維繫國家與社會的安定，並為未來的發展等尋求新的方向。而青年學子們經過了這兩次淚的洗禮，許多青年朋友已經憬悟到校內清談不足濟事，大家在彼此交換意見的時候，都痛切的指出來，青年們除了要作為「社會的氣壓」計外，更需要做為「洗滌社會、擁抱人民」的先鋒隊。前者是消極的、軟弱的；後者則是積極的、戰鬥的。這一項基本的態勢經過了長時間的醞釀，終於觸發了「社會服務團」的基本行動。

……我們相信只有青年和社會的結合才是推動社會進步的主要力量，象牙塔內的議論縱使能造成一時的風氣，也必因毫無具體效果而告烟消雲散。青年們走出學校的象牙塔，一方面能體會到真實社會的面貌，真正的做「貧苦大眾的代言人」；另一方面，青年們更可以經過這個過程而獲得「靈魂的洗禮」，學生運動往往不能長久，效果也不宏遠，其原因就在於缺乏與社會的同聲相求、同氣相應。68

如果，知識份子的基本條件是要能識字、思考。那麼，一九七〇年代的臺灣社會顯然與清末民初對此概念的醞釀模塑，有著相當不同的發展基礎。當時的臺灣，普遍的國民教育已在幾年前實施，經濟的條件也開始成熟。在這個背景下，知識份子在傳播媒介內的作為，也就是我們這裡所描述、關於文人論政的實踐，顯然開始有了轉變，特別是在這個概念的實質內容上。無疑地，《大學雜誌》在這個部分留下了清晰的紀錄。類似的案例還有五十九期〈飛歌女工的怪病〉、〈救救孩子們！〉，以及〈為礦變死難家屬勸募啟事〉等。

當然，就在某些改變發生的同時，當時已在臺灣長期執政的國民黨當然謀求進一步對社會、文化的掌控。在一份同樣是以雜誌作為對象的研究中，陳昱齊便曾針對國民黨當時的因應策略寫道：

> 不論是國民黨或警總政二處、特調室所做的報告中，都一再指出，《大學雜誌》深受知識分子與年輕學子的重視，影響力不容小覷。這一點是國民黨政府在處理該刊「偏激」言論時，最重要的前提，也主導了國民黨政府對該雜誌的因應策略。正因為《大學雜誌》有其影響力，因此若採取查禁或停刊的強制手段，勢必會引起知識階層的強力反彈，因此即便曾經出現查禁或停刊的提議，但自一九七二年初，成立專案因應後，私下疏導的軟性作法一直是國民黨政府處理該雜誌的基本原則。[69]

在這邊的敘述裡，便可理解到從一九七一年十月陳鼓應輪值《大學雜誌》前、後，到一九七二年一月國民黨政府成立專案因應的這段時間，乃是刊物發展的關鍵時期。執政者當然盡一切力量，試圖掌

68　王復蘇，〈臺大社會服務團成立始末〉，《大學雜誌》，第四十九期（臺北，一九七二），頁六二。
69　陳昱齊，〈國民黨政府對「異議言論」的因應策略：以《大學雜誌》為中心（1971-1975）〉，《臺灣風物》，第六十一卷第三期（臺北，二〇一一），頁一一三。

握這種在退出聯合國、中日、中美建交後新局勢下，臺灣社會的種種變化。只是在控制與縫隙中，《大學雜誌》及其相關人士仍試著經營出自己的舞臺與空間，並以「報導／評論」與「自由主義」的方式與理想參與下一階段的文化生產；發表於一九七一年七月、第四十三期《大學雜誌》中的〈臺灣社會力分析〉，便完整地闡述了這樣的努力。

雖然，雜誌在一九七三年之後的接續發展並不順利，但我們仍在這樣顛撲前進的過程裡，看見了在因應權力挑戰中，一個過往的文人論政傳統如何在未來新興的公開言行中轉變成為隱蔽的文本，繼而成為下一階段風起雲湧的基礎。而在全球冷戰架構的變動，與臺灣社會在七〇年代的脈絡下，文人論政概念不會消亡，反倒是在文化治理的醞釀中，依然作為一種相信培力個人，可以建構大同社會的理想激盪著每一個人的內心。

四、結論：民主社會的形成與演變

在一份〈文人與報業〉的論述中，傳播學者馮建三從產權結構面的觀察指出：在一九四九年以後的臺灣（至少在一九八七年解除軍事戒嚴之前），沒有文人報紙。[70] 但在討論這一主題時，他也同時寫道：文人辦報的內涵對於文人有所期待，對於報紙也有所期待，亦即期待兩者能夠協力共進，提供充份資訊作為公民了解社會之用，不使媒體沉淪為片面偏倚而純為感官聲色娛樂所支配。[71]

就在這樣的觀念思考下，王健壯、傅國湧等人紛紛將臺灣軍事戒嚴時期下的某些報紙與雜誌，視為是文人論政精神的某種體現。而在辦報與評論之間，本文延續馮建三等人的觀點並援引文獻中夏春祥關於文人論政傳統的理念性框架，統合涵蓋看似無關的評論與管理等指涉面向，藉以闡述《大學雜誌》在一九七〇年代臺灣社會的積極意義。

而從「報導／評論」出發，相關討論觸及了「自由主義」的面向，最終仔細地闡述了在當時軍事戒嚴的控制情況中，《大學雜誌》如何透過不同面向上的「經營／管理」，具體的典型案例包括了印刷廠中陳鼓應作為撰稿者與名譽社長丘宏達之間互動所形成的運作共識、重刊蔣經國過往文章的編輯構思，以及在議題上忽而敏感地碰觸政治禁忌、忽而貼緊頭髮長短等生活素材的企劃策略，繼而點滴地累積起與威權體制周旋的籌碼與資源。當然，這也包括相關知識份子如當時臺大學生陳玲玉的口語表述構思，來發展出一種屬於知識份子的展演舞臺，繼而為臺灣社會的文化變遷，在軍事戒嚴時期創造可能的發展空間。

換句話說，這種體現文化巧思的社會創新，便是當時文人論政傳統具體內涵中的核心元素；它不僅需要衝破當時政治威權與文化禁忌的道德勇氣，也要有著在深厚積習中的新穎觀點，以在口語表達、組

70　馮建三，《文人與報業：以媒體知識份子與學院知識份子的變動關係為例，1951-1993》（一九九六年國家科學委員會研究計畫，二〇一二），頁六七。
71　馮建三，《文人與報業：以媒體知識份子與學院知識份子的變動關係為例，1951-1993》，頁五。

台灣社會力的分析

張紹文　許仁真
包青天　張景涵

0、前言

正當國際形勢波濤洶湧之際，這一年，以及即將到來的一段日子，將使我們必須結結實實地面對來自國內外各方面的挑戰，這是二十多年來我們所面臨的又一次重要的存亡關鍵。勇敢地調整自己，以嶄新的姿態來迎接這項新挑戰，則相信我們不難改變國家坎坷的命運，不僅如此，還可以使我們因此獲得活潑新鮮的血液和蓬勃的內在活力。但是假若對內對外仍然一本舊慣地只是拿些堂皇不切實際的傳統說詞，想用它來抵擋即將到來的風暴那是不可能的。

由最近的發展上，有一件非常可喜的事：面對着國際間蘊釀的姑息主義風潮，我們已經一反舊有的作風，勇敢地告訴國民，並運用各種傳播工具採取了開放的作法，無隱諱地讓國民了解國際處境，使國民對這種正在發展中的暗流，以及目前國家在國際間眞實的處境，有了一個切實的了解。這一全面性的心理準備，已使國民在面對這種處境之下充分發揮其智慧而共赴國難。**到底一個在「無菌室」裏培養長大的國民是經不起任何疾病和風暴的。而一個現代化的國家，當他面對危急處境的時候，如果沒有全民一致的參與和支援也是不可能克服國難的。**

然而，處在這種波譎雲詭的情勢下，只讓國民有深切的了解和準備是不够的，了解後該做些什麼，**這是事關存亡的大事，這一個關鍵再走錯了，我們可能不會再有另外一個二十年**，那麼，該怎麼做呢？目前朝野上下所集中全力在做在喊的，不外呼「加强國際宣傳」、「加强非洲、拉丁美洲外交」、「痛斥國弱姑息主義逆流」以及加强表明「漢賊不兩立的嚴正立場」等等。不錯，客觀的外交形勢將會影響我們的前途，但是欲「扭轉」這股國際狂流，這是旋乾轉坤的大事，想「扭轉」它，這完全是求諸於人的，他國的外交政策既然「操之在人」，若只憑外交人員單薄的力量，等於是「螳臂擋車」，即使我們眞正成功地擋了「車」，其代價之大則可能使我們有限的國力爲之衰竭殆盡，**那時假如我們「贏得了世界，而失去了自己」，那我們的目的又何在呢？**

外交部長周書楷先生在回國履新之前說了一句感慨的話，應該是我們今後面對現實的根本，他說：「外交是內政的延長」這句話的含義實際是：「內政乃是外交之本」，沒有健全而充實的內政做後盾，想辦成功的外交，實際上是無法過份苛責外交人員的，今天，面對這種複雜萬端的國際逆勢，要想「扭轉」逆流，而從「外交」着手，無論如何這是「操之在人」的事，但如我們從「內政」着手，這却是道道地地可以「操之在我」的事。假如我們及時覺醒，將可以「操之在我」的內政，從根本做切實的掌握，避免再作過多無謂國際投資上的浪費，將不難厚植國力，鞏固領導中心，則任何國際間的姑息主義者，即使造成對我如何不利的風暴，也動搖不了我們絲毫的，反過來說，假如我們在處理內部問題上還是無任何起色的話，即使克服了「姑息」，我們仍然是難以自存的。今天實際上已經沒有多餘的時間容許我們再做舍本逐末的事，**我們始終相信從國民的心底上建立堅強的「心防」才是國家最鞏固的「國防」！**所謂「心防」，具體言之，乃是國民對於現有生活水準及方式的滿足，以及願意將他們未來希望的達成寄託於現有的政府。目前的臺灣社會，這種「心防」的成熟度如何，以及如何來培育和發展這種社會潛力，在在都需對臺灣社會做一番平織運作、文章再現，與雜誌編輯等面向上有所突破。只是過往在文人論政的研究成果裡，那種認真加以面對的嚴肅性（Seriousness），多半只及於知識份子的道德勇氣，而對知識份子在文化事業上的新穎觀點視而不見。在這裡，文化治理的概念便是用來掌握與凸顯這些「新」成果的特質。以往在文人論政理念類型的相關討論中，夏春祥也只是藉由英斂之來凸顯這一傳統中「經營／管理」面向的重要性，但這一論述並未觸及到「報導／評論」中的「經營／管理」要素。本文獨特處便在於闡述這面向的細節，並指出文人論政理念與日常生活有關，又有所區辨的特質。

簡而言之，清末時期的文人論政泛指中國知識份子對國家、社會提出意見與改革建言的文化現象，但隨著新媒介的日益普遍，以報紙作為表達媒介來議論時政、介入社會的文字類型，漸次成為具體內涵。只是，在民國百年以後，我們發現在媒介科技更形便利之後，那種以新穎觀點回應社會變遷，藉以召喚文化聚焦的功能，常常需要各種面向與各種程度的文化治理才得以在遭遇（Encounter）中浮現（Emergent），繼而成為社會發展的嶄新動力。在《大學雜誌》中，這種逐步改善、爭取空間的作法都有了很具體的呈現，也因而使得社會權力面向有了與一九五〇、一九六〇年代截然不同的面貌。這就使得當時執政的國民黨政府，發展出一種私下疏導的軟性作法，這後來成為臺灣執政者（不管是國民黨還是民進黨）都積極擁抱的一種統治方式。

最後，研究揭示出文人論政的傳統在臺灣社會中並未消逝，反倒是在現實脈絡與歷史遺產的交互作用下，發展出一種新的指涉。在現實脈絡中，隨意將人逮捕入獄、讓人丟掉工作以致於無法出國與求職不順遂的「白色恐怖」，已藉由不同面向社會創新的匯集被逐步轉變（但不是消失，接下去的臺大哲學系事件還會掀起另一波風雨）；至少，已經有不同的個體從不同的地方紛紛現身，以爭取更多自由的空間。當然，具體展現這種想法的社會代理者（social agents）有著很多不同的面貌，甚至他們自己之間也充滿爭執、戴上不同的面具[72]。因此，這個過往由梁啟超、張季鸞、英斂之、胡適之等人所體現出來的文人論政，已由一種文字報國傳統下知識菁英對於國家社會的批評、建言，轉化成為一種知識份子的自我反思與對於民眾生活的介入和參與。

在學術研究的範疇裡，探索《大學雜誌》也讓我們發現到早在一九七〇年代之時，臺灣社會內部早就以自己的方式，回應著當時世界上因為一九六八年風潮所興起的一波思維運動。這樣的背景孕育出一種符合新世代紀律的理念——文化治理；也指涉出那種在清末民初、鼎革之際，由英斂之在大眾傳媒之中所表現出來的管理力量，只不過是它更為深刻且細膩地表現在傳媒經營之外的議題經營、版面經營、讀者經營，以及知識份子為了自身理想所促成臺灣文化升級的社會經營等等。

在這當中，知識份子有意識地以自由主義作為思想依據，使得那個孕育自十九世紀末的文人論政想法，有了新的發展憑藉。只是，如同歷史學者張玉法在〈一九二〇年代中國的政治思潮〉一文中所揭示：在當時，雖有社會主義、三民主義、國家主義、自由主義、保守主義等各種政治思潮同時並存，但由於前三者都有正式的政黨組織出面倡導，分別是中國共產黨的社會主義、中國國民黨的三民主義，以及中國青年黨的國家主義[73]。

因此，在無力直接對抗當權主流力量的情況下，自由主義者只有從點點滴滴的改革做起，而這樣觀點延續至一九七零年代，反而替臺灣社會的民主生活發展出一種可以長長遠遠的文化基礎。《大學雜誌》在這個部分的可貴貢獻，就是一種具體例證。

致謝辭

本文乃世新大學學術研究專案補助《文人論政傳統的釐清與辨明：臺灣一九七〇年代《大學雜誌》暨相關知識份子之研究》（P10301）之部分研究成果，過程中承政大圖書館數位典藏組諸位同仁、譚修雯，以及陳鼓應、陳達宏等女士、先生提供資料與協助，謹此致謝。

72 請參見張俊宏，《我的沉思與奮鬪》，頁八五至九〇關於老大昌餐廳「大學雜誌的鬥爭大會」。

73 張玉法，〈一九二〇年代中國的政治思潮〉，《中國文化研究所學報》，第七期（臺北，一九九八），頁一三三至一五一。

參考書目

大學雜誌社，〈中央及地方選舉問題座談會〉，《大學雜誌》，第五六期（臺北，一九七二），頁三一至七〇。

小磊，〈寬容的社會〉，《大學雜誌》，第六〇期（臺北，一九七二），頁十八。

王杏慶，〈《大學雜誌》與現代臺灣——一九七一至一九七三年的知識份子改革運動〉，《臺灣民主自由的曲折歷程：紀念雷震案三十週年學術研討會論文集》，臺北：自立晚報，一九九二，頁三七五至三九四。

王杏慶等，〈這是覺醒的時候了〉，《大學雜誌》，第四七期（臺北，一九七一），頁二三。

王健壯，〈走在歧路上的一隻羊：媒體在政治發展中的角色〉，余紀忠文教基金會網站，http://www.yucc.org.tw/news/column/，二〇一〇年四月一日。

王復蘇，〈臺大社會服務團成立始末〉，《大學雜誌》，第四九期（臺北，一九七二），頁六二至六三。

王曉波，〈不要讓歷史批判我們是頹廢自私的一代——從自覺運動到保釣運動的歷史回顧〉，發表於新竹清華大學「一九七〇年代保釣運動文獻之編印與解讀」國際論壇，二〇〇九。

包澹寧（Berman, D. K.）：李連江譯，《筆桿裡出民主：論新聞媒介對臺灣民主化的貢獻》，臺北：時報文化，一九九五。

臺大法代會主辦，〈「言論自由在臺大」座談會記錄（上）〉，《大學雜誌》，第四七期（臺北，一九七一），頁二六至三三。

臺大法代會主辦，〈「言論自由在臺大」座談會記錄（下）〉，《大學雜誌》，第四八期（臺北，一九七一），頁四三至五〇。

司徒一，〈民國法統與中華民國憲法〉，《黃花崗雜誌》，第三十期，二〇〇九，http://www.huanghuagang.org/hgMagazine/issue30/page035。二〇一〇年四月一日。

江宜樺，〈臺灣自由主義思想的發展與困境〉，《自由民主的理路》，臺北：聯經，二〇〇一。

何卓恩，《《自由中國》與臺灣自由主義思潮：威權體制下的民主考驗》，臺北市：水牛，二〇〇八。

余雪明、關中、李鍾桂、施啟揚，〈對上期的幾點意見〉，《大學雜誌》，第三八期（臺北，一九七一），頁一。

吳泰豪，《《大學雜誌》政治主張之研究——以1971年至1973年為中心》，臺北：政治大學臺灣史研究所，二〇〇八。

李仁淵，《晚清的新式傳播媒體與知識份子：以報刊出版為中心的討論》，臺北縣：稻鄉，二〇〇五。

李明水，《臺灣雜誌事業發展史》，南投：臺灣省政府，一九八六。

李金銓編著，《文人論政：民國知識份子與報刊》，臺北：政大出版社，二〇〇八。

李金銓編著，《報人報國：中國新聞史的另一種讀法》，香港：中文大學出版社，二〇一三。

李筱峯，《臺灣民主運動40年》，臺北：自立晚報，一九八七。

周人德，〈警察對待老百姓的態度是這樣的嗎〉，《大學雜誌》，第六〇期（臺北，一九七二），頁五六。

林淇瀁，〈由「侍從」在側到「異議」於外：論《自由中國》與國民黨國機器的合與分〉，《文人論政：民國知識份子與報刊》，臺北：政大出版社，二〇〇八，頁三五〇至三六五。

邵雄峰，〈臺灣經濟發展的問題〉，《大學雜誌》，第三七期（臺北，一九七一），頁四至五。

南方朔，〈中國自由主義的最後堡壘：《大學雜誌》階段的量底分析〉，《中國自由主義的最後堡壘》，臺北：四季，一九七九，頁一至六四。

威廉斯（Williams, R.）著；劉建基譯，《關鍵詞：文化與社會的詞彙》，臺北市：巨流，二〇〇三。

洪三雄，《烽火杜鵑城——七〇年代臺大學生運動》，臺北：自立晚報，一九九三。

胡適之，〈多研究些問題，少談些「主義」〉，《容忍與自由：胡適思想精選》，臺北：南方家園，一九一九，頁二五至三〇。

韋政通，〈三十多年來知識份子追求自由民主的歷程－從《自由中國》、《文星》《大學雜誌》到黨外的民主運動〉，《臺灣地區社會變遷與文化發展》，臺北：中國論壇，一九八五，頁三四一至三八〇。

夏春祥，《文人論政傳統的釐清與辨明：臺灣 1970 年代《大學雜誌》暨相關知識份子之研究》，世新大學學術研究專案計畫，計畫編號 P10301，二〇一四。

徐浩然，〈你是人民的忠僕——讀蔣經國著〈哭王繼春之死〉〉，《蔣經國在贛南》，臺北：新潮社，一九九三，頁三五四至三六〇。

秦鳳英，《知識菁英對威權體制民主化之影響研究——臺灣《大學雜誌》個案分析》，臺北：臺灣師範大學公民訓育研究所碩士論文，一九九二。

高力克，〈在自由與國家之間：新月社、獨立社留美學人的歧路〉，《報人報國：中國新聞史的另一種讀法》，香港：香港中文大學，二〇一三，頁一一三至一四五。

張玉法，〈一九二〇年代中國的政治思潮〉，《中國文化研究所學報》，第七期（臺北，一九九八），頁一三三至一五一。

張俊宏，《我的沉思與奮鬥》，南投：作者，一九七七。

張紹文，〈黎明前的黑暗？〉，《追尋》，臺北：沈思齋，一九九七，頁二一三至二二八。

章清，〈個人與國家之間：晚清思想界對「自由」的闡釋〉，《史林》，第三期（上海，二〇〇七），頁九至二九。

郭耀南，〈嚴重抗議臺南市第二分局侵害人權〉，《大學雜誌》，第六〇期（臺北，一九七二），頁一〇至一一。

陳少廷，〈中央民意代表的改選問題：兼評周道濟先生的方案〉，《大學雜誌》，第四十六期（臺北，一九七一），頁一三至一六。

陳少廷、陳達宏，《政治蒼蠅的嘴臉：駁斥張俊宏的讕言》，臺北：環宇，一九七八。

陳昱齊，〈國民黨政府對「異議言論」的因應策略：以《大學雜誌》為中心（1971-1975）〉，《臺灣風物》，第六一卷第三期（臺北，二〇一一），頁七五至一一五。

陳鼓應，〈民主、自由的先聲——記七〇年代臺大學生運動〉，《烽火杜鵑城》，臺北：自立晚報，一九九三，頁一至三。

陳鼓應訪談，時間：二〇一三年十二月十七日、二十三日、二〇一四年十月十日，訪談人：夏春祥。

陶恆生，〈「不按牌理出牌」的文星雜誌〉，《傳記文學》，第八二卷第一期（臺北，二〇〇三），頁四至一六。

傅國湧，〈「文人論政」：一個已中斷的傳統〉，《社會科學論壇》，第五期（石家莊市，二〇〇三），頁五二至五八。

彭琳淞，〈黨外雜誌與臺灣民主運動〉，《「二十世紀臺灣民主發展學術研討會」論文集》，臺北：國史館，二〇〇三。

馮建三，《以媒體知識份子與學院知識份子的變動關係為例，1951-1993》，一九九六年國家科學委員會研究計畫，二〇一一。

楊國樞，〈評王杏慶，〈《大學雜誌》與現代臺灣——一九七一至一九七三年的知識份子改革運動〉〉，《臺灣民主自由的曲折歷程：紀念雷震案三十週年學術研討會論文集》，臺北：自立晚報，一九九二，頁三九五至三九七。

楊雅玲、張建隆，《陳鼓應先生口述歷史抄本》，（未出版稿件），臺北：新臺灣研究文教基金會，一九九七。
劉福增、陳鼓應、張紹文，〈給蔣經國先生的信〉，《大學雜誌》，第三七期（臺北，一九七一），頁十七。
蔣經國，〈紀念兩個革命的伙伴〉，《傳記文學》，第二卷第五期（臺北，一九六三），頁三九至四七。
蔣經國，〈追念我的知友王繼春〉，《大學雜誌》，第四六期（臺北，一九七一），頁四二至五〇。
鄭樹森，《結緣兩地：臺港文壇瑣憶》，臺北：洪範，二〇一三。
鄭鴻生，〈臺灣的文藝復興年代：七十年代初期的思想狀況〉，《臺灣的七十年代》，臺北：聯經，二〇〇七。
蕭阿勤，《回歸現實：臺灣一九七〇年代的戰後世代與文化政治變遷》，臺北：中央研究院社會學研究所，二〇〇八。
蕭淑玲，《臺灣黨外雜誌對黨外運動的作用 1979-1986：以「八十年代」系列、「美麗島」、「蓬萊島」系列兩大路線為例》，中壢市：中央大學歷史學研究所，二〇〇四。
薛化元，《《自由中國》與民主憲政：1950 年代臺灣思想史的一個考察》，臺北：稻香，一九九六。
Čopič, V. & Srakar, A. *Cultural governance: a literature review*, European Expert Network on Culture (EENC), 6, from http://www.eenc.info/news/cultural-governance-literature-review , 2012.
Habermas, J. *The structural transformation of the public sphere: an inquiry into a category of bourgeois society*. Cambridge: The MIT Press, 1989.
Huang, M. *Intellectual ferment for political reforms in Taiwan, 1971-1973*. Ann Arbor, Mich.: The University of Michigan, 1976.
Schapiro, J. S. 原著：王順譯，〈自由主義的意義與歷史（一）〉，《大學雜誌》，第五五期（臺北，一九七二），頁三九至四五。
Weber, M. *Methodology of social science*. New Brunswick, N.J. : Transaction Publishers, 2011.

回歸現實與創造歷史：陳少廷臺灣新文學運動史論的時代意義

國立政治大學臺灣史研究所博士生　藍士博

一、前言

黨外雜誌在戒嚴與白色恐怖時期往往是戰後臺灣知識份子參與時政的唯一途徑，包括雷震、殷海光、傅正、李敖、張俊宏、陳少廷、陳鼓應等人皆必須透過《自由中國》、《文星》《大學雜誌》等才得以涉入公共議題、發表時論。他們對於當時臺灣政治、經濟、社會與文化的分析不僅擲地有聲，至今亦已成為學術研究的關注焦點，就在他們逐漸地將目光放在臺灣現實情境的同時，其實也開始尋找歷史、試圖讓過去的一切得以與現在銜接。

陳少廷（一九三二—二〇一二）無疑就是上述「承先啟後」的代表性人物，他出生於屏東，家族為當地望族，父親陳銓生曾經留學日本法政大學，返臺後於一九三七年因傷寒逝世。或許因為父親左翼思想的背景，或者因為龐大家產遭到特務覬覦，陳少廷在一九四九年就讀高中一年級時便因為被當成匪諜而受到追捕，致使其青少年階段的求學歷程受到阻礙。一九五六年畢業於臺灣大學政治學系，一九五九年為臺灣大學政治學研究所法學碩士，卻因為受到殷海光於《自由中國》的文章所牽連，分別於一九六一、一九六三年遭警總約談，終以「不可教學及不可出國」等條件獲釋。陳少廷雖然無法於學

— 4 —

林獻堂先生：中國的愛國者，偉大的臺灣人

光緒廿一年（一八九五），甲午戰爭清朝失敗，李鴻章簽訂馬關條約，割地求和，臺灣遂落於異族統治。直至民國三十四年（一九四五），中華民國抗日勝利，臺灣光復，歷時五十年。在這漫長的半世紀間，臺灣同胞無時都在跟日本統治者作民族鬪爭。大致說來，臺灣的抗日運動可分爲武力的與非武力的兩個階段。前者自一八九五至一九一五，即從曇花一現的唐景崧「臺灣民主國」至余清芳「噍吧哖事件」的廿年間，臺灣同胞不斷地以武力抵抗日本異族的統治，此落彼起，前仆後繼，臺灣同胞爲中華民族寫下一頁悲壯的歷史。此後由於情勢的變遷，臺灣同胞對日本統治者的鬪爭，不得不採取非武力的方式，繼續奮鬪。這是一場文化思想性的政治社會運動，更充分發揮了臺灣同胞的民族精神。

林獻堂先生與「祖國事件」

—兼論臺灣智識份子抗日運動的歷史意義

陳少廷

臺灣的賢者林獻堂先生（號灌園，一八八一——一九五六）是臺灣抗日的政治社會運動的領袖。終其一生，熱愛祖國，領導臺胞從事抗日的民族運動，培植臺灣青年，獎掖後進，發揚中國文化，高風亮節，堪稱爲偉大的愛國者。其行誼最值得爲今日臺灣青年之楷模。今適逢七七抗日卅四週年，而國運又再而臨困難的當兒，讓我們回憶一下有關灌園先生的幾件事跡，或者不是沒有意義的事吧。

對於灌園先生的民族思想有決定性影響的，是一代大師梁任公先生。一九〇七年，灌園先生於日本旅次邂逅任公遂獲訂交。他們初次見筆談時，任公先生寫曰：「本是同根，今成異國，淪桑之感，諒有同情……今夕之遇，誠非偶然。」這種筆鋒常帶感情的任公獨特文學，使先生大受感動，幾至淚下。先生並就臺胞爭取自由問題，有所請益於任公。任公告先生曰：中國在今後卅年間，斷無能力幫助臺胞爭取自由，故臺灣同胞切勿輕舉妄動，而供無謂之犧牲。最好倣效愛爾蘭人對付英國之手段，厚結日本中央政要，以牽制臺灣總督府，使其不敢過分壓迫臺灣人。

與任公初見面的一夕談，不但影響先生個人的思想，而間接地也決定了臺灣抗日運動採取溫和的路線。蓋以當時日本人在臺灣政治力量之強大，與夫臺灣地理之特殊環境而言，臺胞之政治運動必不容有流血革命之出現，即使出現，亦無成功之可能。這可驗之於民二之苗栗事件和民國之噍吧哖事件，羅福星與余清芳，均受辛亥革命之影響，而從事武力反抗，然皆失敗，而後者更連株數千人，犧牲之慘痛，令人觸目傷心。所以任公之言實是眞知灼見，益可徵信其見之遠與謀事之忠。無怪乎灌園先生拳拳服膺，未嘗須臾忘懷也。

校任職，卻獲聘為美國哥倫比亞大學研究員，一九七〇年起更擔任《大學雜誌》的社長，首先提出中央民意代表全面改選的主張。後續陳少廷擔任《民眾日報》主筆與《臺灣時報》總主筆，終生皆以著述論說的方式來積極介入公共輿論與時事議題。[1]

知識份子介入印刷媒體——陳少廷及其師長、朋友們的相同生命經驗，恰好反映了白色恐怖時期知識份子關心社會的貢獻與局限。報刊自五〇年代開始成為知識份子參與時政的主要管道，《自由中國》由原先對國民黨的友好態度逐漸轉為批判；《文星》則是將世界級的人文大師引入臺灣；《大學雜誌》自改組後開始針對臺灣當前時局提出建言。陳少廷除了在《大學雜誌》中發表〈學術自由與國家安全〉、〈中央民意代表的改選問題——兼評周道濟先生的方案〉、〈建國六十周年紀念：國是諍言〉、〈一個本省青年對國事問題的幾點意見〉、〈再論中央民意代表的改選問題〉、〈我對地方選舉延期的看法〉等有關政治、社會、經濟的時論外，還另外發表了〈林獻堂先生與「祖國事件」：兼論臺灣智識份子抗日運動的歷史意義〉、〈五四與臺灣新文學運動〉、〈日據時代的臺灣醫生：臺灣醫師在啟蒙運動上的角色〉等文章，儘管上述二類在數量的比較下相差懸殊，但是已經可以看出陳少廷的核心關懷所在，更幾乎預告了《臺灣新文學運動簡史》的問世。

陳少廷在《大學雜誌》發表的文章不僅面對臺灣現實處境，更開始回顧歷史。直至目前為止，學界尚未出現以陳少廷為主要研究對象的學位論文，相關研究多來自《大學雜誌》及其相關的人物研究；或

1 陳林瓊琚等著，《啟蒙者：臺灣良知陳少廷先生紀念文集》（臺北：財團法人荻生文化藝術基金會，二〇一二），頁一。

者是六〇、七〇年代的臺灣社會觀察；臺灣新文學史發展的討論成果。是故，本文的研究焦點試圖爬梳陳少廷從《大學雜誌》期間開始關心臺灣社會、歷史，終至最後完成《臺灣新文學運動簡史》一書的思想脈絡，進而思考關於歷史論述的形成與真偽。

前行研究方面，林瑞明與蕭阿勤的研究成果不僅是本文的研究基礎，同時亦是本文嘗試更進一步挖掘的主要議題。一九九六年林瑞明就已經注意到陳少廷在臺灣文學史的歷史位置。他指出：一九五四年由王詩琅在主編《臺北文物》「新文學・新劇運動專號」時遭到中國國民黨中央委員會第四組決議查禁，使得原先試圖有系統銜接戰前臺灣文學傳統的企圖受到了阻斷，直到一九七七年才再由主持《大學雜誌》的陳少廷以《臺灣新文學運動簡史》一書重拾中斷半世紀的臺灣文學系譜。[2]另一方面，蕭阿勤在二〇〇八年於《回歸現實：臺灣一九七〇年代的戰後世代與文化政治變遷》當中留意到陳少廷在重拾戰前臺灣新文學的傳統之際，進一步嫁接國民黨版本的抗日敘事，以五四運動作為臺灣新文學發展的源頭。尤其重要的是，蕭阿勤發現陳少廷不僅遠較前行代的臺灣文化菁英更強調五四運動的影響，還進一步強調這些歷史敘事對於當時政治社會改革訴求的現實意義。[3]

對於臺灣文學研究而言，陳少廷在學術史中無疑具備了承先啟後的重要性，更存在著結合臺灣現實與歷史的書寫企圖。是故，本文就在上述既有的研究成果之上，進一步從陳少廷的生命歷程出發，鎖定其撰寫《臺灣新文學運動簡史》的參考資料與書寫過程，一方面以微觀的角度留意不同論述之間的繼承情況；另一方面則是以宏觀的角度思考當時擔任《大學雜誌》社長的陳少廷，其文學史著作與其他社論間可能存在的關係。換言之，如果陳少廷在七〇年代創造了一套類近國民黨版本的（文學）歷史敘事，將五四運動視為臺灣新文學之所以出現的重要影響來源，那麼這套歷史敘事究竟如何形成？它具備的功能與歷史意義為何等等的問題，便成為本文主要的研究焦點。是故，本文以下先就陳少廷其人及其政論書寫的輪廓進行介紹；再者則鎖定《臺灣新文學運動簡史》一書的發展歷程，瞭解黃得時、陳少廷與葉石濤等人之間的開創與繼承關係；最後則透過論述內容的詳細梳理，尋找五四運動為何在七〇年代一躍成為臺灣新文學史論中最為強調的影響根源？又，本來最為倡議五四運動影響力的陳少廷為何在一九八九年時「重新定位」臺灣文學的歷史發展？透過上述細節的討論，本文期望可以補充陳少廷《臺灣新文學運動簡史》一書的時代意義。

二、回歸現實：陳少廷其人及其著述

一九三二年出生自屏東望族的陳少廷，五歲時父親便因為傷寒逝世，高中時期又因為被懷疑為匪諜，度過一段極為曲折的求學歷程。一九五六年陳少廷畢業自臺灣大學政治系以後陸續在《大陸雜誌》、《自

2 林瑞明，〈戰後臺灣文學的再編成〉，《臺灣文學的歷史考察》（臺北：允晨，一九九六），頁四一。

3 蕭阿勤，《回歸現實：臺灣一九七〇年代的戰後世代與文化政治變遷》（臺北：中央研究院社會學研究所，二〇〇八），頁一五六至一六〇。

由中國》、《文星》、《東方雜誌》等發表文章，致使其一九五九年取得臺大政研所法學碩士不久又遭到警備總部約談拘禁，禁止其於大學授課，亦不准其出國深造。儘管受到如此的壓力，後來擔任美國哥倫比亞大學研究員的陳少廷仍然持續發表時論、出版著作，積極參與《大學雜誌》的創刊，於一九七〇年起擔任社長的職務。

《大學雜誌》創刊於一九六八年一月，至一九八七年九月為止發行二〇九期，總計近二十年。有研究者認為：《大學雜誌》自創刊初期就不斷地以「知識份子」的概念來形塑特定群體的集體認同，進而提出反對教條威權、爭取表意自由、重視公共領域的批判與對話、以及鼓吹知識份子從事大眾啟蒙等自由主義論述，嘗試將《大學雜誌》建構成知識份子參與國政、對大眾進行知識啟蒙的公共論壇。[4] 另外，在陳少廷擔任《大學雜誌》社長不久以後，自一九七一年開始，《大學雜誌》原先與國民黨較為親近的關係就逐漸緊張，甚至到一九七三年間演變成彼此磨擦、疏離，甚至於對立的情況。[5] 這段期間陳少廷不僅擔任社長，更在其中發表多篇文章。換言之，陳少廷之於《大學雜誌》轉型的重要性不僅無庸置疑，更藉此營造、發揮其個人的社會影響力。林衡哲指出：包括陳永興、李筱峯、洪三雄等人都曾經公開承認受到陳少廷其人與雜誌的影響。[6] 透過下述的追憶文字，或許可以理解陳少廷與《大學雜誌》在當時臺灣社會、知識界的重要性。

一九六八年《大學雜誌》創刊之初，少廷兄投身編務，後更擔任社長，與《大學雜誌》眾多有志之士，無懼威權體制壓力，提出了知識份子對國事的建言，為臺灣的民主化與自由化，開拓出一

> 個波瀾壯闊的局面。一九七〇年《大學雜誌》改組，我（按：陳達弘）擔任總經理，與少廷兄接觸頗密，相知甚深，對他那種言人所不敢言，為公理正義，雖千萬人吾往矣的精神，非常欣賞。而他堅持理想又不失率真的書生本色，也給我留下深刻印象。[7]
>
> 一九七〇年代的《大學雜誌》，在戒嚴時就勇於批判體制提出改革臺灣政治、社會、經濟文化的各種論述，您（按：陳少廷）當時擔任《大學雜誌》社長，在威權統治時代敢於挑戰權威所承受的壓力可想而知……[8]

《大學雜誌》的時代意義無庸置疑，值得進一步追溯的其實是陳少廷的思想根源。王醒之認為：陳少廷父親陳銓生留學日本、左傾的思想背景或許是他後來屢屢受到特務迫害的可能原因。[9]不過，父親過世時年僅五歲、在戰後臺灣普遍「恐左」的社會氣氛下成長的陳少廷，應該不大可能得到左翼思潮的思想資源。[10]再加上，在陳少廷曾經發表過的著述目錄亦可發現其中並未出現蘊含濃厚社會主義、馬克

---

4 陳林瓊琚等著，《啟蒙者：臺灣良知陳少廷先生紀念文集》，頁一〇九。

5 吳泰豪，〈《大學雜誌》政治主張之研究：以 1971 至 1973 年為中心〉（臺北：國立政治大學臺灣史研究所碩士論文，二〇〇九），頁十四。

6 陳林瓊琚等著，《啟蒙者：臺灣良知陳少廷先生紀念文集》，頁一〇五。

7 陳林瓊琚等著，《啟蒙者：臺灣良知陳少廷先生紀念文集》，頁六五。

8 陳林瓊琚等著，《啟蒙者：臺灣良知陳少廷先生紀念文集》，頁六一。

9 王醒之，〈回看所來處：空谷跫音，聲聲不絕〉，《啟蒙者：臺灣良知陳少廷先生紀念文集》，頁九九。

10 「我爸爸（從日本）回來時，也拿了很多馬克思主義的書回來。雖然他回臺沒多久後就得傷寒死了，我也沒有機會跟他談，但是從他那些留下來的書，我知道他當時不論是文學或思想上受的影響都是左派，那也反映了一九三〇年代日本文學界主流的思想。」轉引自王醒

表一：陳少廷著述目錄及初步分析

文章類型	數量	起迄時間	備註
學術著作／譯作	27	1956-1998	一九七〇年代間編著有多本書籍討論知識份子、五四運動。
期刊論文	294	1956-2005	一九五六年起陸續在《大陸雜誌》（1956）、《自由中國》（1956）、《文星》（1962）、《東方雜誌》（1967）、《大學雜誌》（1968）等發表文章。 一九八三年起陸續在《臺灣文藝》（1983）、《文學界》（1988）、《新文化》（1989）、《現代學術研究》（1989）、《教授論壇》（1991）、《臺灣教授協會通訊》（1995）等發表文章。
政論時評（專欄）	143	1972-2005	一九七二年起陸續在《臺灣時報》（1978）、《中國時報》（1977）、《時報周刊》（1978）、《自立早報》（1988）、《首都早報》（1989）、《民眾日報》（1990）、《自由時報》（1991）等發表文章。
政論時評（社論）	785	1978-1990	一九七八年起陸續在《臺灣時報》（1978）、《太平洋時報》（1988）、《首都之聲》（1989）等發表文章。

本表整理自陳林瓊琚等著，《啟蒙者：臺灣良知陳少廷先生紀念文集》，頁 121 至 201。底線文字為筆者認為需要特別留意的報刊媒體，應該有助於後續關於陳少廷個人思想轉變的相關研究。

思主義的文章。是故，可以相信在一九五六年就曾經向《自由中國》投稿的陳少廷，更有可能受到的是當時臺大校園內「非國民黨官方」的民主思潮所影響；另一方面，他在八〇年代起伴隨黨外運動、民主改革浪潮衍生的政治傾向變遷，更是未來研究者可以進一步研究的主題。

一九七二年十二月《大學雜誌》再次改組後分裂、成員四散，有人受國民黨拔擢如關中、魏鏞等人；也有人成為學院自由派如楊國樞、金神保等；或者如許信良、張俊宏成為地方政治人物；另外像王拓、王曉波、王杏慶、陳鼓應等人則成為社會民主派，繼續留在大學雜誌社的則是陳少廷。[11] 陳少廷一生的著述大多發表在《大學雜誌》與《臺灣時報》，內容亦多以政論、時論為主軸；相較之下他個人關於五四運動、知識份子、日治時期臺灣人物、文學的文章數量便相對稀少許多，卻不減其重要性。陳少廷在七〇年代總共編寫、出版了以下書籍：《這一代中國知識份子的見解》（著，一九七二）、《五四新文化運動的評價》（編，一九七三）、《五四運動與知識青年》（編，一九七三）、《知識份子與政治》（著，一九七六）、《知識份子與教育》（著，一九七六）、《臺灣新文學運動簡史》（著，一九七七）、《五四新文化運動的意義》（編，一九七九）等，幾乎可視為是他一生著述的最重要階段。蕭阿勤曾經指出：

> 在七〇年代臺灣社會公共領域中一波新的、非國民黨官方的日據時期集體記憶建構中，亦即國族歷史敘事的重塑過程裡，有兩群回歸現實世代成員扮演重要角色。首先是深受臺灣外交挫折、國

之，〈回看所來處：空谷跫音，聲聲不絕〉，《啟蒙者：臺灣良知陳少廷先生紀念文集》，頁九九。

11 秦鳳英，《知識菁英對威權體制民主化之影響研究》（臺北：國立師範大學公民訓育研究所碩士論文，一九九二），頁九一。

際關係變化衝擊的戰後世代文化界人士，包括作家、文學批評家與文學史研究者等，從七〇年代初開始挖掘日據時期臺灣新文學。其次是黨外新生代，則重探日據時期臺灣人的政治社會運動史。[12]（劃線為本文所強調）

陳少廷既關心臺灣新文學運動的發展，同時亦對日本統治時期臺灣人的政治社會運動多有著墨，橫跨在文化界與黨外運動之間的他既透過《大學雜誌》要求執政當局全面改選中央民意代表以進行政治改革；另一方面又以〈五四與臺灣新文學運動〉等文章試圖找尋被斷絕的臺灣歷史。有趣的是，陳少廷雖然反對國民黨在臺灣施行的統治現況、積極呼籲政治改革；但是在回顧臺灣新文學運動的文章當中卻又延續了國民黨帶來的中國史觀、「在中國國族歷史敘事模式中關懷臺灣社會現實」。[13]兩種說法在比較之下雖然顯得矛盾、衝突，卻也如論者所說的一般、同是「改良主義」下形成的產物。[14]是故，以下本文將就陳少廷於《大學雜誌》中發表的數篇文章重新梳理《臺灣新文學運動簡史》一書的書寫歷程，並進一步檢視其思想變遷，以及在臺灣文學史研究中的時代意義。

三、尋找臺灣：陳少廷的臺灣新文學史書寫

陳少廷出版於一九七七年的《臺灣新文學運動簡史》（以下簡稱《運動簡史》）一書，幾可謂為戰後臺灣文學研究的代表性著作。林衡哲認為：本書乃是在黃得時的前行研究基礎加上新資料、新觀點的

第一部臺灣新文學史著述。[15]趙天儀亦指出：

在他（按：陳少廷）的著作中，有一本值得一提的是他寫了一本《臺灣新文學運動簡史》，他繼續了黃得時寫臺灣文學史的志業，也預告了葉石濤先生《臺灣文學史綱》來臨。臺灣文學研究逐漸地成為顯學的今天，陳少廷功不可沒。[16]（劃線為本文強調）

有關黃得時與陳少廷之間的繼承脈絡，可以先從黃得時於《運動簡史》中的序文看出端倪。文中黃得時不僅稱讚本書簡明扼要，更點出當時臺灣文化界對戰前文學發展的好奇與關心。

最近一部分省籍作家以及關心臺灣歷史文化的人士，很想知道光復前的臺灣文學情形。這是很可喜的現象。……最近，大學雜誌社社長陳少廷兄，根據我的論文以及他自己所蒐集的資料，編寫「臺灣新文學運動簡史」，要我給他校閱並撰寫序文。我細細的讀過之後，覺得這本簡史，總字數雖然只有八萬多字，但是能夠提綱挈領，把光復前的新文學運動情形作一次鳥瞰，敘述得很扼要而清楚。[17]（劃線為本文強調）

上述引文顯示戰後臺灣社會對於日本統治時期歷史發展的無知，以及文化界在七〇年代因而衍生的

12 蕭阿勤，《回歸現實：臺灣一九七〇年代的戰後世代與文化政治變遷》，頁一五五。
13 蕭阿勤，《回歸現實：臺灣一九七〇年代的戰後世代與文化政治變遷》，頁一五六。
14 蕭阿勤，《回歸現實：臺灣一九七〇年代的戰後世代與文化政治變遷》，頁一六三。
15 陳林瓊琚等著，《啟蒙者：臺灣良知陳少廷先生紀念文集》，頁一〇六。
16 陳林瓊琚等著，《啟蒙者：臺灣良知陳少廷先生紀念文集》，頁七〇。
17 黃得時，〈黃序〉，《臺灣新文學運動簡史》（臺北：聯經，一九七七），頁一、三。

表二：陳少廷於《大學雜誌》中發表與《臺灣新文學運動簡史》有關的文章

日期	期數	頁數起迄	篇名	參考資料
1971.07	43	4-8	〈林獻堂先生與「祖國事件」〉	葉榮鐘，《林獻堂先生年譜》 嚴家淦等，《林獻堂先生追思錄》 黃旺成編，《臺灣省通志稿卷九革命抗日篇》 楊肇嘉，《楊肇嘉回憶錄》 吳三連、林柏壽、陳逢源、葉榮鐘、蔡培火，《日據時代臺灣政治社會運動史》（1970 年 4 月 1 日至 1971 年 1 月 1 日於《自立晚報》連載）
1972.05	53	18-24	〈五四與臺灣新文學〉	蔡培火等，《臺灣民族運動史》（按：即《日據時代臺灣政治社會運動史》） 《臺北文物》第 3 卷 2、3 期 葉榮鐘、廖漢臣、黃得時、楊雲萍、王詩琅等人的回憶文章（按：篇目不詳）
1972.12	60	62-67	〈日據時代的臺灣醫生〉	《臺灣省通志稿卷五教育志教育設施篇全一冊》 《臺灣省通志稿卷三政事志衛生篇第二冊》 蔡培火等著（葉榮鐘執筆），《臺灣民族運動史》

底線文字為筆者認為值得特別留意的參考資料。

集體焦慮。換言之，陳少廷《運動簡史》便幾可視為當時臺灣文化人各自為此採取的行動成果——書寫歷史。誠如前人所述，《運動簡史》一書的重要性在於它首次結合了戰前、戰後世代對臺灣新文學發展的認知，如同陳少廷在書的最後便詳述戰前世代如黃得時、王詩琅、楊雲萍、葉榮鐘、廖漢臣、楊貴、林載爵、廖漢臣等人給予他的幫助；而他的書寫與出版，亦就等於是撿拾、銜接了這段幾乎即將被遺落的歷史。[18]

《運動簡史》一書可謂是陳少廷臺灣新文學史書寫的階段性成果，其所具備的歷史意義與價值當然無庸置疑。然而，陳少廷在這本書出版之前其實就已經在《大學雜誌》發表過幾篇主題相關的文章，內容更幾乎為後來《運動簡史》一書奠定主要的論調。首先，〈林獻堂先生與「祖國事件」〉一文為當期《大學雜誌》紀念「七七抗日卅四週年」的系列文章之一，版面上方不僅標舉「林獻堂先生：中國的愛國者，偉大的臺灣人」，副標題「兼論臺灣智識份子抗日運動的歷史意義」便直接地將臺灣人／知識份子與中國的抗日運動加以扣連。換言之，陳少廷透過林獻堂所試圖營造的是「臺灣人與中國人站在相同抗日立場」的歷史認知，亦可視為是政治立場上的整合。至於〈五四與臺灣新文學〉、〈日據時代的臺灣醫生〉兩篇文章則是在政治整合之外，進一步將臺灣新文學運動及其參與者（蔣渭水、賴和、吳新榮）放入中國五四新文化運動的範疇當中。

上述三篇文章在政治與文化方面皆未逾越國民黨官方歷史版本與戰後臺灣文化界的主流論述。值得

18 陳少廷，〈後記〉，《臺灣新文學運動簡史》，頁二〇三至二〇四。

注意的是，《運動簡史》第七章內容不但與〈五四與臺灣新文學〉結語高度重疊，除了另外添加的段落外更幾乎是一字未改、全文抄錄。是故，一九七七年的《運動簡史》其實在一九七二年時便已經訂定了史觀，其餘的部分則大多只是史料的蒐集、補充與堆疊而已。不過，僅僅只有八萬字篇幅的《運動簡史》雖然絕非一本巨著，卻對後來臺灣文學史論的發展有著極為關鍵的影響。

> 這時候，我們所需要的是一本敘述簡明扼要的綜合性文學史，指引人們去了解臺灣新文學的來龍去脈，同時去了解日據時代臺灣民眾的反帝反封建的抗日民族精神。毫無疑（問）的，陳少廷先生所寫的這一本「臺灣新文學運動簡史」足夠滿足我們的需求。[19]（劃線為本文強調）

> 陳少廷的「臺灣新文學運動簡史」為當前的一本極有價值的書，想來看過的人當不會否認。一部臺灣新文學史，其實不但是一部臺胞反日抗日的文學史，甚而還可以說就是臺胞反日抗日運動史的一環。本書把這其間的情形，做了一番非常扼要，也非常精當的整理和記錄。[20]（劃線為本文強調）

> 臺灣新文學運動是直接受到祖國五四新文化運動的影響而發生的。這一點雖然過去已有幾個人撰文指出，但由他來重新肯定，更顯得有份量。[21]（劃線為本文強調）

《運動簡史》出版不久，葉石濤、鍾肇政便立即在《書評書目》五三、五六期中發表書評，兩人對於陳少廷所抱持的「抗日」、「五四影響」等論點皆未有反駁，甚至葉石濤在一九八七年出版《臺灣文學史綱》時亦仍抱持著與陳少廷相當類似的觀點，將抗日與五四運動放置在全書當中相對明顯而突出的位置。[22]由此可知：戰後初期由王詩琅等人試圖拾回卻不幸遭到國民黨查禁的戰前臺灣新文學、新劇運動史，終於在陳少廷整理與著述下完成階段性著作——《運動簡史》，不管是材料或者是史觀，陳少廷相當程度影響了葉石濤，五四運動影響論便在《臺灣文學史綱》當中被予以複製、延續。於是，一條臺灣新文學史的學術發展脈絡似乎就此浮現，不僅彷彿彌補了中斷近半世紀的歷史裂痕，卻也更似乎創造了另外一部歷史敘事。

四、創造歷史：五四運動之於臺灣新文學

（一）在一九八九年被推翻的五四運動影響論

透過以上討論可以得知：五四運動在七〇年代成為臺灣新文學史中最被強調的影響來源。有趣的是，就在一九八七年葉石濤出版《臺灣文學史綱》不久，陳少廷便在一九八九年五月的《新文化》雜誌第四期發表〈在臺灣給「五四」重新定位〉一文，直接推翻自己過去最為強調的五四運動影響論。陳少

19 葉石濤，〈簡介陳少廷先生的《臺灣新文學運動簡史》〉，《書評書目》，第五三期（臺北，一九七七年九月），頁三六。

20 鍾肇政，〈從兩本新書談起：並簡介陳少廷著《臺灣新文學運動簡史》〉，《書評書目》，第五六期（臺北，一九七七年十二月），頁五三。

21 葉石濤，〈簡介陳少廷先生的《臺灣新文學運動簡史》〉，頁三七。

22 「臺灣的新文學也曾受到五四文學革命的刺激。日據下的臺灣新文學作家大多數也和大陸作家一樣，用白話文寫作，保持了濃厚的民族風格。」葉石濤，〈序〉，《臺灣文學史綱》（高雄：文學界，一九八七），頁一。

五四與臺灣新文學運動

□陳少廷

本文是四月廿六日在淡江文理學院的講稿

臺灣的文壇，在日據的後半期，也曾有過轟轟烈烈的新文學運動。這個運動是受到祖國五四新文化運動的浪潮之影響而產生的。

臺灣新文學運動，在本省的啓蒙運動和抗日民族運動上，均有過重大的貢獻。臺灣新文學運動是臺灣新文化運動的一環，也是臺灣同胞抗日民族運動的一個支流。同時，我們還應該了解的是，臺灣的抗日民族運動，是認同祖國的中國民族主義運動。所以，從大處着眼，臺灣新文學運動可以說是中國新文化運動的一環，也是五四前後的文學革命的一個支流。五四新文化運動是中國近代思想啓蒙運動史上一個重要的里程碑。半個世紀已經過去了，緬懷這個偉大的日子，我們有喜悅，也有感嘆。現在讓我們回憶一下臺灣新文學運動的一些往事，一方面用來紀念五四的第五十三週年；另一方面則用來追念獻身於此運動的前輩。

歷史背景

公元一八九五年，甲午戰爭清朝失敗，李鴻章簽訂馬關條約，割地求和，臺灣遂落於日本的統治。直至民國卅四年，祖國抗戰勝利，臺灣光復，歷時五十年。在這漫長的半個世紀中，臺灣同胞無時不在跟日本統治者作民族鬭爭。大致說來，臺灣的民族運動可分爲武力的與非武力的兩個階段。前者自一八九五至一九一四，即從曇花一現的唐景崧「臺灣民主國」至余清芳「噍吧哖事件」的廿年間，臺灣同胞不斷地以武力抵抗日本異族的統治，此落彼起，前仆後繼，臺灣同胞爲炎黃子孫寫下一頁悲壯而光榮的歷史。此後，由於客觀情勢的變遷，臺灣同胞的抗日鬭爭，轉而採取非武力的方式，繼續奮鬭。這是一種文化思想性的政治社會運動。

大凡殖民地的民族運動都是由海外發動的；臺灣的情形也是如此。臺灣在成爲日本的殖民地之後不久，便有青年負笈東瀛。一九一二年，辛亥革命成功，中華民國誕生。祖國革命的勝利激發了留日臺灣學生的民族意識，增強了對祖國的向心力，使他們把解救同胞的希望寄託在祖國的將來。一九一八年，第一次世界大戰大勢已定，是年元月，美國總統發表十四條和平條件，高唱民族自決的原則。威爾遜總統的這個主張，大大地鼓勵了臺灣留學生的民族運動。此外，戰後思想的開放，自由民主思想的澎湃洶湧，蔚成當時思想界的主流。臺灣留學生耳濡目染受到這種新思潮的啓發與刺激，於是他們乃決心要把這些新思想做爲解救同胞的啓蒙運動。

民國八年，祖國發生五四學生愛國運動那一年的秋天，在東京留學的中國青年，祖國方面有中華青年會的馬伯援、吳有容、劉木琳，臺灣方面有蔡惠如、林呈祿、蔡培火等，發乎血濃於水的民族意識，以親睦爲號召，取「同聲相應」之意，組織了「聲應會」。這是東京臺灣留學生的第一個團體。可惜，由於會員不多，而且流動性亦大，這個組織就在不知不覺之中消聲息影。然而在同年的歲末，臺籍留學生感到了臺灣政治社會改革之迫切需要，乃組織了「啓發會」。不幸，由於組織不健全，這個團體終於重蹈「聲應會」的覆轍，也消失於無形之中。

翌年，蔡惠如以爲不可長此以往，乃重整鼓旗，組織了「新民會」，推林獻堂爲會長，決定三項行動目標：第一、爲增進臺灣同胞之幸福，從事政治社會改革運動；第二、發行刊物，連絡同志；第三、圖謀與祖國同志接觸之途徑廷在文章當中直接點明必須修正自己過去在〈五四與臺灣新文學運動〉中所提出來的結論，其實亦等於是修正他在《運動簡史》中提出來的觀點。

陳少廷指出：雖然他仍然認為臺灣新文學運動及其作家賴和、張我軍等人無疑受到中國新文學運動的影響，卻不再堅持所謂「臺灣新文學運動是發源於中國新文學運動的一個支流」、「臺灣新文學運動也因臺灣光復，重歸祖國而永遠結束了」等論點。另外，他在文章的前半段直指自己過去似乎太過於膨脹五四運動的重要性，並且對後續的研究者作出了以下的建議：

> 基於這個論旨，我建議有心撰寫臺灣文學史者，應客觀評估中國文學、日本文學及世界文學思潮對臺灣文學的影響，並要特別強調臺灣文學有別於中國文學的獨特性與自主性，這樣我們才能寫出一部符合臺灣人精神文化發展之臺灣文學史。[23]
>
> 現在檢討起來，筆者之所以犯此錯誤，除了個人學識不足的因素之外，並有若干「外在因素」，因為直到最近，臺灣文學史的撰述，係屬政治敏感地域，可以說是「文學禁地」，倡言「臺灣文學」者必須冒被指控「臺獨」或「分離意識」分子之險。再加上長期以來，在泛政治主義（Pan politicalism）之下，一切必須以「中國座標」為基準的官方意識型態，來給臺灣文學作「定位」，由於受到這個「時代極限」的限制，自然不可能寫出「真實的」臺灣文學史了。[24]

23 陳少廷，〈在臺灣給「五四」重新定位〉，《新文化》，第四期（臺北，一九八九年五月），頁二二。

24 陳少廷，〈在臺灣給「五四」重新定位〉，頁二二。

表三：〈北部新文學・新劇運動座談會〉中關於臺灣新文學運動興起的討論

人名	五四運動（中國）	新思潮（日本）	新思潮（世界）	民族思想（臺灣）	民族思想（中國）	舊文學淪喪	對現實不滿	政治運動受挫
連溫卿				○				
廖漢臣	○		○	○		○	○	
林快青	×	○						×
楊雲萍	○	○	○					
吳濁流						○		○
張維賢		○						

贊成以○，反對以×表示。

由此觀之，陳少廷在一九八九年時已不再將抗日運動、民族意識等視為是臺灣新文學運動之所以興起的理由；除此之外，他也摒棄過去將五四運動視作為臺灣新文學最主要影響來源的舊說，將中國文學對臺灣新文學的重要性與世界文學、日本文學並列；從而將臺灣新文學視為是有獨特性與自主性的文學系譜。除了由五四影響論轉變為多元影響論以外，值得討論的是陳少廷在這篇文章當中其實也開始對過去臺灣文學史的書寫成果進行真偽虛實的價值評判。

陳少廷在一九八九年推翻自己過去臺灣新文學運動研究的成果，進而以「外在因素」與「時代極限」作為過去不得不以「中國座標」為臺灣新文學定位為理由並不虛假，成長於戒嚴時期、籠罩在白色恐怖氣氛下的他自己就曾經有過因特務追查而被迫逃亡的生命經驗。不過，倘若在此僅以外在政治因素一語帶過，雖然得以突顯高壓統治的壓抑、扭曲，卻不見個人或群體在社會結構中的能動性，亦會使得陳少廷及其七〇年代的臺灣歷史實況變得被動、淺薄，無法完全顯示實際存在的積極性與時代意義。

（二）從遮掩到拾回的多元影響論

林瑞明在研究中指出：「中國視野下的臺灣新文學史，是以民族主義為基調來『發現』、『發明』臺灣文學。以五四新文學運動為線索，構成一條統一於語言和民族底線下的文學體系。[25]」由此觀之，則陳少廷自一九七二年至一九八九年的臺灣文學史論述亦可被視為由中國視野轉變為臺灣視野的轉變過程。然而，透過閱讀一九五四年出版的《臺北文物》第三卷第二期「新文學新劇運動專號」便會發現：有別於陳少廷後來獨尊中國五四運動的傾向，當時如廖漢臣、林快青、楊雲萍、連溫卿、張維賢等人在回憶臺灣新文學運動之所以興起時的理由便不盡相同（表三）。

座談會一開始，連溫卿便將臺灣新文化運動的基調定位為民族主義思想下的反日運動，與民族解放的政治運動有不可分的關係。[26] 廖漢臣則在後續討論總結各方意見，提出：「臺灣的新文化運動是受日本民主主義思想影響，但新文學運動是受中國五四運動的影響，以及本省舊文學的變質所促成。[27]」等

25 林瑞明，〈兩種臺灣文學史：臺灣 V.S. 中國〉，《臺灣文學研究學報》，第七期（臺南，二〇〇八年十月），頁一二八至一二九。
26 〈北部新文學．新劇運動座談會〉，《臺北文物》，第三卷第二期（臺北，一九五四年八月），頁四。
27 〈北部新文學．新劇運動座談會〉，頁五。

說法。

> 結論起來，新文學的發生，因為臺灣在那時候根本就是一個殖民地，青年們則：一、東京的留學生受到民主主義思想的刺激；二、受五四的影響提倡建設新文化，倡導發行刊物；三、對臺灣島內的舊文學發生反感；四、是政治運動漸遭受迫害，知識份子沒有出路。[28]

在此並非先驗地將前行代的回憶敘事視為理所當然的歷史事實，但是在這本一九五四年出版不久便隨即遭到查禁的雜誌當中，明顯保留了更多關於臺灣新文學運動之所以產生的歷史詮釋。除了座談會紀錄，收錄於同期當中的黃得時〈臺灣新文學運動概觀（上）〉[29]、廖漢臣〈新舊文學之爭：臺灣文壇一筆流水帳〉[30]、連溫卿〈臺灣文化的特質〉[31]等文章，亦大多呈現出多元影響的歷史面貌。

一九七四年大學雜誌社召開了「日據時代的臺灣文學與抗日運動」座談會，雖然副標題為「紀念臺灣光復第二十九週年」，卻湊巧亦是《臺北文物》第三卷第二、三期遭查禁屆滿二十週年的時間點。在當天與會的二十多位來賓中唯王詩琅、郭水潭、黃得時、楊雲萍等四人亦參與了一九五四年的座談會，致使有關臺灣新文學之所以興起的理由，則仍然保持著眾說紛紜、莫衷一是的混雜現象。

> 回顧當時的新文學運動，一方面固然是新的，另一方面也是舊的；所受的影響一方面是中國的傳統，另一方面則是世界的新潮流，而日語正是他們接受世界思潮的有利工具。因此，實際說來，臺灣文學受世界文化的影響可能比大陸的文學更盛。[32]（劃線為本文強調）
>
> 臺灣文學是受祖國五四運動的刺激而產生的，因此以使用的工具——文字而言，初期中文作品多，

> 中期中日各半，末期則全部是日文。[33]（劃線為本文強調）
>
> 當時五四運動正在展開，受到這運動的影響，臺灣人在北京留學的，紛紛投稿到「臺灣雜誌」，如張我軍先生從北京來稿批評舊文學，題目是「糟糕的臺灣文學」等，同時發行一本「亂都之戀」，是新詩的集子。[34]（劃線為本文強調）

於是，倘若陳少廷在一九七二年發表〈五四與臺灣新文學〉時便已經將《臺北文物》第三卷第二、三期作為主要的參考資料；同時，他在一九七七年出版《運動簡史》之前又已經舉辦、更擔任「日據時代的臺灣文學與抗日運動」座談會的主持人，那麼為何他在七〇年代時對「五四運動影響論」投以厚愛？又旋即在八〇年代棄如敝屣？透過下面的例子可以發現，陳少廷其實並沒有忽略自由主義、民族自決思想等影響因素，只是與五四運動相比之下被安排在較不顯眼的位置。

> 臺灣新文學運動原來是臺灣新文化運動的一部分，而臺灣新文化運動的萌芽，大約在民國九年（一九二〇）。當時，由於受到第一次世界大戰後自由主義及民族自決思想的影響，在東京的臺

28 〈北部新文學・新劇運動座談會〉，頁六。
29 黃得時，〈臺灣新文學運動概觀（上）〉，《臺北文物》，第三卷第二期（臺北，一九五四年八月），頁十三至二五。
30 廖漢臣，〈新舊文學之爭：臺灣文壇一筆流水帳〉，《臺北文物》，第三卷第二期（臺北，一九五四年八月），頁二六至三七。
31 連溫卿，〈臺灣文化的特質〉，《臺北文物》，第三卷第二期（臺北，一九五四年八月），頁一一八至一三〇。
32 〈「日據時代的臺灣文學與抗日運動」座談會〉，《大學雜誌》，第七九期（臺北，一九七四），頁二七。
33 〈「日據時代的臺灣文學與抗日運動」座談會〉，頁二七。
34 〈「日據時代的臺灣文學與抗日運動」座談會〉，頁二八。

> 灣留學生，乃組織了臺灣青年雜誌社，發行臺灣青年月刊，藉以提高民族意識，改革社會風氣，反抗臺灣總督府的專制統治。[35]（劃線為本文強調）

相較〈引言〉特別突顯五四運動重要性的描述，陳少廷在後續章節中皆夾帶論及第一次世界大戰以後美國總統威爾遜發表的十四條和平條約與民族自決的原則、自由民主思想的傳播等影響。由此觀之，則陳少廷在一九七七年出版《運動簡史》時其實就已暗藏後來之所以「翻案」的可能線索。[36]

透過上述討論，陳少廷七〇年代所進行的臺灣新文學史書寫也就具備了以下幾點意涵：首先，當陳少廷在眾多歷史敘事版本當中選擇並突顯五四運動重要性之際，他的歷史書寫便不僅僅只是「拾回」，而是更進一步「選擇」、「安排」下的結果。再者是，倘若「五四影響論」是由陳少廷所發揚的被「發明的傳統」，那麼八〇年代末期陳少廷個人的修正與質疑便不只是他個人因為政治認同變遷所產生的「連鎖效應」，亦可能是他在時過境遷以後的積極反應與回饋。最後，本文在以下的內容當中將論證：五四運動之所以在臺灣文學史書寫中成為被召喚／拋棄的符碼，不只是作者陳少廷在戰後政治環境壓迫下的權宜之計，相反地，是他試圖挪用統治者的官方論述以嘗試形塑的抵抗工具。

（三）五四運動，被召喚／拋棄的工具

早期臺灣近代史研究往往強調壓迫與被壓迫的二元對立結構，事實上，當中不應該只有單向的影響關係，更應該留意其中彼此斡旋、交涉的互動過程。關於上述陳少廷標舉又拋棄的五四運動影響論，本

文將試圖以艾力克斯・柯林尼可斯（Alex Callinicos）對於結構與行動的概念進行解釋，挖掘陳少廷藉由此一論述策略所試圖形成的行動成果及其歷史意涵。

陳少廷在一九八九年的文章中提到自己過去因為「外在因素」與「時代極限」的影響，使他不得不以中國座標來為臺灣文學作定位。這種說法或許正確，但是卻未必描述精準。柯林尼可斯認為：行動本身所具備的力量有一部份是來自於其個人所擁有，另一部份則往往受到結構所決定，即取決於行動者在主要社會結構中所佔據的位置。[37]換言之，陳少廷固然有其撰寫臺灣新文學史的初衷，必然也受到當時戒嚴統治、白色恐怖氣氛的影響；但是，他自一九七〇年擔任大學雜誌社社長，並且在一九七二、七三年間將其建構成為當時臺灣社會少有的公共論壇，積極批評時政，自也不能小看陳少廷及其同仁所擁有的社會影響力。

另一方面，柯林尼可斯認為並存的權力的交叉點（Nodes of power）往往因為內部矛盾與互動而產生變化，偶爾會創造出機會讓進步的生產關係得以確立，進而轉化了原先內部互動的脈絡[38]。他借用萊特（E. O. Wright）「結構能力」這個概念，將「行動者憑藉自己在生產關係中的位置所擁有的力量[39]」視

35 陳少廷，《臺灣新文學運動簡史》，頁七。
36 事實上，相同的書寫策略在葉石濤《臺灣文學史綱》當中其實也可以看到。
37 柯林尼可斯（A. Callinicos）著；萬毓澤譯，《創造歷史：社會理論中的行動、結構與變遷》（臺北：群學，二〇〇七），頁十五。
38 柯林尼可斯（A. Callinicos）著；萬毓澤譯，《創造歷史：社會理論中的行動、結構與變遷》，頁三七。
39 柯林尼可斯（A. Callinicos）著；萬毓澤譯，《創造歷史：社會理論中的行動、結構與變遷》，頁六四。

為是結構能力，使人在「想要」與「能夠」當中取得一定程度的調合。《大學雜誌》在蔣經國即將接班的時間點得到當局默許、甚至一定程度予以支持的印刷刊物。然而，陳少廷及其同仁們卻在這樣的契機下，進一步以〈國是諍言〉、〈中央民意代表的改選問題——兼評周道濟先生的方案〉、〈國是九論〉等文章，試圖影響政策、改變政體。

事實上，陳少廷在《大學雜誌》上發表的、關於臺灣新文學運動的文章只是其眾多著作的一小部分；然而他終究是成功形塑「五四運動影響論」的主要推手，《運動簡史》一書在臺灣文學史的學術系譜中亦有其定位。於是，倘若試圖針對陳少廷何以推舉終至拋棄五四運動影響論的過程進行描述，則便不得不就蕭阿勤所謂「改良主義傾向」的詮釋視角作進一步的思考。他認為：陳少廷對於臺灣新文學運動的詮釋之所以使其得以被納入中國民族主義的國族敘事，在於唯有如此才能讓臺灣人得以成為「我們」「中國人」，是一種「改良主義傾向」的集體記憶的建構方式（相較於獨立建國）。[40] 由於七〇年代戒嚴肅殺的氣氛尚未消散，《大學雜誌》成員自然不可能提出過於基進的訴求，然而，《大學雜誌》在一九七二年十二月再次改組之前，兩年當中確實成功聚集了各路人馬，針對時政提出不少改革的意見。是故，陳少廷在試圖於國民黨外部凝聚一股新勢力的企圖心下，挪用一個不管國民黨官方、外省籍知識份子都較有共鳴的符碼——五四運動，讓原先戰後初期遭到排除、漠視，甚至被列為禁忌的日治時期臺灣史、臺灣新文學史等得以浮現、受到接納，可謂為是一個消極卻相對安全的敘事策略。

另一方面，陳少廷不僅將五四運動與臺灣、臺灣新文學運動予以結合，值得注意的是他在一九七三年曾經出版兩本有關五四運動的合集——《五四新文化運動的評價》、《五四運動與知識青年》。透過作者群名單與編者序的內容可以發現，陳少廷不僅試圖與當年曾經親身參與五四運動的當事人連結，更收集新生代五四運動研究者的學術成果。於是，倘若《大學雜誌》自一九七〇年開始集結了本省籍與外省籍、本土派與留洋派等不同背景的文化菁英，那麼「五四運動」或許可以視作為是陳少廷藉以向外進一步延伸、援引，作為團結在野力量的歷史符碼。

事實上，陳少廷是臺灣戰後少數極力詮釋、關注五四運動的知識份子之一，後來《臺灣時報》上面諸多紀念五四運動的報導更皆出自於他的手筆。雖然在此無法一一詳述各篇報導的內容及其可能存在的變化軌跡，卻也明顯可見五四運動在陳少廷心中的重要性。透過上述內容可以推測：對於七〇年代的陳少廷來說，五四運動應該被視為是一個凝結歷史與當下、記憶與現實，進而藉此嘗試在國民黨之外團結彼此的象徵工具。是故，他在七〇年代之際推舉「五四影響論」可說是「別有居心」，自然也就在解嚴以降、國民黨力量逐漸衰退之際「言歸正傳」。

五、小結

歷史是當下詮釋的過去，更是回憶一再重現的過程，她相當程度來自經驗的殘留，亦有可能受到當

40 蕭阿勤，《回歸現實：臺灣一九七〇年代的戰後世代與文化政治變遷》，頁一六三。

前結構與環境的空間所影響。本文透過陳少廷《臺灣新文學運動簡史》的成書過程思考臺灣新文學史當中所謂「五四起源說」的形成脈絡，進而在回顧陳少廷個人的生命歷程與著述脈絡之後，探究他何以在七〇年代大大推舉五四運動重要性之後，又在八〇年代末期自我修正、推翻。

不可否認的是，這個轉變過程當然牽涉到信仰與認同的變遷，卻亦與結構與環境的壓力互相牽扯，與其說本文討論觸及到真實與虛偽的價值命題，事實上，更為重要的是這些人究竟在什麼條件之下選擇以什麼樣的方式訴說自我。陳少廷自《大學雜誌》改組後與其同仁組成國民黨外的重要輿論基地，對於時政、政體等議題皆開始發揮其社會影響力，他之所以選擇性突顯五四運動的重要性，在於這不僅是得以見容於國民黨官方論述的歷史敘事，更有助於集結外省籍不同世代的知識份子、文化菁英；另一方面，透過抗日敘事與五四運動影響論的勉強連結，也讓原先不見容於戰後的日治臺灣史、臺灣新文學運動等歷史得以浮現，達成不分省籍、團結「黨外」的目標與企求。

因此，陳少廷在七〇年代創造五四運動影響論時就充滿著濃厚的工具目的，只是他在眾多歷史材料中選擇並予以擴大下的歷史詮釋，而非歷史事實的全貌。是故，等到八〇年代末期國民黨的官方論述不再霸佔報刊媒體的全部空間之際，他也就開始修改他原先抱持、宣揚的看法，以趨近於他在一九七二年時即已得到的史料全貌。是故，本文以為陳少廷的「重新定位」並非自我的顛覆與背叛，而更接近於歷史事實的恢復與還原。

日據時代的台灣醫生

—臺灣醫師在啓蒙運動上的角色

□陳少廷□

高雄醫學院南杏社於十月四日晚舉辦「醫生在臺灣社會的地位」演講會，邀請吳基福醫師與筆者主講。本文是作者的講稿。

一、日據時代的臺灣高等教育與醫學教育

光緒二十一年（一八九五），甲午之戰中國失敗，清朝與日本簽訂馬關條約，把臺灣割讓給日本。

日本在佔據臺灣的第二年（一八九七），就在臺北醫院附設「醫學講習所」，對臺灣人子弟授與醫學教育，以養成臺籍醫生，俾補日籍醫生之不足。又二年後（一八九九），即依據臺灣總督府醫學校官制，創設「臺灣總督府醫學校」。這所學校是日本在臺灣實施高等教育之嚆矢，同時也是臺灣醫師的搖籃。此所「醫學校」是完全為了養成臺灣醫生而設立的，它專收臺灣學生。入學資格規定公學校畢業（國小程度），修業期間五年，包括一年的預科和四年的本科。

到了一九一八年，日本政府把它加以改制，改稱為「臺灣總督府醫學專門學校」，入學資格規定為公學校畢業，修業年限，預科四年，本科四年，並兼收日籍學生，實施與日本國內醫學專門學校相同程度之醫學教育。一九二二年又再度改制，修業年限改為四年，收中學畢業生或同等學力者，並改稱為「臺北醫學專門學校」。至一九三六年，因臺北帝國大學醫學部成立，乃合併為該大學附屬醫學專門部。（按臺北帝國大學成立於一九二七年，起初只設有文政、理農兩個學部，九年後始設立醫學部。）所以在臺北帝國大學裏有「醫學部」和「醫學專門部」；前者限收高等學校畢業生，後者則收一般中學畢業生。這兩部並存，直到一九四五年臺灣光復，臺北帝國大學改制為國立臺灣大學，原來的醫學部和醫學專門部合併為該大學醫學院。

在日據時代，這所「臺北醫專」（這是一般的稱呼）是臺灣唯一的醫學教育機構。在其四十多年的歷史中，畢業生達二千多名，大部分即在臺灣從事醫務工作。這些人就是我們所說的「日據時代的臺灣醫師」。當然臺灣的醫師，也有不是「臺北醫專」出身的，他們是去日本讀醫科畢業後回臺開業的，但此類醫師的數量相當有限。

醫生可以說是日據時代臺灣高級智識青年唯一的出路。其他的科系，臺灣人是很難進去的。當時的臺北帝國大學是臺灣唯一的最高學府，從其各學部臺籍學生所佔的比重，我們可以看出，醫生是臺灣人唯一的出路。

在臺灣光復前一年（一九四四），臺北帝國大學各學部學生的分布情形是這樣的：

文政學部：三十四人，其中日本人三十名，臺灣人二名，其他二名。

理學部：四十二人，其中日本人四十名，臺灣人一名，其他一名。

醫學部：一五七人，其中日本人七十七名，臺灣人八十名。

醫學專門部：三六〇人，其中日本人二百三十七名，臺灣人一二二名，其他一名。

（又按該大學醫學部第一屆入學生（一九三六

六、附錄

一、陳少廷（1932-2012）生平及相關著作簡表

內容整理自收錄於《啟蒙者：臺灣良知陳少廷先生紀念文集》中的各篇文章內容及著述目錄。由於陳少廷各類型的著作等身，本表僅只挑出與本文內容有關的部分；又，部分年份錯誤的地方已在表中直接修正。

西元	歲數	生平大事紀
1932.5.17		出生。
1937	5	父親陳銓生過世，享壽35歲。
1949	17	屏東中學（高一）因借腳踏車給葉老師而被當成「匪諜」追捕，被迫「自新」，轉至長榮中學。
1952	20	考取臺灣大學。
1953	21	與陳林瓊琚結婚。同年12月24日，長子志正出生。總共育有四子：志正、志和、志立、志平。
1956	24	臺灣大學政治學系畢業。 陸續在《大陸雜誌》、《自由中國》、《文星》、《東方雜誌》等發表文章。
1959	27	臺灣大學政治學研究所法學碩士。
1961	29	接到臺大聘書，卻遭到警備總部約談拘禁。
1963	31	申請出國遭拒，再次遭到警備總部約談拘禁。後來擔任美國哥倫比亞大學研究員。
1968	36	《二十世紀的意義》出版。 《大學雜誌》創刊，開始在其中發表文章。
1969	37	《論政治與文明》出版。
1970	38	擔任《大學雜誌》社長。《極權主義底解析》出版。
1971	39	《社會科學方法論》、《現代政治學的新方向》出版。

1972	40	《這一代中國知識份子的見解》出版。 開始在《臺灣日報》、《臺灣時報》發表時論。
1973	41	編著《五四新文化運動的評價》、《五四運動與知識青年》出版。
1976	44	《知識份子與政治》、《知識份子與教育》出版。
1977	45	《臺灣新文學運動簡史》、《政治蒼蠅的嘴臉》出版。
1978	46	《諤諤集》出版。
1979	47	編著《五四新文化運動的意義》出版。
1982	50	陶百川、陳少廷合著《中外監察制度之比較》出版。
1987	55	杭立武、陳少廷合著《拉斯基政府多元論》出版。
1989	57	擔任《首都早報》主筆。 開始在《現代學術研究》發表文章。
1991	59	開始在臺灣教授協會刊物《教授論壇》發表文章。
1998	66	《外交政策新思維：重訂中國政策的芻議》出版。
2000	68	政黨輪替，擔任有給職總統府國策顧問。
2004	72	開始出現「類帕金森症」症狀。
2012.9.30	80	逝世。

二、《五四新文化運動的評價》、《五四運動與知識青年》作者名單

書名	作者名單
《五四新文化運動的評價》	陳少廷（編者）、孫德中、羅敦偉、周策縱、謝文孫、李歐梵、陳少廷、神凡、余英時。
《五四運動與知識青年》	陳少廷（編者）、羅家倫、梁敬錞、王撫洲、張國燾、李式相、張玉麟、呂雲章、金達凱、左舜生、張春樹。

參考書目

〈「日據時代的臺灣文學與抗日運動」座談會〉，《大學雜誌》，第七九期（臺北，一九七四），頁二六至三二。

《臺北文物》，第三卷第二期（臺北，一九五四）。

吳泰豪，《《大學雜誌》政治主張之研究：以 1971 至 1973 年為中心》，臺北：國立政治大學臺灣史研究所碩士論文，二〇〇九。

林瑞明，〈兩種臺灣文學史：臺灣 V.S. 中國〉，《臺灣文學研究學報》，第七期（臺南，二〇〇八），頁一〇七至一四五。

林瑞明，《臺灣文學的歷史考察》，臺北：允晨，一九九六。

柯林尼可斯（Callinicos, Alex）著；萬毓澤譯，《創造歷史：社會理論中的行動、結構與變遷》，臺北：群學，二〇〇七。

秦鳳英，《知識菁英對威權體制民主化之影響研究》，臺北：國立師範大學公民訓育研究所碩士論文，一九九二。

陳少廷，〈五四與臺灣新文學〉，《大學雜誌》，第五三期（臺北，一九七二），頁十八至二四。

陳少廷，〈日據時代的臺灣醫生〉，《大學雜誌》，第六〇期（臺北，一九七二），頁六二至六七。

陳少廷，〈在臺灣給「五四」重新定位〉，《新文化》，第四期（臺北，一九八九），頁二〇至二五。

陳少廷，〈林獻堂先生與「祖國事件」〉，《大學雜誌》，第四三期（臺北，一九七一），頁四至八。

陳少廷，《臺灣新文學運動簡史》，臺北：聯經，一九七七。

陳林瓊琚等著，《啟蒙者：臺灣良知陳少廷先生紀念文集》，臺北：財團法人荻生文化藝術基金會，二〇一二。

葉石濤，〈簡介陳少廷先生的《臺灣新文學運動簡史》〉，《書評書目》，第五三期（臺北，一九七七），頁三四至三七。

葉石濤，《臺灣文學史綱》，高雄：文學界，一九八七。

蕭阿勤，《回歸現實：臺灣一九七〇年代的戰後世代與文化政治變遷》，臺北：中央研究院社會學研究所，二〇〇八。

鍾肇政，〈從兩本新書談起：並簡介陳少廷著《臺灣新文學運動簡史》〉，《書評書目》，第五六期（臺北，一九七七），頁五一至五五。

從《大學雜誌》看一九七〇年代改革派知識分子集團的「知識分子觀」與「中西文化觀」

國立政治大學臺灣史研究所碩士生　蘇維新

一、前言

（一）研究背景、動機與文獻回顧

二次大戰結束後，臺灣納入中華民國政府管轄。戰後被嵌入冷戰體系的中華民國政府（下簡稱臺灣），在五〇至七〇年代之間，倚靠美國的政治軍事經濟庇護，領著不到「固有」領土百分之一的臺澎金馬，以「中國」為名，列位於聯合國五位常任理事國之一。時序進入七〇年代後，一九七一年起美國的「聯『中』制蘇」政策、中日臺領土糾紛的「釣魚臺事件」、聯合國「排臺納中」的決定，一九七二年臺日斷交、尼克森訪中，尋求建交，各國也紛紛與臺斷交，並與中建交。國際局勢的急遽變化，使得中華民國政府的統治面臨「外部正當性」的弱化危機。[1] 如何克服此困境，成為當時逐步接班的蔣經國的一大考驗。而當局內部分裂成保守和改革兩派意見，以蔣經國為首的改革派，認為必須培植臺籍菁英，擴大其政治參與，設法吸納更多人才進入當局領導階層，並謹慎面對、甚至控制溫和的在野勢力，才能

1 薛化元、楊秀菁，〈強人威權體制的建構與轉變（1949-1992）〉，《「人權理論與歷史」國際學術研討會論文集》（臺北：國史館，二〇〇四），頁二六八至二七五。

擴大國民黨政權的基礎與維持國內穩定，否則難以面對未來局勢的考驗。[2]當局內部的矛盾，提供在野改革派人士在戒嚴時代一個特殊的契機，以「革新保臺」為宗旨的《大學雜誌》成為他們議論政治之重要場域。

《大學雜誌》在戰後臺灣民主運動與自由主義發展的定位，歷來已有諸多專著做討論。秦鳳英旨在探討《大學雜誌》集團的知識菁英，對威權體制民主化的主張與影響。[3]吳泰豪則專注分析雜誌文本的政治改革主張。[4]南方朔兩篇論文，一篇以「集團成員的互動」將雜誌發行分為四期[5]；一篇則將大學集團的興起與衰弱，歸結於當時臺灣政治社會的結構。[6]上述論著或從注重大學集團的結構與興衰，或注重政治議題的分析，少有針對雜誌文本的其他議題做考察。事實上，《大學雜誌》成立之初，以思想文化議題為主，在一九七一—一九七三間才轉至政治議題，大學集團分裂後，則又回到思想文化議題為主。因此，若以《大學雜誌》文本為思考，思想文化議題是貫穿頭尾，卻被歷來研究者所忽略的面向。

十九世紀以來，西洋近代文明隨優勢武力，傳入東方世界。日本「大化革新」、中國「自強運動」乃是東方傳統文明，遭遇近代西洋強勢文明，而行之的革新運動。二十世紀的臺灣在日本帝國的殖民統治下，接受現代化所帶來的變革與挑戰，而其時透過殖民地教育體制，也培育出一群接受現代化文明洗禮的臺籍本土菁英。日治時期所養成的現代性，自由民主等近現代西方民權之理念，在戰後卻反成為臺籍菁英與陳儀政權衝突之所在，二二八事件的爆發，也使得戰後第一波「傳統 vs. 現代化」的爭端，由思想軌跡相對傳統的陳儀政權獲勝。一九四九年後，自五四新文化運動以來，堅持自由、民主理念的知識份子如胡適、雷震、殷海光等人亦隨中央政府遷臺，也引入中國自由主義的精神。一九五〇至一九六〇年代，自由主義知識份子透過《自由中國》、《文星》等刊，宣達具有「現代性」特質的自由民主概念。《文星》所點燃的「中西文化論戰」，使得戰後第二波「傳統 vs. 現代化」的爭端開始出現。[7] 一九六八年創立的《大學雜誌》，其中具有為數頗豐關於中國傳統文明、西方現代化、自由民主意識型態、傳統與現代化的議題，亦有不少針對民初五四新文化運動的評價。然而，無論針對《大學雜誌》的報刊史視角，或是針對「傳統與現代化」的思想史視角，卻都未曾針對《大學雜誌》之中的此類問題深入討論。

根據上述背景的討論，筆者產生幾個疑問：究竟《大學雜誌》的文本之中，對中西文化、傳統與現代化等議題抱持何種想法？與五四時期、《文星》時期知識份子之觀點有何落差？這樣的落差，又反應

2　泰勒（J. Taylor）著；林添貴譯，《臺灣現代化的推手——蔣經國傳》（臺北：時報出版，二〇〇〇），頁三一九至三二〇。

3　秦鳳英，《知識菁英對威權體制民主化之影響研究——臺灣「大學雜誌」個案分析》（臺北：國立臺灣師範大學公民訓育研究所碩士論文，一九九二）。

4　吳泰豪，《《大學雜誌》政治主張之研究——以1971年至1973年為中心》（臺北：國立政治大學臺灣史研究所碩士論文，二〇〇九）。

5　南方朔，〈中國自由主義的最後堡壘一《大學雜誌》階段的量底分析〉，《自由主義的反思批判》（臺北：風雲時代出版，一九九四），頁一一五至一七六。

6　南方朔，〈《大學雜誌》與現代臺灣：1971至1973年的知識份子改革運動〉，《臺灣民主自由的曲折歷程：紀念雷震案三十週年學術研討會論文集》（臺北：自立晚報出版，一九九二），頁三七六至三九七。

7　黃克武，〈一位「保守的自由主義者」：胡適與《文星》雜誌〉，《胡適與現代中國的理想追尋》（臺北：中研院社會所，二〇一三），頁三五三。

出七〇年代改革派知識分子社群的何種世代想法？改革派知識份子社群，面臨七〇年代臺灣國際地位的每下愈況，如何定位自己？定位自己的方式，又與近百年來，中國知識份子集團對中西文化、傳統與現代化的爭辯有何關聯性？

（二）概念界定與範圍限制

(1) 概念界定：知識分子（Intelligentsia, Intellectual）

本文大量使用「知識分子」一詞，代表《大學雜誌》文本的作者群，以及戰後對臺灣民主自由積極發言者。因此，有必要讓讀者理解，本文針對「知識分子」一詞的定義。

知識／智識分子（Intelligentsia, Intellectual）此組詞彙，一般被認為起源於十九世紀末歐洲社會的巨變過程中。Intellientsia 是於俄文和俄國歷史脈絡下，由貴族與農民此兩種對立階級的結構中所萌芽的。他們基於良知、正義同情農民，批判沙皇，且對自身社群的利益不在乎。[8] Intellectual 被認為源起於法國 Drefuy 事件當中，那些站在道德良知面，勇於對抗強權的作家與思想家，而後時人便開始稱這些喜好在沙龍（Salon）議論、批判社會時政，宣揚新學說者為 Intellectuals。[9] Edwaed W. Said 所論的「公共知識分子」（Public intellectual），則指具有能力為公眾來代表、具現、表明訊息，觀點、哲學或意見的個人。此類人物，必須對抗正統與教條，不能輕易被政府和集團收編，其存在的理由，就是代表那些常被遺忘或棄置不顧的人們和議題。[10] 針對 Intellectual 另有一種較不同的解釋，Peter Brooker 認為 Intellectual

此詞彙，在近世文藝復興、工業革命後，所興起的人本精神、職業專業化後，出現一群在自己專業領域學有專精者。他們被認為擁有、或被賦予以自己的專業，針對一般政治、哲學倫理等重要事物有發言的權利。[11]

根據上述討論，呈現三類型的知識份子，與底層老百姓結合，批判當權者；較未與底層弱勢者結合，但仍舊站在道德面，批判當權者，同時也宣揚新學說理論；較專注對己專精領域，提出批判者。本文所談論的知識份子，較偏向第一第二類型，第三類型的知識份子則不在本文的討論範圍內。

(2) 範圍限制

一般認為《大學雜誌》最具有影響力的期間是在一九七一至一九七三年，如李筱峰、陳鼓應等人，而歷來針對該雜誌的討論，也多聚焦於上述三年，如前文提及的南方朔、吳泰豪等。[12]韋政通甚至認為該雜誌僅一九七一—至一九七二年餘具實質影響力。[13]上述作者重視該雜誌與臺灣政治民主化的關連

8 丘為君，〈俄國知識份子與俄國社會〉，《俄國人：知識份子的良知》（臺北：龍田，一九七七），頁十五。

9 陳國祥，〈從文化觀點談知識份子——訪葉啟政教授〉，《仙人掌雜誌》，第一卷第四期（臺北，一九七七年六月），頁一一八。

10 薩伊德（E. W. Said）著；單德興譯，〈知識份子的代表〉，《知識份子論》（臺北：麥田，二〇〇四），頁四八至四九。

11 布魯克（P. Brooker）著；王志宏、李根芳譯，〈Intellectuals 知識份子〉，《文化理論詞彙》（臺北：巨流，二〇〇四），頁二五〇。

12 吳泰豪，《《大學雜誌》政治主張之研究——以 1971 年至 1973 年為中心》，頁三。李筱峰，《臺灣民主運動四十年》（臺北：自立晚報出版，一九八七），頁八五至一〇九。陳鼓應，〈七十年代以來臺灣新生一代的改革運動（上）〉，《中報月刊》，第二十八期（香港，一九八二年五月）。南方朔，〈《大學雜誌》與現代臺灣：1971 至 1973 年的知識份子改革運動〉，頁三七五至三九七。

13 韋政通，〈三十多年來知識份子追求自由民主的歷程——從《自由中國》、《文星》《大學雜誌》到黨外的民主運動〉，《臺灣地區社會變遷與文化發展》（臺北：中國論壇雜誌社，一九八五），頁八九至一一三。

性，因此得出上述結論。若從戰後自由派知識分子的思想系譜來談，《大學雜誌》上接《自由中國》、《文星》等，後啟一九七〇年代中期的《中國論壇》等，至少於八〇年代以前，對自由主義的傳遞、知識分子社群的思索仍具一定影響力。因此，筆者將討論斷線，設定在七〇年代，略前提到一九六八至一九六九年。

根據上述，筆者擬以〈從《大學雜誌》看一九七〇年代自由派知識分子集團的「知識分子觀」與「中西文化觀」〉為題，考察上述問題。

二、《大學雜誌》集團對知識分子的理解與評價

（一）一九四九年至一九六八年間自由派政論雜誌與知識分子的發展

一九四九年底，蔣介石與中華民國政府撤退來臺後，透過《動員戡亂臨時條款》、《戒嚴法》等法律和法令，逐步在臺建構以統治者為核心的「強人威權體制」。[14]當局為穩固政權基礎，利用「言論審查制度」（Censorship），以達成控管人民言論的目的。但仍有部份秉持自由主義理念者，前仆後繼的以言行來批判政府。而解嚴前臺灣「島內」[15]自由主義與民主運動的發展，依隨世代不同，而被歸類為四階段：⑴戰後初期二二八事件中的政治改革訴求；⑵一九五〇年代初期《自由中國》外省自由主義份子的政論集團，並與五〇年代末期與本省籍地方菁英相結合，醞釀出的「中國民主黨」運動；⑶一九六〇

年代初期《文星》的啟蒙，以及一九七〇年代初期臺灣面臨嚴峻的國際局勢改變，《大學雜誌》集團知識分子發起的政治改革運動；⑷七〇年代中期後，配合「黨外雜誌和書刊」，開始成長的「黨外運動」，以及民主進步黨的成立。[16]以下先概要介紹《自由中國》、《文星》集團的思想傾向、關切議題，以勾勒出《大學雜誌》時代之思想背景。

《自由中國》一九四九年十一月至一九六〇年九月，是以「自由主義」為理想、反共意識為基礎思想；政治和社會現實議題為主的刊物。[17]《文星》從一九五七年十一月至一九六五年十二月，思想性質是：全盤重估傳統文化，大量引進西方文化；議題則從文學、思想文化到社會現實的發展。[18]兩份刊物重點不同，但其背後西方自由主義為基底，推崇五四精神[19]，堅持知識份子獨立思考模式則一致。[20]兩

14 薛化元等，《戰後臺灣人權史》（臺北：國家人權紀念館，二〇〇三），頁一一二至一一四。

15 「島內」乃筆者自佳之詞，因為認同中華民國，並隨之遷臺，但因拖持自由主義，批判和反對蔣介石政權威權統治，亦有於海外的張君邁等人。關於此派人士的行動與政治主張可參考：薛化元，〈從反共救國會議到陽明山會談（1949-1961）：對朝野互動的一個考察〉，《法政學報》，第七期（臺北，一九九七年一月），頁四九至八二。

16 李筱峰，《臺灣民主運動四十年》，頁二六八至二六九。李氏強調民主運動，筆者則以為李氏的分類，亦可適用於臺灣戰後自由主義的發展系譜。第一階段可說是日治時代臺灣本地自由主義知識份子所主導；第二至第三階段，則由隨政府遷臺的中國自由主義知識份子所主導；第四階段則以戰後接受教育世代的本省知識分子所主導。

17 應鳳凰，〈《自由中國》《文友通訊》作家群與五十年代臺灣文學史〉，《臺灣文學》，第二十六期（臺北，一九九八年四月），頁二三九、二六五。

18 陳正然，〈臺灣五〇年代知識份子的文化運動——以「文星」為例〉，頁四三。

19 這邊的五四精神，是廣義的將一九一五年起的新文化運動風潮，與一九一九年的五四愛國運動統合稱呼。

20 關於自由中國集團與五四的思想關係，可參看：簡明海，〈《自由中國》五四觀的形塑與運用〉，《思與言》，第四十七卷第二期（臺北，二〇〇九年六月），頁七九至一三四。文星集團與五四的思想關係可參看：陳正然，〈臺灣五〇年代知識份子的文化運動——以「文星」

個知識分子集團／社群所宣稱的自由主義理念，在發行末期均涉入對臺灣現實政治的批判，而不見容於箝制言論自由的國民黨當局，雙雙遭到查禁。《自由中國》集團的要角如雷震、傅正、殷海光等人更因此被判刑、或軟禁。使得臺灣知識分子批判國民黨政府之施政、參與反政府政治社會運動的風潮，沉寂數十年之久，直到七〇年代晚期「黨外雜誌」才得以接續此火種。

創立於一九六八年元月的《大學雜誌》，雖以自由主義為基底，但草創初期，對出身不同、觀念互異的知識分子也都能包容，也因標榜針對知識文化等非涉及實際權力運作的事務，故能見容於國民黨當局。[21]後來雖經歷幾波分裂，使得成員組成產生結構上的變異，以及一九七一—一九七三年間知識文化議題的減少。《大學雜誌》對現實政治的關注與實質影響力，也許到一九七三年大學雜誌集團分裂後，乃至稍後黨外雜誌興起後，即告式微，但其後它仍源源不絕地提供思想文化層面上的討論。承上可知，《大學雜誌》針對思想文化議題篇幅亦不少，卻是歷來相關研究忽略的部分。

以下兩小節我們觀察雜誌文本內涵，結合當時歷史脈絡，藉此考察六〇年代末至七〇年代的知識份子對己身的定義、期待和責任究竟為何？對一九四九年後自由主義者的精神指標——五四新文化運動，又如何評價？與《自由中國》、《文星》集團的見解又有何差異？

（二）對當代（七〇年代）知識分子的理解

本節欲處理的部分，就是透過《大學雜誌》的文本，考察六〇年代末至七〇年代的知識分子對己身的身分認定、期待和責任究竟為何？

(1) 對知識分子的身分認定

在《大學雜誌》中，Intellectual 有被翻譯作知識分子、或智識分子。陳少廷、域外人等人論及知識分子時，首先先定義現在我們一般所指的「專家」，即對自己的職業學有專精，並在該領域取得優勢發言權者，與知識／智識分子的區別。陳少廷引用史家 Richard Hofstadter 對知識（Intelligence）與智識（Intellect）的區別。知識是一種特優的心智，是應用於較專門、定義清楚的範圍內，如立法行政部門的專責官僚，負責其專門業務的制定；智識是批判的、創作的、沉思的心智如政治評論家。評價政府政策的優劣。[22]域外人則談論知識分子和人才的差異，他指出：知識份子和人才的差別，前者的任務是傳授、創造真知識；後者則是以其專業技術來投入至此，兩者的外流將相互影響。[23]就陳、域兩作者的定義來看，分別以「知識人」、「人才」人才來代稱現今社會所謂各行各業中的「專家」。而真正的知識／智識份子，則必須對社會的普遍結構，提出批判性的說法。

由於大學集團知識分子抱持「書生論政」、「先天下之憂而憂」的傳統士大夫觀念，再加以受到當

為例〉，頁三六至四一。

21 南方朔等人指出：草創之初適逢國民黨內部新舊權力交替時刻，故大學集團之形成，亦受國民黨青壯改革派的暗中支持。詳見南方朔，〈中國自由主義的最後堡壘——《大學雜誌》階段的量底分析〉，頁一三一至一三二。

22 陳少廷，〈論知識份子底新角色〉，《大學雜誌》，第十三期（臺北，一九六九年一月），頁二。

23 域外人，〈知識份子的流失和人材外流〉，《大學雜誌》，第十六期（臺北，一九六九年四月），頁二九至三〇。

知識份子服務鄉梓——兼答黃森松君

□□楊懋春

題中的知識份子特別指受過高等教育的青年和壯年，鄉梓是指鄉村中的家鄉，知識份子服務鄉梓是說受過高等教育的青年與壯年要找機會去服務自己在鄉村中的家鄉。

不久以前，大學雜誌連續發表了很多篇「臺灣社會力的分析」文章。（大學雜誌第八卷，四十三至四十五期）這些文章曾激起一股討論國是的熱潮。睹此情形，該雜誌的發行人及編者又召集了一次座談會，討論那些文章中所提到的重要問題和意見（座談會記錄見同上四十八期）我也被邀請參加那個座談會。我講了幾句話。爲時間所限，不能暢所欲言。其中有幾句是這樣：「……從鄉村出來受過大學教育，在事業上成功的，能回到鄉村去，發揮領導力量，使鄉村人力團結起來，共爲鄉村建設而努力。」我這幾句話實在是若干年來和跟我受教育的本省籍青年所常苦思焦慮，反復討論的大命題。當時在座談會上就以很嚴肅的態度提出。可惜語焉不詳，未盡我意。以致後來被一位黃森松先生評爲「……只能根據理論，而無法實際去做……」很可能是因爲黃先生有這種感想，就把他的文章取題爲「請走出象牙之塔來」。（同上五十一期五十二期合刊）我怕有好多別的大學雜誌讀者有與黃先生同樣的感想，所以要寫這篇短文，以補充我那段話的缺陷，使我的意思更充分一些。

從鄉村出來，受過大學教育，在事業上成功的人，可以有很多種途徑，再回到鄉村去，發揮他們的領導力量。

第一，可以在政府所辦事業上爲中級或中上級幹部。如遇巧其工作地點是在鄉鎮中心，或接近鄉村的地方，他就可以尋找各種機會，在不妨礙本業職務，又不陷於地方派系的條件下，用誠懇、熱心、智慧及能節省下來的金錢或物資，爲鄉村服務，發動號召力或示範力。

第二，可在任職的學校或機關放假時，回到自己的鄉村老家，和地方父老及領袖人物，誠懇表示你對老家地方的關心，願盡一切可能，伸手援助，但不貪圖任何名與利。本省的面積不大，交通又十分發達，就是要由大城市回鄉村中渡週末，或別的短暫假期，也很容易辦到。回去渡週末或假期時，如果有心，就能在鄉村中發揮建設力量。臺大農業推廣學系的兩位年青教授正在如此做。

第三，成功的工商業人士，特別是受過大學教育的工商業人士，應該誠懇的、善意的拿出一部分盈餘，捐獻給自己的老家鄉村，幫助社區發展，充實地方學校，或補助其他社會福利事業。再如上述第二條的辦法，按時自己親自回到鄉中去問候，住幾天，和鄉村父老及青年表示眞誠的關懷。這應當是很容易辦的事。

第四，現在的大學青年既然很熱心於國家建設，社會進步，鄉村發展，但我們敢不敢希望有些熱誠而又有勇氣的大學畢業生能接受在鄉鎮中心的國中教席或其他公共建設機關的聘請，前往腳踏實地的任職，而不存五日京兆之心？如果能如此作，那一定是個在鄉村中發揮改進力量的好機會與好崗位。這類鄉村中的工作，在金錢待遇上並不次於在城市者。而所受學生的禮遇要遠超城市學校教員所受者。現在鄉鎮中心的環境清潔及日常生活所需的便利或條件，比城市中人所有者並不太差。只電影院及他種娛樂場所，尙十分遜色。但存心服務鄉梓的青年，當不會太介意於此。退而言之，即使必須按時享受些較高級的娛樂或藝術活動，仍可很容易的去附近大城市獲得滿足，實在沒有難處。大家都相信，以生活的享受而論，本省的鄉村和城市很快將沒有很大差別。

使受過大學教育青年在回鄉服務這一點上最感憂慮者，是到鄉村中服務時，會受到家人，親友及當地一般人的誤解，以至於輕視。所以我說，要看青年們有否因熱心國家進步與鄉村繁榮而產生的勇氣。我自己於大學畢業後，在鄉區的小學及初級中學服務了七年，才又回到所畢業的大學任教。在大學任教時，仍兼鄉村服務實驗站的職務，要經常跑到農村去，指導農民如何改良農作，如何組織有效的合作社。那時華北的各省鄉村情況和今日本省𠃊相比，眞是落時外交陷入困境，內政長期戒嚴統治，導致社會長期冷漠，故「對政治社會事務的積極關懷」也被認為是知識份子的必備條件之一。[24]從此延伸，有作者強調受過高等教育的青壯年，必須抱持「回饋鄉里」[25]、「參與對社會有貢獻的勞動生產」[26]的心態，才有資格成為知識分子。亦有作者強調知識分子具備「自省來批判自我缺陷」[27]、「道德勇氣來對抗誘惑」[28]，這也是中國傳統士大夫精神「自省」、「仁義」精神的延續。

⑵ 知識分子的責任

大學雜誌集團論及知識分子相關議題時，也時常提起身為知識分子，所必須承擔的責任。因為他們預設的立場不同，故此時期有三個不同的焦點。首先，是對現代化理論的關切，此時期該理論在臺灣學術文化圈頗為流行，故部分文本強調知識分子站在社會領導位置，尋得中國現代化的途徑，並對其利弊進行評估，使之得以與傳統接軌。[29]其二，強調向「士大夫」傳統學習，善盡「議政」之風，協助政府

24 李清義，〈從扒糞運動談知識份子的責任〉，《大學雜誌》，第八十七期（臺北，一九七五年七月），頁二八。陳少廷，〈論知識份子底新角色〉，頁二。
25 楊懋春，〈知識份子服務鄉梓〉，《大學雜誌》，第五十五期（臺北，一九七二年七月），頁三二至三三。
26 李慶榮，〈從知識分子的悲劇看知識分子〉，《大學雜誌》，第六十八期（臺北，一九七三年九月），頁十一至十三。
27 陳少廷，〈論知識份子底新角色〉，頁二。韋政通，〈《智識份子的責任》自序〉，《大學雜誌》，第二十九期（臺北，一九七〇年五月），頁二六。
28 金耀基，〈中國新知識階層的建立與使命〉，《大學雜誌》，第二期（臺北，一九六八年二月），頁三至四。吳一正，〈談政治道德及知識分子參政問題〉，《大學雜誌》，第六十七期（臺北，一九七三年八月），頁十四。
29 文俊，〈知識份子與國家社會的關係〉，《大學雜誌》，第一〇三期（臺北，一九七六年十二月），頁四五至四七。金耀基，〈中國

決策。[30]《大學雜誌》的靈魂人物陳少廷發表多篇有關於知識分子責任的文章。陳氏指出：新一代智識分子不僅需繼承社會良心發言人此角色，更需以技術人員、某領域專家的身分，參與國是，協助政府官僚決策。[31]此說試圖擴大智識／知識分子職責，將本屬專家／知識人的責任納入其中。其三，此說亦是鼓勵當時的知識分子向「儒家傳統」學習。該說舉孔子所說的「庶之、富之、教之」來說明知識分子的「天職」。[32]該說強調當時工商業發達，已帶給人豐衣足食，完成「庶之、富之」前兩階段成就，卻因現代化所帶來的奢靡之氣，遲遲未能完成「教之」的任務。[33]

（三）對五四新文化時期知識分子和運動的反思與評價

五十週年紀念時，《大學雜誌》轉載左舜生氏於一九五一年所撰〈五四運動與蔡元培〉：

> 「五四運動」乃是中國知識份子將「新思想運動」引導向「新政治運動」的橋樑；而蔡元培先生正是這個新舊過渡時代中最具代表性的人物。……戊戌的手段為「託古」，辛亥的號召為「光復」，其本質卻是保守。一直到了「五四」，然後才是一個現代中國的奠基，把中國推進現代文化氛圍

新知識階層的建立與使命〉，頁三至四。

30 韋政通，〈《智識份子的責任》自序〉，頁二六。

31 陳少廷，〈論知識份子底新角色〉，頁三。陳少廷，〈這一代中國知識份子的責任〉，《大學雜誌》，第一期（臺北，一九六八年一月），頁四。

32 文俊，〈知識份子與國家社會的關係〉，頁四八。

33 文俊，〈知識份子與國家社會的關係〉，頁四九。

作者	篇名	主要內容	出版資訊
陳少廷	紀念五四運動的第五十週年	說明五四不僅兼具愛國政治運動與文化思想運動的特質。而後者是民初新文化運動所薰陶而孕育的結果。	17期，1969年，頁3-4。
左舜生	五四與蔡元培	肯定蔡氏領導五四的功績	17期，1969年，頁18-20。
劉大任	留學生的思想框架	批判部分留學生仿五四傳統，以激發他人，劉認為五四口號和問題，在今均已無意義。	25期，1970年，頁41。
周策縱	五四運動告訴我們什麼？	五四由留學生、青年知識份子領導，以浪漫主義救國，思想——崇尚科學和民主價值的理智主義。	48期，1971年，頁67-70。
張春樹	五四和我們這一代知識份子	藉五四精神，批判此世代政治控制下，知識份子漸喪失對國家社會的熱情。	48期，1971年，頁71-73。
李歐梵	五四運動與浪漫主義	作者以為五四期間（1920-1930）的西方精神，是西方浪漫主義思潮的移植。	53期，1972年，頁10-17。
陳少廷	五四與臺灣新文學運動	將臺灣的新文學運動、抗日運動和新文化運動，歸於響應中國民族主義運動。	53期，1972年，頁18-25。
韋政通	「五四」與傳統	評價五四與傳統的關係，以及在現代思想史的地位。	64期，1973年，頁19-21。
張朋園	梁啟超與五四時期的新文化運動	梁啟超在民初所進行的文化活動，如講學社、共學社，重新評估中國傳統文化。	68期，1973年，頁63-68。
大學雜誌	以「五四」精神教育青年——紀念五四運動的第五十五週年	提倡五四的愛國精神（關心國是、直接參政）、民主科學（服務社會的根本條件），將五四做為一種精神教育，來完成五四的使命。	73期，1974年，頁10-11。
郭楓	大家來瞭解「五四」運動——介紹陳少廷主編關於「五四」的兩本書《五四運動與知識青年》、《五四新文化運動的評價》）	陳著的書評。	73期，1974年，頁57-58。

蔡清隆	五四運動	區分五四與新文化運動，並僅就五四運動在政治面的過程、影響做一評估。	96期，1976年，頁23-27。
大學雜誌	紀念「五四」	企望發揚五四之精神。	96期，1976年，頁6-8。
輔大新聞社（轉自《輔大新聞》）	五四的反省與當前中國青年的思想與性格	批判五四新文化運動膚淺的西化和科學觀，導致對中國傳統文化和精神的侵害。	115期，1978年，頁15-16。
張榮恭	五四運動六十年專輯	多篇回顧與評價五四運動的文章。	125期，1979年，頁102-119。
本社	六十年來的迷惑	臺大三社團舉辦「五四座談會」，由四位教授從各自領域討論該運動的意義和影響。	125期，1979年，頁120-121。
唐文標	五四的震盪	舉例五四運動在思想文化上的突破與後續的影響。	125期，1979年，頁134-138。
周策縱	五四運動的發展——外國人對「五四」的態度	描述各國政府、在臺政商人士對五四學潮的態度。	126期，1979年，頁83-94。
張榮恭	中共擴大紀念五四的探討	批判五四被中共利用，做為安撫青年人心，穩固政權的工具。	135期，1980年，頁59-60。
周玉山	五四與中共	指出中共成立晚於五四，並指出五四時期，中共主要領導人，那時都尚未信服馬克思主義，以駁斥「中共領導五四」說。	136期，1980年，頁54-58。
陳永璣	自強圖存閒話五四運動	澄清五四運動、新文化、新文學運動的差異處，直指其僅為愛國政治運動。	135期，1980年，頁46-53。

中的第一步。[34]

此文雖是一九五〇年代的產物，其對時任北大校長的蔡元培，以及五四「全盤西化說」的高度評價與肯定，在同時期稍晚的《文星雜誌》被繼承。[35]一九六八年創刊的《大學雜誌》，在紀念五四運動五十週年時，透過轉載該文，表達其時對五四的認知與理解。當時雜誌社主筆陳少廷也透過駁斥「中共領導五四說」，指證蔡氏才是主要的精神領袖。[36]

一九六八至一九八〇年雜誌亦有多筆關於五四的議題，筆者茲將相關文章羅列於右。

右列與五四相關的論述中，其文本著重點為何？在量的方面呈現何種走勢？談論五四議題，對當時大學雜誌集團來說，又有何目的，反映何種時代特色？以下，筆者就文本敘事內容、量的變化與趨勢、文本功能性，以及其背後所反映的意義來分析：

就文本內容分析，除一篇批判五四口號理念過時[37]；另一篇批判五四毀棄「中國傳統」外[38]，大都對五四抱持讚揚態度，推崇五四的愛國政治運動，以及引進以民主科學為基底的西方思想。觀點相左的部分，主要是對「五四領導者」、「五四運動性質」的討論。而此兩議題之討論又密切相關，主張五四

34 左舜生，〈五四與蔡元培〉，《大學雜誌》，第十七期（臺北，一九六九年五月），頁十八至十九。
35 陳正然，〈臺灣五〇年代知識份子的文化運動——以「文星」為例〉，頁七九。
36 陳少廷，〈紀念五四運動的第五十週年〉，《大學雜誌》，第十七期（臺北，一九六九年五月），頁四。
37 劉大任，〈留學生的思想框架〉，《大學雜誌》，第二十五期（臺北，一九七〇年一月），頁四一。
38 輔大新聞社，〈五四的反省與當前中國青年的思想與性格〉，《大學雜誌》，第一一五期（臺北，一九七八年五月），頁十五至十六。

領導者為蔡元培、精神領袖為胡適者，多半將五四運動與新文化運動併合討論，主張其兼具文化思想與政治的改革。[39]另一派則主張兩運動意義與影響差異甚大，不應併合討論，而指出五四政治運動是由學生發起，胡適、梁啟超等人均未參與其中。[40]甚至蔡元培在運動爆發後，「明哲保身」辭去北大校長。[41]其次就量的動態觀察，「五四議題」總量雖不多，但卻具有延續性，這可說明此議題一直是大學集團所關懷者。就文本的功能性來談，則多藉由對五四其人其事的評價，來做為大學集團世代知識份子的對照組。多篇文章均指出與五四世代相比，此世代知識份子較不具國家民族與社會關懷心，呼籲他們應積極參政，關心社會。[42]而對於五四新文化運動——「全盤西化說」的看法，作者群雖未明顯反對[43]，但幾乎都站在「東西調和說」的立場來捍衛中國傳統價值。[44]

（四）小結

本小節針對《大學雜誌》的「五四運動」與「知識分子定義」的看法，發現幾個值得深究的現象。其一，他們對知識分子（Intellectual）的定義，雖仍從該詞彙的西方原意開始解釋，但卻加入許多對中國舊時代下對「知識分子」的意涵，如「書生論政」、「先天下之憂而憂」的概念便一再出現。知識分子的責任，則是需發揚「士大夫議政之風」、「儒家教化之舉」，給予政府當局意見，使得臺灣可加速「現代化」，並保留傳統中國的「道德觀」。換言之，《大學雜誌》的思想已非五四時代、《文星》集團「全盤西化」的觀點，而更願意嘗試將中國傳統的精神或要求納入考量。其二，「五四運動」的精神挪用之變遷：活躍於七〇年代的大學集團，與五、六〇年代中葉「文星集團」同樣以紀念五四的方式來宣揚其理念，但關注點和立場差異頗有不同。前者對「五四」的挪用，主旨在提倡「愛國、關懷社會之精神」，其次才是根植於理性主義的科學、人本主義的民主精神。後者對「五四議題」的挪用，主要便是為其提倡「民主、科學、自由」精神，藉以打倒中國「傳統」文化。上述反映兩份刊物對「中西文化」的立場具有根本上的差異。

三、大學雜誌集團對於中西文化的認識

（一）近代西方文明進入臺灣的脈絡概述

臺灣近百年來的文化與社會的變遷，西方近代文明的引入是重要動力之一。就戰後臺灣思想史而言，西方文明之引介，又可約略分做縱的繼承、橫的移植兩面向。縱向繼承，「二二八事件」的血腥鎮壓，

39 陳少廷，〈紀念五四運動的第五十週年〉，頁三至四。張榮恭，〈五四運動六十年專輯〉，《大學雜誌》，第一二五期（臺北，一九七九年六月），頁一〇二至一一九。唐文標，〈五四的震盪〉，《大學雜誌》，第一二五期（臺北，一九七九年），頁一三四至一三八。持此觀點著作甚多，不一一列舉。

40 蔡清隆，〈五四運動〉，《大學雜誌》，第九十六期（臺北，一九七六年五月），頁二三至二七。

41 陳永璣，〈自強圖存閒話五四運動〉，《大學雜誌》，第一三五期（臺北，一九八〇年五月），頁四六至五三。

42 張春樹，〈五四和我們這一代知識份子〉，《大學雜誌》，第四十八期（臺北，一九七一年二月），頁七一至七三。

43 僅有此文對五四新文化運動的思想價值全盤否定。輔大新聞社，〈五四的反省與當前中國青年的思想與性格〉，頁十五至十六。

44 韋政通，〈「五四」與傳統〉，《大學雜誌》，第六十四期（臺北，一九七三年五月），頁十九至二一。

造成此部分的本省籍知識分子大量消失，存活者自此也對政治保持緘默，自此在戰後思想界失去顯著影響力。因此，一九四九年後，隨中央政府來臺的中國「五四前後世代」的自由主義者，如殷海光、雷震、陶百川等，此股「橫向移植」的思潮，成為此後本島引介西方思潮、近代化理論的播種者，而《自由中國》、《文星》兩刊物可說是他們展演論述的重要場域。[45]此外，來臺的知識份子社群之中，另有一派「堅持中國傳統文化者」，如新儒家系統的徐復觀、牟宗三等人。「西化派」與「傳統派」兩派在中國時期已屢屢爆發論戰，遷臺後也將「中西文化論戰」之爭，帶入臺灣的思想界之中。六〇年代初期《文星》的「中西文化論戰」，正是近代中國「中西文化論爭」的延續。六零年代末七零年代初期，臺灣面臨國際局勢空前的挫敗，以及邁入初階工商業社會，而產生的社會問題。現實政治社會情況的轉換，是否造成知識份子集團，對「中西文化問題」產生不同的解釋？以下，我們藉由《大學雜誌》文本，考察知識份子對中西文化的討論。

（二）對東方／中國文化的相關討論

儒家／儒教傳統，可說是傳統中國文化的精隨，也是兩千多年來專制皇權的基底。近百年來中國的西化派知識分子，基本上都致力於批判儒家教條，試圖瓦解其在中國文化的核心位置。民國初年五四新文化運動對儒家傳統的破壞，是因為儒家思想為帝制復辟者提供理論基礎，在當時的歷史時空中遂成自由派知識分子攻擊的首要對象。[46]一九六〇年代《文星》的中西論戰中，「西化派」主角李敖指出的十一種「守舊派」疾病，就有不少是挑明針對儒家的批判。[47]《大學雜誌》文本中，對中國文化討論最深者，也是集中於對儒家思想、教條，以及與儒家密切相關的——傳統中國士大夫精神。以下分成兩部分，分別針對儒家思想和教條、傳統士大夫精神，來討論之：

(1) 儒家思想與教條

「仁」乃儒家最高原則，乃人類之愛，經理智誘導，以及嚴謹的自律後，所表現出來的善良理性的行為。其乃孔子鑒於春秋末期天下之無道，烽火遍地，百姓流離的混亂。而後儒者繼承其志，續以「仁」來教化天下萬民。但譚心農以「仁教」部分價值早已過時，而過度重視此套道理，則使中國人在宗教的誤信、學術研究和藝文創作上，均過渡強調「功利實用主義」和「理性主義」，對中國人的心智成長與相關職業成就頗具阻礙。[48]「孝」的價值也被提出反省，在「家父長式的威權主義」、「家族／家庭的團體主義」影響下，個人精神與價值無法獲得充分發揮，造成青年過於依賴長輩決策，個人與群體社會之疏離。[49]但張曼濤卻反指出先秦諸子百家的思想，具有當代學術、言論自由的意義，而漢武帝的「獨尊儒術」則效果不佳，陰陽、道家在民間仍十分流行。而「五倫」和忠孝等價值，則實踐當代「人權」

45 強調那時自由民主的概念亦屬西方思潮。薛化元，《在野思想的初探（1949-1969）：戰後臺灣思想史的一些考察》，頁五。

46 韋政通，〈「五四」與傳統〉，頁十九。

47 李敖，〈給談中西文化的人看看病〉，《文星》，第九卷第四期（臺北，一九六二年二月），頁九至十七。

48 譚心農，〈「仁教」這張方子在今天應有的商榷〉，《大學雜誌》，第十三期（臺北，一九六九年三月），頁三六至三九。

49 李學叡，〈我對傳統教條的重新檢討——孝〉，《大學雜誌》，第三十九期（臺北，一九七一年三月），頁五九至六〇。韋政通，〈中國家庭與個人關係（上）〉，《大學雜誌》，第七十三期（臺北，一九七四年五月），頁四九至五〇。

的概念。[50]王爾敏則指出儒家的仁、智等價值，與西方近代的人道主義、理性主義頗有搭合，固反對西化派全盤拋棄儒家文化的主張。[51]

當代教育與儒家的關係也被拿出來討論。《中國文化基本教材》乃以儒家主流派的書籍《論語》、《孟子》來代表整個中國文化的精神，成為臺灣三十餘年高中學子的必修科目，二〇〇〇政黨輪替後，民進黨政府才將之改列為選修；二次政黨輪替後，國民黨政府又擬將其重列為必修，該套教材成為近年最受爭議的教育問題之一。[52]觀察《大學雜誌》的文本，可發現《中國文化基本教材》的內容在七〇年代時已引發爭議。黃卓權指出以少數的儒家經典，代替所有儒家、乃至五千餘年的全中國文化思想，實有以偏概全之嫌。[53]該文亦指出儒家諸多教育理念在今已不適用。[54]然而，亦有主張恢復孔門「師道」精神，以拯救「升學主義」掛帥，早已變質的師生關係。[55]

(2)　中國傳統政治文化與「士人」文化

自漢武帝「罷黜百家，獨尊儒學」以來，中國思想史進入以「儒家」主宰的階段。雖然，自君王以下中國傳統官僚，常以「法家」的手段來治理國家，但教化萬民之上，仍以宣揚「儒家」精神為主。做為帝制時代的中國知識人，「士大夫」長期位列四民之首，自古享有崇高之地位。以皇帝為核心，士大夫為主幹，奉行「明儒暗法」原則，正是中國傳統政治文化的風貌。然而，面對近百年來，西方文化價值挾船堅砲利，滲透至中國傳統文化的局面，傳統以儒學為終極價值的士人文化，面臨急遽的挑戰。那麼，一九七〇年代的知識份子，又是如何看待中國傳統的政治文化，以及士人文化呢？

《大學雜誌》的主筆之一，陳少廷曾此評論：

> 士人，通常缺乏自省能力。士大夫與政治的關係，成為「垂餌」和「入彀」的關係，「學而優則仕」成為世人唯一的出路，為了擠上這條狹道，士人不能不先折磨自己的精神，降志辱身討官做。在這種專治所造成的奴才的氣氛中，中國知識份子的命運只有不自覺地被殉葬，而很少能做為一個集團以挽救歷史的命運和自己的命運。唯有那些立足於社會，「未仕」者才行。[56]

前引之文，頗能反映大學集團對傳統士人與政治文化的看法。中研院院士胡佛一篇旨談論「中國傳統文化與政治」，亦指出中國傳統的官僚體系的主要來源——士人，雖來自於地方社會，但由專制帝王透過科舉來篩選，並非人民所推選。是故，他們依統治階層之利益以對民。而支撐他們的傳統政治體系，則以「情—理—法」為序來維繫。[57] 金耀基也持類似看法，指出傳統知識分子是一以權力、身分為基礎

50 張曼濤，〈中國文化與中國前途〉，《大學雜誌》，第五十九期（臺北，一九七〇年十一月），頁三四至四〇。

51 王爾敏，〈關於儒學與近代思想的討論〉，《大學雜誌》，第二十七期（臺北，一九七〇年三月），頁四一至四三。

52 關於該套教材所引發的爭議，詳見：劉姝言，〈民主的公民教育再臺灣實施困境之研究——論高中公民課程與國文科「中國文化基本教材」之倫理價值衝突〉（臺北：國立臺灣師範大學教育學系博士論文，二〇〇六）。李啟榮，〈從多元文化主義的角度探討中華文化基本教材列為高中必選之法律爭議〉（臺北：國立臺灣大學法律學研究所碩士論文，二〇一二）。

53 黃卓權，〈孔子在今天應有的地位〉，《大學雜誌》，第六十二期（臺北，一九七三年二月），頁四二。

54 黃卓權，〈孔子在今天應有的地位〉，頁四〇至四一。

55 劉程遠，〈如何革新國中教育〉，《大學雜誌》，第一六一期（臺北，一九八二年十月），頁二九至三一。

56 陳少廷，〈論這一代中國智識份子的志向涵——《這一代中國智識份子的見解》代序〉，《大學雜誌》，第二十九期（臺北，一九七〇年五月），頁六。

57 胡佛，〈略談我國的傳統文化與政治〉，《大學雜誌》，第六十四期（臺北，一九七三年五月），頁二四至二五。

的階層，而權力身分的來源則是專制政權，固除少數例外，較難於體制內發揮「以人民利益為本」的精神。[58]從上述文本可知，雖大學雜誌集團認為傳統士人無法擺脫「專制體制」，徹底實踐主權在民、自由和法治的精神。但中國受儒家所影響，而形成的「以天下為己任」的傳統士人崇高理念，卻是大學雜誌集團認為當今知識分子所缺少，而應自傳統中尋回之部分。[59]

（三）對西方文化的相關討論

(1)「民主」（Democracy）與自由（Liberation）的再思考

民主、科學（Science）乃清末、以迄民初，傳入中國的兩項西方價值，也是近百年西化派知識份子，所秉持的現代化基本原則。七〇年代海內外知識分子有感臺灣局勢之變遷，分別創立《科學月刊》、《大學雜誌》兩份具有學術深度的普羅刊物，有系統地引入晚近西方關於科學、民主的討論。[60]

陳少廷介紹民主的基礎觀念：即公開、每人都有參與的機會，以向人民宣傳實施民主制度的益處。[61]毛子水等人指出民主政治的實施，必然出現你相反的意見，此時必須要有修養接受別人觀點的挑戰與批判。因此，寬容是施行民主政治最重要的精神，更是一種生活的方式。[62]黃展驥認為若要養成民主的價值與觀念，必須自家庭做起，使孩子長期浸淫於此生活方式，進而內化成己心的終極價值。[63]此時期亦有不少撰寫或翻譯「自由」的文章，但大多都是基礎性質的介紹，內容從確認「自由」的定義，「自由主義」的歷史來談起。[64]深入討論自由主義與中國傳統文化、乃至臺灣社會關係的文章並不多見。

另外，亦有針對民主與基督教關係討論的文本。劉世民針對《中央日報》的副刊，認為「民主根源自於基督教」的說法提出反駁。劉文指出當代民主政治起源的希臘城邦之歷史，尚早於基督教之創立，且宗教普遍具有「獨斷專制」的特質來反駁。[65] 陳鼎環則回應，早期城邦的民主是有限度的民主，不如今日人民全面平等。而民主若只有倚靠科學，則無慈悲心，故需倚靠宗教（特別是基督教）的救贖。[66] 在《大學雜誌》，而臺大教授陳鼓應則對基督教的教義做了多篇批判文章，後續並成書之，引發諸多基督徒讀者的反駁。[67] 陳鼓應、劉世民等人針對基督教的批判，反映臺灣知識分子繼承五四的人文精神，

58 金耀基，〈中國新知識階層的建立與使命〉，頁三。

59 韋政通，〈《智識份子的責任》自序〉，頁二七。金耀基，〈知識份子在社會上的角色〉，《大學雜誌》，第四十八期（臺北，一九七一年十二月），頁五四至五五。陳少廷，〈論這一代中國智識份子的志向涵——《這一代中國智識份子的見解》代序〉，頁六。

60 關於《科學月刊》的知識份子社群，在戰後臺灣科學史上扮演的角色，可參考：林照真，《臺灣科學社群 40 年風雲：記錄六、七〇年代理工知識份子與《科學月刊》》（新竹，交大出版社，二〇一〇）。

61 陳少廷，〈民主觀念的力量〉，《大學雜誌》，第十五期（臺北，一九六九年三月），頁三。

62 王洪鈞，〈民主的修養〉，《大學雜誌》，第二期（臺北，一九六八年二月），頁八至九。毛子水，〈寬容和民主〉，《大學雜誌》，第一二八期（臺北，一九七九年三月），頁四六至四七。

63 黃展驥，〈構成自由的三要素〉，《大學雜誌》，第六十八期（臺北，一九七三年九月），頁三八至四一。

64 例如王順自五十五至五十六期翻譯 J. S. Schapiro（著）的一系列著作。如王順（譯），〈自由主義的意義〉，《大學雜誌》，第五十五期（臺北，一九七二年七月），頁三九至四五。

65 劉世民，〈基督教是民主的媽媽嗎〉，《大學雜誌》，第六十二期（臺北，一九七三年二月），頁四三至四六。

66 陳鼎環，〈值得一再研思的民主〉，《大學雜誌》，第六十三期（臺北，一九七三年三至四月），頁四三至四六。

67 陳鼓應，〈猶大的煩惱〉，《大學雜誌》，第二十九期（臺北，一九七〇年五月），頁二一至二三。陳鼓應，〈自我中心主義者——耶穌的倫理〉，《大學雜誌》，第二十八期（臺北，一九七〇年四月），頁十六至十九。陳鼓應，〈我對聖經的觀點〉，《大學雜誌》，第二十五期（臺北，一九七〇年一月），頁十八至二〇。

對「宗教」的批判；陳鼎環等擁護基督徒者，則是以基督徒「神性為本」觀點來對話，故兩陣營在論點上很難有所交集。

(2) 近／現代化（Modernization）與傳統（Tradition）的再思考

一九七〇年代，西方世界在越戰的失敗，以及政經社會的變遷，使得西方世界，特別是文化相關人士，興起對「現代化理論」、「現代化」所帶來的負面效應進行反省。那麼，堪稱一九七〇年代臺灣文化界重要言論場地，大學雜誌又是如何評價現代化社會與現代化理論呢？現代化與傳統的關係又是如何呢？

基本上，從文本中觀察，除少數著作外，此時大學雜誌集團的知識份子紛紛以現代化理論來分析傳統中國／臺灣社會結構，或宣揚其優點。黃岷援以理論，將政治社會發展分成「傳統—過渡—現代」三階段，以討論百年來中國現代化過程。[68] 楊建民則指出「現代化」是「舊體制是應新環境的歷程」，不可用「西化」來理解，因為哪天中國成為最近代化的國家後，別人也會跟隨我們學習之，那時難道需稱做「中化」？[69] 總之，此時文本仍以「現代化理論」為核心思考，並積極介紹其優點，未曾就現代化造成負面效應進行分析。在筆者目前蒐集到的雜誌文本之中，僅有韋政通教授，針對現代化帶來的負面效應進行專文評估與討論。韋氏指出面對現代化所帶來的負面效應，對全人類而言都是尚未面臨的新經驗，不可單憑東／西方的古老傳統來解決。[70]

至於現代化與傳統的關係，此時期大學雜誌集團的知識份子，普遍以「重新詮釋『傳統』」的定義來面對之。張曼濤以為「傳統」兩字並未含有什麼教條或權威意義，它只是經過相當時間或歷史累積的一個代名詞。[71]林彩雪則指出「傳統」一詞並非靜態，而是變遷過程。[72]何烈與黃河則共同指出應平常心看待「傳統」，它本質既非西化派所指之邪惡，亦非傳統派所指的光輝，而是端看是否與世界潮流接軌，再將之「去蕪存菁」。[73]新儒家大家徐復觀亦有類似看法，但其著重於西方現代文明／東方傳統文化之關係。徐氏在文星集團由李敖等人所引發的「中西文化論戰」之中，站在擁護中國傳統文化的一面。[74]但徐氏自承他對東方文化的詮釋，頗受西方文化的啟發。是故，他強調重點是努力學習各類文化的優點，而非區分來自東方、西方。[75]

68 黃文採取 Max Webber 所創的「理想型途徑」（Idea-type Approach），仿效 D. Lerner, A. Amond 等人，將臺灣政治社會發展分成「傳統—過渡—現代」三階段。黃岷，〈近百年來中國現代化的過程（下）〉，《大學雜誌》，第十八期（臺北，一九六九年六月），頁十二至十四。黃岷，〈近百年來中國現代化的過程（上）〉，《大學雜誌》，第十五期（臺北，一九六九年三月），頁六至九。

69 楊建民，〈現代化幾個觀念的澄清〉，《大學雜誌》，第六十六期（臺北，一九七三年七月），二五至二六。

70 韋政通，〈《智識份子的責任》自序〉，頁二六。

71 張曼濤，〈中國文化與中國前途〉，《大學雜誌》，第五十九期（臺北，一九七〇年十一月），頁三五。

72 林彩雪，〈談傳統與世界潮流〉，《大學雜誌》，第五十八期（臺北，一九七二年十月），頁六一。

73 何烈、黃河，〈談傳統與世界潮流〉，《大學雜誌》，第五十八期（臺北，一九七二年十月），頁六〇、六二。

74 張裕亮，《文星雜誌有關中西文化論戰問題之言論分析——並論近代思相史關於中西文化問題之言論》（臺北：國立政治大學新聞研究所碩士論文，一九八五），頁九二。

75 徐復觀，〈西方文化沒有陰影〉，《大學雜誌》，第十三期（臺北，一九六九年一月），頁八至十。

（四）小結

學者黃克武一篇討論胡適與《文星雜誌》關係的文章曾指出：中西文化論戰呈現臺灣文化的一特點：是五四與反五四的一個思想張力，也就是西化派、與傳統派之爭，而此張力乃臺灣文化具備豐富創造性的一大重要根源。[76] 同樣地，在《大學雜誌》的文本之中，也可窺得此特徵。它的內容，雖未明顯就「中西方文化」的優劣做討論。但從本節所考察的儒家、基督教、士大夫、現代化理論等中西觀念和事物，我們也可看出傳統和西化兩派的爭辯，仍潛伏於各篇文章的脈絡之中。而在對「傳統」意義與價值的討論上，雙方逐漸擺脫以靜態、文化本質論的方式來討論傳統，而將之理解成一種可流動的結構，可拆卸的主體，使得「傳統」此詞彙不再如五四時期、文星時期一樣被視為「延誤國家現代化」的重擔子。[77] 對「傳統」此詞彙態度轉變之因可能與國民黨當局自一九六五年開始推動的「中華文化復興運動」有關，該運動所欲「復興」的文化，重要元素之一，就是代表傳統儒家精神的「四書五經」。[78] 該運動宣告將以儒家為核心的傳統思維，可能是使得「傳統」此字在七〇年代知識分子社群之中，有不同以往的認識。一九六八年才逐漸形成的大學集團，無論就無形中的影響，還是有意避免與官方政策摩擦的角度來談，恐怕都深受文復運動的影響。此外，大學集團似乎對「全盤西化」的觀點較為保留。論者多以「傳

76　黃克武，《胡適與現代中國的理想追尋》，頁三五二至三五三。
77　李敖，〈給談中西文化的人看看病〉，頁十三。
78　林果顯，《「中華文化復興運動推行委員會」之研究（1966-1975）——統治正當性的建立與轉變》（臺北：稻香，二〇〇五），頁八〇至八一。

中國文化與中國前途

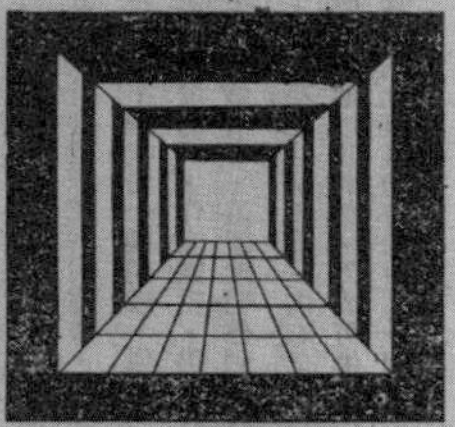

• 張曼濤 •

一

這是一個很費思考的問題，當我們面對今天大陸一個完全否定中國文化的政權，日益壯大的時候，就不禁要問，究竟社會運動的力量，是政治思想領先，還是歷史文化的力量領先？外來的政治思想可以將本土落根的文化全部否定，還是本土的文化終究可以壓制外來的政治思想？或者再進一步問，今天大陸的一切，是否已完全脫離了中國文化，抑中國文化已確無存在的價值需要否定？這些都是在談論這個問題的時候，很自然的會引發出來的一些疑問。因爲既然提出「中國文化」這個觀念來探討中國的前途，那就必定聯想到中國文化本身與當前的國家情勢，有着不可分解的關連。這關連使得我們重新對「中國文化」作一檢討，而後再面對今天的國家問題，然後才可能從此一問題推論出國家未來的前途。

討論中國文化的問題，在本世紀近半世紀以來，已經不是一個新鮮的題目，僅就這四個字所作的文章，假如有人收集的話，至少已經可以裝訂多少册專書問世。既然如此，那麼我們又何以指出這個題目來說，此卽是在此時此地談中國文化與中國前途問題必定與以往不同，以往在國家未被赤化之前，討論中國文化，那只是在西潮衝擊之下，本位文化如何自處，如何相融，或所謂中體西用，或全盤西化。那時候都只是紙上談兵，望壁搖筆，大家並未預見一個政權，以全部否定的觀點，去掉中國文化之後，才談中國文化。在去掉中國文化之後，再談中國文化，那麼這談法就必定與那望壁虛構，紙上談兵的心情完全不同了。今天我們談這個問題，不用說，是必須緊密地關連着眼前國家的命運來談，決不是單單爲文化而談文化的方式來談。十數年前臺北掀起的中西文化論戰，那又同樣是坐在中國文化的陽光下，大談中化西化，坐在中國文化還照耀的土地上，大談中化西化，這只是和吮着媽媽的奶頭，又伸手要去抓抓牛奶瓶的嬰兒行爲同樣。它既沒有什麼價值與價値，也沒有什麼必要不必要。因爲他們的談法，從不曾預想到一旦將中國文化全部抛却之後，作爲一個中國人該要如何來想想這個問題。雖然沒有中國文化薰陶的一個中國人，並不等如不是人，或不是中國人，但至少他已經不是中國這塊土地生長的中國人統 VS. 近／現代化」的概念，來取代自清末以來「傳統／中國本位 VS. 西化」的概念。描述詞彙的轉變，除一方面是七〇年代近／現代化理論在臺灣學術文化界的流行，另一方面也是藉「近／現代化」此較晚近發明、較不具國族色彩的詞彙，減緩中國本位派人士對「西化」一詞可能產生的負面觀感。

五、結語

專研近代中國史的漢學家墨子刻（Thomas Metzger），曾提出「轉化」（Transformative approach）與「調適」（Accommodative approach）的分析架構，來討論近代中國「面對西方」介入時，「非保守派／改革派」知識份子的思想類型。[79] 黃克武運用此概念，提出晚清的改革派如嚴復、梁啟超與康有為等人主張溫和漸進的革新，屬於調適型；革命派孫中山、譚嗣同等則主張改造當時「徹底失敗」的中國，成為「徹底成功」的歐美社會，屬於轉化型。[80] 而從民國初年以來，轉化型的思考，就直居於政治思想界的優勢地位。若從思想史的研究取徑切入，一九一一辛亥革命、一九四九共產革命兩階段分別標誌：(1)立憲派受挫於革命派、(2)革命派形成的國民黨又受挫於更激進的共產黨。[81] 此套分析架構，同樣適用於作為近代中國思潮的輻射區之一的戰後臺灣思想界，以下將從此視角評價本文研究所獲得結果。

根據本文一九七〇年代「改革派」知識分子思想的考察，可知：從他們對自身的定位、五四時代知識分子的評價、中國與西方文化關係的定位，都隱含一種以傳統中國文化為主體、輔以西方思潮的敘事手法。事實上，大學雜誌集團的思想光譜，與民國時期的東方本位派較為接近。該派並非如晚清的保守派完全排斥西方文化，其思想光譜較近於張之洞「中體西用論」、康梁「戊戌變法」的立場，向西方學習器物、制度、抑或意識型態，但仍以中國傳統文化為底，屬於改革派中「調適型」。[82]該派部分領導人，與胡適等主張「全盤西化」的五四健將，同樣在一九四九後隨著國民黨政府遷臺，將「後五四時代」的「中西文化論爭」延續至臺灣。若從主編群或刊物的主要言論[83]，《大學雜誌》集團可謂在繼承此民國時期東方本位派的「中西調和」的調適型思考模式。反之，《自由中國》、《文星》兩集團則繼承五四運動以來「全盤西化」的轉化型思考模式。當然，三份足以反映解嚴前臺灣第二、三波的自由主義與民主運動之發展，都屬於「改革派」的思考模式。然而，諷刺的是在過往國共兩黨所建構的「革命史觀」影響下，近年臺海兩岸打著「反威權思想」的自由主義研究者大力推崇者，仍以「轉化型」的《自由中國》、《文星》為主。屬於「調適型」思考的《大學雜誌》，基於下列三項原因：(1)因其主編群與國民黨當局改革派的關係；(2)該集團分裂後楊國樞等勢力加入「當局體制內改革」；(3)缺乏「激進改革」的思想純潔度，

79 Thomas Metzger, "Ching -shih Thought and the Societal Changes of the Late Ming and Early Ching Period: Some Preliminary Considerations," 《近世中國經世思想研討會論文集》（臺北：中研院近史所，一九八四），頁二一至三六。

80 黃克武，〈導論〉，《一個被放棄的選擇：梁啟超調適思想之研究》（臺北：中央研究院近代史研究所，二〇〇六），頁五至六。

81 黃克武，〈導論〉，頁五至六。

82 姚順良，〈五四運動以后兩次中西文化論爭的當代啟示〉，《南京社會科學》，第六期（南京，二〇〇九年六月），頁三一至四五。

83 當然，作為一個自由溝通理念的場域，三份刊物也收入不少與主編群不同理念的言論與論著。然而，若從主編群所負責的社論，以及刊物大多數的文章來看，仍可看出三分雜誌不同的思想風格。關於自由中國、文星集團與五四運動的關聯性：可參考：簡明海，〈《自由中國》五四觀的形塑與運用〉，《思與言》，第四十七卷第二期（臺北，二〇〇九年六月），頁七九至一三四。

而被不少研究戰後臺灣自由主義研究者所忽略。若吾人仔細思考，近百年來「轉化型」思考模式下，所衍生出國共兩黨的革命史觀，以及其衍生種種對現實政治、社會文化的破壞、對歷史事實與詮釋的誤導。（當然也包括受國共「轉化型」革命史觀影響而不自知，自許保有自由主義傳統的「在野純潔性」，而對在野與當局合作改革異常排斥的知識分子）。《大學雜誌》集團知識分子的「調適型」的思想「深度」與「純潔度」也許不如殷海光、李敖等轉化型知識分子，但在當今兩岸各黨派意識形態嚴重對立的現實情況下，「調適型」思想所具有的「中庸之道」或有可借鏡之處。

參考書目

《大學雜誌》，臺北：大學雜誌社，一九六八至一九八七。

Metzger, Thomas. "Ching-shih Thought and the Societal Changes of the Late Ming and Early Ching Period: Some Preliminary Considerations."《近世中國經世思想研討會論文集》，臺北：中研院近史所，一九八四，頁二一至三六。

丘為君，〈俄國的知識份子與俄國社會〉，《俄國人：知識份子的良知》（The Russians），臺北：龍田，一九七七。

布魯克（Brooker, Peter）著；王志弘、李根芳譯，《文化理論詞彙》，臺北：巨流，二〇〇四。

吳泰豪，《《大學雜誌》政治主張之研究——以1971年至1973年為中心》，臺北：國立政治大學臺灣史研究所碩士論文，二〇〇九。

李啟榮，《從多元文化主義的角度探討中華文化基本教材列為高中必選之法律爭議》，臺北：國立臺灣大學法律學研究所碩士論文，二〇一二。

李敖，〈給談中西文化的人看看病〉，《文星》，第五十二期（臺北，一九六二年二月），頁九至十七。

李筱峰，《臺灣民主運動四十年》，臺北：自立晚報出版，一九八七。

林果顯，《「中華文化復興運動推行委員會」之研究（1966-1975）——統治正當性的建立與轉變》，臺北：稻香，二〇〇五。

林照真，《臺灣科學社群四十年風雲：記錄六、七〇年代理工知識份子與《科學月刊》》，新竹：交大出版社，二〇一〇。

南方朔，〈《大學雜誌》與現代臺灣——一九七一至一九七三年的知識份子改革運動〉，《臺灣民主自由的曲折歷程：紀念雷震案三十週年學術研討會論文集》，臺北：自立晚報出版，一九九二，頁三七六至三九七。

南方朔，《自由主義的反思批判》，臺北：風雲時代出版，一九九四。

姚順良，〈五四運動以后兩次中西文化論爭的當代啟示〉，《南京社會科學》，第六期（南京，二〇〇九年六月），頁三一至四五。

韋政通，〈三十多年來知識份子追求自由民主的歷程一從《自由中國》、《文星》《大學雜誌》到黨外的民主運動〉，《臺灣地區社會變遷與文化發展》，臺北：中國論壇雜誌社，一九八五。

泰勒（Taylor, Jay）著；林添貴譯，《臺灣現代化的推手——蔣經國傳》，臺北：時報出版，二〇〇〇。

秦鳳英，《知識菁英對威權體制民主化之影響研究——臺灣「大學雜誌」個案分析》，臺北：國立臺灣師範大學公民訓育研究所碩士論文，一九九二。

張裕亮，《文星雜誌有關中西文化論戰問題之言論分析——並論近代思相史關於中西文化問題之言論》，臺北：國立政治大學新聞研究所碩士論文，一九八五。

陳正然，《臺灣五〇年代知識份子的文化運動——以「文星」為例》，臺北：國立臺灣大學社會學研究所碩士論文，一九八四。

陳芳明，〈臺灣自治思潮與二二八事件〉，《二二八事件學術論文集》，臺北：前衛，一九九二，頁六七至一〇四。

陳國祥，〈從文化觀點談知識份子——訪葉啟政教授〉，《仙人掌雜誌》，第一卷第四期（臺北，一九七七年六月），頁一一七至一三〇。

陳鼓應，〈七十年代以來臺灣新生一代的改革運動（上）〉，《中報月刊》，第二十八期（香港，一九八二年五月）。

陳儀深，〈再探二二八事件處理委員會——關於其政治立場與角色功能的評估〉，《二二八事件研究論文集》，臺北：吳三連基金會，一九九八，頁一五三至一六八。

陳儀深，〈再探二二八事件處理委員會——關於其政治立場與角色功能的評估〉，《二二八事件研究論文集》，臺北：吳三連基金會，一九九八，頁一五三至一六八。

黃克武，〈一位「保守的自由主義者」：胡適與《文星》雜誌〉，《胡適與現代中國的理想追尋》，臺北：中研院社會所，二〇一三。

黃克武，《一個被放棄的選擇：梁啟超調適思想之研究》，臺北：中央研究院近代史研究所，二〇〇六。

劉姝言，《民主的公民教育再臺灣實施困境之研究——論高中公民課程與國文科「中國文化基本教材」之倫理價值衝突》，臺北：國立臺灣師範大學教育學系博士論文，二〇〇六。

蕭阿勤，《回歸現實：臺灣 1970 年代的戰後世代與文化政治變遷》，臺北：中研院社會所，二〇〇八。

應鳳凰，〈《自由中國》《文友通訊》作家群與五十年代臺灣文學史〉，《臺灣文學》，第二十六期（臺北，一九九八年四月），頁二三六至二六九。

薛化元，〈從反共救國會議到陽明山會談（1949-1961）：對朝野互動的一個考察〉，《法政學報》，第七期（臺北，一九九七年一月），頁四九至八二。

薛化元，《在野思想的初探（1949-1969）：戰後臺灣思想史的一些考察》，臺北：稻鄉，一九九七。

薛化元、楊秀菁，〈強人威權體制的建構與轉變（1949-1992）〉，《「人權理論與歷史」國際學術研討會論文集》，臺北：國史館，二〇〇四。

薛化元等，《戰後臺灣人權史》，臺北：國家人權紀念館，二〇〇三。

簡明海，〈《自由中國》五四觀的形塑與運用〉，《思與言》，第四十七卷第二期（臺北，二〇〇九年六月），頁七九至一三四。

薩伊德（Said, Edward W.）著；單德興譯，《知識份子論》，臺北：麥田，二〇〇四。

《大學雜誌》與國民黨的文化政策之分析

國立政治大學臺灣史研究所碩士生　林威君

一、前言

一九七一年元月發刊的《大學雜誌》第三十七期，以「慶祝開國六十週年慶，大學雜誌三週年紀念」為標題，展開了與三年前創刊以來迥然相異的內容刊載形式，脫離了所謂的「無害的初創期」，而朝政論性雜誌轉向，並表現出對政治現況的高度關懷及迫切希望改革的心理。[1]

這份雜誌之所以會在這個時間點出現的時代背景，首先是當時統治臺灣的國民黨政權面臨了其所依存的外部正統性之來源——美國，尼克森政府自一九六九年起做出一連串動作，使得國民黨政權在國際上代表中國的基礎開始動搖，這樣的變動則造成臺灣內部的極大不安，進而讓內部正統性的鞏固成了必須迫切面對的問題。[2]在國際情況對國民黨逐漸轉趨不利的同時，政權內部也開始進行權力世代轉移的動作，而此次的權力轉移對象則是一九六九年六月起，開始擔任行政院副院長的蔣經國。關於《大學雜誌》與蔣經國之間的互動，以及彼此間的權力關係，會在之後的章節做進一步的討論。

1 南方朔（王杏慶）著，《自由主義的反思批判》（臺北：風雲時代，一九九四），頁一四〇。

2 若林正丈著；許佩賢、洪金珠譯，《臺灣：分裂國家與民主化》（臺北：新自然主義，二〇〇九），頁三八至四〇。

大學雜誌

第六十年一月份　第三十七期

目錄

慶祝開國六十週年暨 大學雜誌三週年紀念

知識與社會

一些以《大學雜誌》為主題的前行研究中，較注重的研究方向都和政治主張的層面有關，例如秦鳳英的碩論〈知識菁英對威權體制民主化之影響研究——臺灣「大學雜誌」個案分析〉，即關注《大學雜誌》知識分子的言論與民主化訴求，對臺灣民主化的推展有哪些影響。[3] 吳泰豪的碩論〈《大學雜誌》政治主張之研究——以 1971 年至 1973 年為中心〉則注重政治主張方面的研究。[4] 另外還有專門討論臺大哲學系事件的碩論及多篇期刊論文。

立基於這些政治面的前行研究的分析基礎上，筆者則注意到《大學雜誌》中對文化層面所發表的言論，與國民黨的文化政策和蔣經國之間，有著微妙的互動關係。因此，筆者在此欲提問，何以在國民黨文化政策所推行的代表運動——中華文化復興運動強力推行之時，《大學雜誌》諸多與國民黨官方文化思想格格不入的言論得以刊載？《大學雜誌》的言論與國民黨官方又有哪些異同？這樣的異同顯示了什麼意義？又，《大學雜誌》對蔣經國在文化政策上的可能影響有哪些？以上則為本文所欲解決的問題。

3　秦鳳英，《知識菁英對威權體制民主化之影響研究——臺灣「大學雜誌」個案分析》（臺北：國立臺灣師範大學公民訓育研究所碩士論文，一九九一）。

4　吳泰豪，《《大學雜誌》政治主張之研究——以 1971 年至 1973 年為中心》（臺北：國立政治大學臺灣史研究所碩士論文，二〇〇八）。

二、《大學雜誌》與中華文化復興運動

（一）《大學雜誌》對「文化復興」的認識

《大學雜誌》於一九七〇年底改組後，在一九七一年元月發行的「慶祝開國六十週年慶，大學雜誌三週年紀念」特刊中，表達出了對中華民國現狀改革的期盼，以及多位編輯人在紀念文章中紛紛表達對改革的各種見解與看法。在總計共六篇的三週年紀念文章中，包含了對臺灣經濟發展的問題、青年對政治的參與度、人才拔用與學術自由的討論，另有兩篇係針對政府正在推行當中的中華文化復興運動發表了看法：

假如我的了解不錯的話，「文化復興」在本質上應該有「文化再興起來」的意思。再興起來，總不致於和從前一模一樣，多少有點「創新」的成份在內……我們看到中華文化復興運動推行委員會的機關刊物「中華文化復興月刊」的英譯用了Chinese Cultural Renaissance Monthly這個名稱，更堅信「文化復興」一詞必然具有若干「創新」的意思與精神，而不是復原，復舊或復古……我們的傳統文化中有許多善意的觀念是可以發展的，但不能只於保存。我們有意強調某一種文化特質時，也必須慎重考慮目前的生活環境。[5]

從文中可看出其對中華文化復興運動的認識在於文化再興與創新，其實亦契合了該雜誌的立場，一是對僵化的政治現況抱以改革與換新的期待，二是改革與創新「必須慎重考慮目前的生活環境」，即改革的

方向必須符合臺灣社會內部發展的真實情況。

因此，在第二篇文章中，便以積極的態勢對該運動做了探討，並拋出五個問題進行討論：

> 第一個問題自然是復興些什麼？……我以為我們首先該做的是像清查一個大倉庫似地把中國傳統文化做一番詳細的清點和整理。然後選擇其中合於現代社會的按其重要性逐步恢復。第二個問題是如何在復興的過程中創新？……現在的中國，由於工業化與西化的結果，社會制度起了根本的變化，同時西方文化的影響深入到生活的每一個部分。如何把中國固有文化給予新的意義使其能適應現代工業社會，又如何把西方文化與中國文化融為一體，我以為是文化復興中的最重要的課題。第三個問題是如何把原屬於士大夫的文化普及於社會大眾？……今天我們推行的文化復興運動，同時牽涉到復興與大眾化兩個問題。……第四個問題是如何在社會普遍的崇洋心理下復興傳統文化？第五個問題是在現行的西方教育制度中如何能有效地復興傳統文化，復興了之後又如何延續下去？[6]

若對此篇文章進行分析，可見其係站在肯定中華民族的傳統文化的角度，期許中國傳統文化的復興與創新，但因為客觀環境的變遷，必須要合乎社會現況的需求為前提來決定選擇復興的內容，其中又牽涉到工業化與西化影響社會甚鉅的問題，故尚須解決國內普遍崇洋（以美國文化為主的西洋文化）、中西文

5 文崇一，〈文化復興與創新〉，《大學雜誌》，第三十七期（臺北，一九七一年一月），頁十三至十四。

6 喬健，〈復興傳統文化的幾個問題〉，《大學雜誌》，第三十七期（臺北，一九七一年一月），頁十五至十六。

化如何調和的問題，最後甚至對現行西方教育體制能否順利復興中國傳統文化一事表達疑問。亦即主動地將文復運動應該前進的方向，定位為中國傳統文化與現代社會／社會現況的連續性之關係，使中國傳統文化的復興離不開配合社會現況需求的目的。如何闡述與挑選傳統文化雖然是政府的職責，但希望薪火相傳「書生論政」傳統的《大學雜誌》編輯群，在有關中華文化復興運動所牽涉到的諸多面相的政策中，亦秉持著改革與創新的立場而發表了不少看法。

但是，若仔細分析《大學雜誌》中多篇對文化政策的改革論述，則不難發現該雜誌所主張的論述，是與當時國民黨官方的文化政策論述和看法是互有摩擦甚至理念相背馳的。關於這點，正是筆者接下來所欲探討的問題：《大學雜誌》所認識的中華文化復興運動，到底與官方有何不同？是哪些認識上的差異導致論述摩擦的出現？若釐清這一點，則可更加了解《大學雜誌》與國民黨的互動關係。

（二）國民黨此階段的主流文化政策「中華文化復興運動」的實相

一九六六年十一月十二日，為紀念國父孫中山一百又一年誕辰而建成的中山樓中華文化堂的落成典禮上，蔣介石所發表的講詞〈中山樓中華文化堂落成紀念文〉，被視為中華文化復興運動的基本精神之起源，該講詞中說道：

> 我中華民族文化，垂二千五百有餘歲，至孔子使極其大成……而此堯、舜、禹、湯、文、武、周公、孔子聖聖相傳之道統，屢為邪說誣民者所毀傷……幸我　國父誕生，乃有三民主義之發明，

> 而道統文化，又一次集其「充實而有光輝之謂大，大而化之謂聖」之大成。此不惟使我中華民族，於長夜漫漫中，啟明復旦，一使人類履道坦坦，共躋於三民主義之新時代也。[7]

該講詞開宗明義地表示，中華民族文化的傳承脈絡為「堯、舜、禹、湯、文、武、周公、孔子、國父孫中山」，而國父用以維繫中華民族傳統文化之內容者，則為其所發明的三民主義，並表示國父及其三民主義即是中華民族傳統文化的道統。

蔣介石的該篇講詞，除了是紀念中山樓中華文化堂的落成外，亦對應到當時國民黨「反共復國」的基本國策。自國民黨於內戰敗退，喪失中國大陸地區的實際統治權之後，除了不斷申述「一個中國」的政治原則，並以中央民意代表不變動的方式維持「法統」的存續外，更在中華民族文化的傳承上，以所謂的「道統」自居。適逢當時中國大陸於同年五月開始發起的文化大革命，相對於中國共產黨方面對中華文化的毀棄，以及大陸地區的人民所遭遇的災難性動盪，國民黨以訴諸民族精神的反共復國呼籲作為精神動員，並以「復興基地之臺灣省……發揚我中華民族文化使民富且壽之式範」，一方面強化自身為道統的形象，並以臺灣的安定富庶與文化復興作為反差對比，企求「倫理、民主、科學三民主義之福祉，均霑於大陸全體之同胞，一如今日自由基地之臺灣者然」。[8]在經過數個月的動員與準備後，中華文化復興運動推行委員會於一九六七年七月二十八日正式成立，正式展開了戰後臺灣最大規模的文化運動。

7 蔣介石，〈中山樓中華文化堂落成紀念文〉，《中華文化復興月刊》，第一卷第一期（臺北，一九六八年三月），頁三。
8 蔣介石，〈中山樓中華文化堂落成紀念文〉，頁三。

根據日人學者菅野敦志的研究指出，擔任文復運動之推行機構的文復會，在組織方面有兩個特色，第一是會長由總統兼任；第二是該組織具有「政府機關與民間團體相互結合的社會運動機構」的性質，雖是民間機構之組織，但組成要員幾乎為國民黨的主要幹部，且這些人在各個黨政機關亦擔任要職。這個特殊的情況使得文復會不僅握有超越一般社會團體所具有的權力，甚至在部分意義上成為超越政府機關的存在，而成為支持蔣介石個人權威的特權組織。[9]正因為文復會具有這樣特殊的性質，故該會所推行的文復運動的內容，更加能體現當時國民黨官方的文化政策之想法。

再者，根據林果顯的分析指出，該運動所提倡的「中華文化」，並非傳統遺產的全部接受，而是「以倫理、民主、科學為本質」的文化建設，所要闡揚的是官方所謂的「優良傳統文化」。而這樣經過篩選的「中華文化」，在倫理、民主、科學的架構下納入三民主義的範疇，並以「討毛反共」為目的。[10]在這樣的思考脈絡之下，國民黨所選擇、整編的中華文化便有了積極性、實用性與政治目的。其中透過對「國字號」文化的建構、對臺灣文化的收編，以及對媒體的管制以利其宣傳等手段，意圖使由上而下推行貫徹的文化政策朝向一元化收束。

在透過諸多推行方式的運作下，國民黨的文化政策理念深入教育、家庭倫理、學術研究、宣傳媒體與生活規範等諸多方面。國民黨積極掌握文化詮釋權的態勢，及其所推行的中華文化復興運動，則與將文復運動之重點擺在改革與創新的《大學雜誌》產生了視點上的差異。

接下來筆者將分析《大學雜誌》中牽涉到官方文復運動視點的異同進行分析與討論，並試著拋出問題：在國民黨官方積極推動中華文化復興運動，並對文化詮釋權進行收束的同時，作為當時輿論界代表的《大學雜誌》所拋出的回應具有什麼樣的意義？

（三）《大學雜誌》與官方文化政策論述的異同之分析

根據第四十六期的〈國是諍言〉所提到的，其認為國家的危機在於內部問題，故訴求治理階層的革新、經濟建設的加強、法治政治的確立，以及多元價值的開放社會。這篇文章在建國六十週年時，由編輯群聯合執筆提出，被認為是該雜誌主張的具體的總結呈現。[11]

這些主張在第四十九期的〈國是九論〉更進一步被整體探討，並將討論議題分為：基本人權、人事與制度、外交、經濟發展方向、農業與農民、社會福利、地方政治，以及青年與政治等九項。[12]雖然在這些大題項中，《大學雜誌》並未將國民黨的文化政策單獨提出討論，但根據筆者的觀察，在討論到像是民族精神、五四運動、國家與個人、文化復興的目的等方面的問題時，對比於當時文復運動推行的精神、主張與手段，則可發現該雜誌與官方在觀點上的差異。以下即針對《大學雜誌》中，散見於各篇中

9 菅野敦志，《臺湾の国家と文化：「脱日本化」・「中国化」・「本土化」》（東京：勁草書房，二〇一一），頁二三二至二三八。

10 林果顯，《「中華文化復興運動推行委員會」之研究（1966-1975）——統治正當性的建立與轉變》（臺北：稻鄉，二〇〇五），頁一三一至一三二。

11 張景涵（張俊宏）等，〈國是諍言〉，《大學雜誌》，第四十六期（臺北，一九七一年十月），頁一至十二。

12 王文興等，〈國是九論〉，《大學雜誌》，第四十九期（臺北，一九七二年一月），頁七至四三。

建國六十週年紀念

國是諍言

張景涵　高準　陳鼓應　許仁真　包青天
楊國樞　丘宏達　呂俊甫　吳大中　金神保
孫震　陳少廷　張尚德　張紹文　蘇俊雄

前言：危機與自強之道

在中國人的習慣上，無論是個人或國家，到了六十生日都要大大地慶祝一番。孔子說：「六十而耳順」。「耳順」的意義，乃在於心智的成熟已能採聽逆意的言論，心量的開曠已能涵容逆己的意見。對於人來說，最好的祝壽詞是美言一番，使壽星得到情緒上的快慰；對於國家來說，最好的祝賀詞是提出理智的批評建議，以供政府作爲改進大衆事務的參考。

我們都是在此地成長的一輩青年（雖然彼此的省籍不盡同），此地的命運決定我們個人的前途。基於此，我們有權利來爲自己的生存命運發言。

首先，我們應該看清楚自己。處在國際間只講求權勢的時代，以國力而論，我們只是三等的國家。在不久的未來，假若國際間的態勢有極不利的情況發生的話，我們所面臨的危機將是如何尋求自保的問題。因而，目前所應努力的事，便是自保圖強。

同時，不必因爲我們是個三等的國家而自餒，要緊的是我們要如何站得起挺得硬。做一個人，要做得讓人看得起；一個國家的存在，也要使它讓人有一份尊敬感。世界上有許多小國，因着它們在某方面有特殊的表現與成就而贏得世人的敬慕。例如瑞士的輕工業技藝，瑞典的社會福利，新加坡的行政效率，以色列的生存意志……。它們的表現與成就令人刮目相看。今後，圖強當是我們要努力的一個大目標；促進政治的清明，提高文化的水準，培養學術的成就，加強經濟的發展，以我們的成就與表現，爽朗地站在世界上。

我們不必爲目前能力所不能達到的事投擲過多的時間與心思，實現中國的統一是我們最大的理想與奮鬥的目標，然而目前我們所急切要做的是：如何把台灣搞好。我們必須把一個小地方搞好，然後才能搞好一個大三百倍的地方。因而，如何把臺灣建設成一個可讓中國人嚮往的樂土，這是大家目前所可以做，而且應以全部精力作投注的大目標—建立一個開放的社會，使政風清廉，行政效率提高，人民的衣食住行育樂得到充分的照顧，這些都是大家今後應當全力以赴而求其實現的方向。如果能把臺灣建成一個樂土，而成爲世界各地的中國人都嚮往的地方，那末對於大陸的人民自然形成一股莫大的向心力。如果不圖自強，我們對大陸就永遠只能情緒上的擁有，甚至於我們將無以自存！

眼前，外交問題成爲舉國一致議論和憂慮的焦點。由於外交上的失利，使國人的信心普遍地發生動搖。二十年來我們在內部問題上不够面對現實，因對當時官方文化政策之看法進行分析，並分為：對民族精神的認知，以及國家控制身體的意圖與自由主義精神的強調兩個部分來討論。

(1) 對回復民族精神的理念差異

為對抗中共的共產主義與毀棄傳統的行為，國民黨訴諸民族大義，把自身打造成中華民族的傳承者，並將蔣介石喻為民族的救星，企圖以民族精神之動員，培養具備良好民族人格的國人，以進行反攻復國的大業。為達到這個目的，國民黨將濃厚的道德觀念導入其所推行的諸多政策之中。其中，國民黨尤其著重教育對於灌輸民族精神的重要性。易言之，國民黨所訴諸的民族精神有其時代背景的政治意涵，並且在「中華民族傳統文化—國父的三民主義—蔣介石」的道統脈絡下，使蔣介石成為中華民族的指標，並透過掌握文化詮釋權的國民黨，打造國民黨式中華民族主義的內容，領袖與黨於是成了民族精神不可缺乏的基本要素。

在《大學雜誌》的多篇文章中，可看出他們正面肯定民族精神之回復對於振興中華民國國力的重要性。如刊載於第四三期的〈日本藪內清博士對中國科技史的研究和貢獻〉中談到英人學者 Joseph Needham 的著作《中國科學技術史》一書之出版，打破了國內學者所認為的，中國歷史上未曾產生過科學的觀念，也顛覆了中國在科學上始終不如西方的觀念，並「為我國的文化史上，帶來了更充實更光輝的一章」。[13] 乘著 Joseph Needham 一書被翻譯出版的熱潮，《大學雜誌》亦開始注重於中國史上在科學

13 張曼濤，〈日本藪內清博士對中國科技史的研究和貢獻〉，《大學雜誌》，第四十三期（臺北，一九七一年七月），頁四三至四四。

國內	本期零售	半年 普通訂戶	半年 學生訂戶	全年 普通訂戶	全年 學生訂戶
NT$	12元	56元	42元	98元	78元

國外	零售	半年 平郵	半年 航空	全年 平郵	全年 航空
HK$	2.5元	12元	15元	20元	25元
US$	0.6元	4元	7元	6元	13元

大學雜誌 THE INTELLECTUAL

發行人：張育宏　名譽社長：丘宏達
社長：陳少廷　總經理：陳達弘
總編輯：楊國樞
編委：金神保（本期輪值主編）　丘宏達　呂俊甫　陳少廷　林抱石　陳鼓應　莊喆　尉天驄　張俊宏　孫震　劉文潭　蘇俊雄
執行編輯：何步正　鄭臻　邱立本
域外集主編：張系國
出版者：大學雜誌社　臺北郵政信箱58487號
社址：臺北市光復南路346巷55號　電話：771827
總代理：環宇出版社　臺北郵政信箱58487號
印刷者：立强印刷廠臺北市東園街101巷100弄6號
電話：376011
登記證：內版臺誌字2511號
中華郵政第一類新聞紙登記第2392號

國外訂戶請用支票、美金或滙票(抬頭：環宇出版社)．國內訂戶請用郵撥14714環宇出版社

稿約

一　我們最歡迎有關社會、政治等問題的分析、探討和評論性的文字，這一類的稿件，下筆請儘量自我約束，免作人身攻擊；同時，爲了達成建設性的目的，最好不要使人看了老羞成怒，以免反而影響效果。

二　歡迎有關中國固有文化的闡述、整理和新解釋，以及各種科學新知的介紹，這一方面的文字應儘量求其通俗化；需要高深學識做基礎才能看懂的文章，並不適合我們的需要。

三　我們也很歡迎短評一類的稿件，日常生活所見所聞，一鱗半爪的感想，只要言之有物，都可以優先刊登。

四　本刊文責由作者自負，爲表示光明磊落，來稿請署眞名，但發表時得用筆名。爲求愼重，大學論壇的文章皆用本名或慣用的別號。

五　我們也非常歡迎「來信欄」的稿件，對於任何一篇文章，不管順不順眼，都可儘量發表你簡短的看法，甚至對本刊的任何批評，我們都樂於刊登。

六　截稿日期是每月五號，有時效性或適合當月專題的稿件，尤其請您把握時間。

七　文字希望都用白話文或語體文，並且儘量求其流暢。

八　一般稿件的字數原則上應在六千字左右，但特別的稿件不在此限。

九　我們有改文章的習慣，因此假如文章不願被刪動的話，請在稿件上註明。此外，需要退稿的，也請說明，能附回件郵資，當然更好。

大學雜誌編輯部

方面的成就，並在同一篇文章中介紹日人學者藪內清對中國科技史的研究與貢獻。此外，《大學雜誌》也在其徵稿啟示中徵求「有關中國固有文化的闡述、整理和新解釋，以及各種科學新知的介紹」，企圖以重新解釋中國固有文化的方式，特別是在科學新知的部份，來加強國人的民族自信。[14]

關於 Joseph Needham 的《中國科技技術史》一書之所以能在臺灣引起迴響，係中華文化復興運動推行綱要之一的「古典名著的整理與出版」的成果之一。在這項工作之中，文復會下設由陳立夫所指導的《中國的科學與文明》翻譯委員會，並讓該書的翻譯本於一九六九年出版。之所以選擇該書作為文復會的出版品，其中具有恢復民族自信的強烈訴求，目的是要讓國人知道中國史上的科技成就，以及中華民族善於吸收融會外來的文化，使自身更加博大精深而具有多元性與先進性。

由上述的分析可以得知，欲透過科學技術的層面，也就是被認為代表先進、現代性的事物上，來加強民族自信的回復的部份，國民黨官方與《大學雜誌》具有一致的看法。但是國民黨對於整個提倡民族精神的訴求，主要仍是注重在以領袖為依歸的道德訴求，與《大學雜誌》裡所討論的知識分子的自覺、五四運動的歷史脈絡就有著觀點上的差異。

《大學雜誌》第四十八期討論五四運動的文章〈五四運動告訴我們什麼？〉中，將重點放在知識分子的自覺，及其在該運動中的重要性，並對五四運動把中國傳統批評得過於猛烈，且知識分子對於中國

Joseph Needham 該著作的原名為"Science and Civilization in China"，或又翻成《中國的科學與文明》。

14 大學雜誌編輯部，〈稿約〉，《大學雜誌》，第四十四期（臺北，一九七一年八月），版權頁。

文化只有自我否定的說法做了辯護，表示相較於當時的社會氛圍，國人的「守舊惰性如此之大，若無激烈的批評，很難引起必要的改變」。也就是說，該文認為當時的知識分子之所以猛烈地批評中國傳統，係出自積極的愛國心，希望中國也能像自身一樣，自我批判反省而覺醒。文章最後並將五四運動的精神與現代做了一個連結，總結五四運動告訴了時人：

（一）救國和改革運動不能等著政府、政黨、或其他集團來發動，青年知識份子可能有先見，看清問題，應盡他們的特殊使命。（二）中國問題對外要具體底抵抗侵略，不可放棄主權和人民的權利；同時要做深入普遍的自我改革，促進中國現代化，尤其是中國人的現代化，不斷地進步。……最後，希望大家在紀念「五四運動」時，應特別想到中國留學生對中國問題和中國人應盡的責任。[15]

這篇文章直接肯定了五四運動的精神，並為五四運動中被認為具過度破壞性的地方進行了辯護，又將五四的精神與當代的知識分子做了連結，強調知識分子在一個國家中擔負救國與改革的重要使命。同時企求政府對自身做深入的改革，且要推動國家的現代化，以及重視現代工業國家發展下，人民素質是否跟得上現代化的腳步。

對於這樣的訴求，也見於同期的另一篇文章〈五四和我們這一代知識份子〉。這篇文章則進一步討論五四精神與知識分子的關係，以及有必要重新思考逐漸失落的五四精神，共創一個新的愛國精神。文中並分析了五四精神的逐漸喪失的原因：

> 一些政治和社會的勢力……由於對「五四」精神的誤解，認為它以不利於政府為目的……或將「五四」精神中的個人主義當做社會群體進步的阻力而將它壓制或拔除……其次，在中國有一個普遍的壓制自由的趨勢存在，長期的戰爭以及十幾年來始終不斷地維持備戰的狀態，給予政治勢力種種藉口來控制知識分子的自由。第三點是在教育上給予「五四」精神的摧殘。[16]

這篇文章更清楚地闡述了《大學雜誌》所欲連結的五四運動的精神，受到哪些勢力與方式的壓制，另外也透露了一些建議：委婉地表示政府不應該誤解五四精神，五四並非以不利於政府為目的；政府也應肯定個人主義精神；戰時體制的特殊狀態下對知識分子的不當箝制；八股教育對青年的自由、獨立、自尊、自重的精神的危害。

相較於《大學雜誌》認為五四運動係基於熱愛自身民族而產生的積極性愛國運動，國民黨方面則認為五四運動導致了國人民族自信的喪失，文復會的成立大會上，時任副會長的孫科就對五四運動的進取性展開了強烈的批判。[17] 雙方之所以對五四運動的認知有如此大的差距，原因除了自一九一〇年代五四運動以來環繞在西洋文化與傳統文化相剋的爭論，向來是擁護傳統文化且保守色彩濃厚的國民黨所頭痛的問題之外，與國民黨企求的民族精神的回復手段與目的有所不同。

15　周策縱，〈五四運動告訴我們什麼?〉，《大學雜誌》，第四十八期（臺北，一九七一年十一月），頁六七至七〇。

16　張春樹，〈五四和我們這一代知識份子〉，《大學雜誌》，第四十八期（臺北，一九七一年十一月），頁七一至七二。

17　《中華文化復興運動推行委員會發起人暨成立大會速記錄》，一九六七年七月二十八日。轉引自菅野敦志，《臺湾の国家と文化》，頁二四九至二五一。

這個問題牽涉到整個文復運動的性質，以及國民黨所欲塑造的文化面貌有關。文復運動係國民黨戰後在臺灣舉行的最大規模的文化運動，同時具有一元化的性質。官方以傳統的儒家思想為基礎，強調倫理道德之涵養的「文化復興」為文化政策推進的內容，這樣的對倫理道德的要求，其中也指向對領袖的效忠與服從。因此，關於民族精神的回復，對官方而言，也必須擺在這條思考脈絡下來進行。官方講求由上而下的控制，但知識分子卻講求自覺精神，也就是為何重視五四精神之傳承的《大學雜誌》知識分子，會與官方的論點顯得格外衝突之故。

(2)　國家控制身體的意圖與自由主義精神的強調

承續上部的討論，官方欲使文化朝向一元化推進時，勢必會與站在自由主義立場的知識分子在許多論點上產生摩擦。例如在對教育現況的討論方面，由於教育被國民黨視為推動民族精神教育最佳的途徑，故作為文復運動重要成果之一的九年國教政策，在短短不到一年的籌備時間下就於一九六八年開始實施。根據菅野敦志的研究指出，特別需要提出討論的部份為國民教育在延長之際，原本的「公民」科目名稱，在小學改稱「生活與倫理」，中學則改為「公民與道德」，且這兩科的比重比其他的課程更為重要，亦即國民教育的延長，具有促使國語教育、史地教育、以及作為儒家倫理支柱的倫理教育（民族教育），更加徹底地實施的企圖。[18]

但是這樣的民族教育的理念，卻產生了許多執行上的困難。《大學雜誌》中即有多篇討論教育問題的文章，除了對政府的教育內容提出改革建議外，亦對許多實務面提出建議。其中與國民黨的政策理念有較大出入的地方，如第四八期由時任國中校長一職的鍾彬聶所投稿的〈國中教育實際問題〉一文，就對九年國教提出了數點需要檢討的地方：教材的適用性、師資、學生程度落差大、學生的升學就業輔導、惡性補習與訓導問題。可見官方欲以國語、歷史及地理教育作為培養深具中華民族精神的國人的樂觀期待，在實際教學上因為皆為統一的單一版本，而產生了教材對不同程度的學生是否適用的問題，且匆促頒佈九年國教的後果，則面臨了師資不足、學生的升學就業輔導、惡性補習與訓導等問題。在推動具理想性的教育政策大綱時，面臨了理想與現實的差距之問題，也是政府必須面對的可能後果之一，《大學雜誌》的文章中則可見到為數不少的對教育實際面產生的問題的討論。

另外，在對所謂的標準本教材的批判中，更可明顯看出該雜誌反對官方對國文、公民和中國史地不肯鬆綁的態度，第四十三期〈與張仁青先生談高中國文教育改良之道〉中就提到，教育局認為這三個科目是「民發固有文化，用坊間所編的課本，難免在思想上有偏差」，該文反駁教育局的此點論調，並表示這是「污衊學者的話」。[19] 在五十一、五十二合刊的〈論一般學生國文程度低落的原因與補救的方法〉，也對國文教材「內容偏重歷史、哲理、典章、頌讚、道德諸項目之灌輸，格調過於刻板、單調、枯燥而又乏味」提出批判。[20]

18 菅野敦志，《臺湾の国家と文化》，頁二四二至二四三。

19 金恆煒，〈與張仁青先生談高中國文教育改良之道〉，《大學雜誌》，第四十三期（臺北，一九七一年七月），頁五二。

20 賀志堅，〈論一般學生國文程度低落的原因與補救的方法〉，《大學雜誌》，五十一、五十二合刊本（臺北，一九七二年四月），頁四四至四五。

與張仁靑先生談高中國文教學改良之道

金恒煒

閱畢本刊第三十九期張仁靑先生大作「高中國文教學改良芻議」一文（下稱張文）後，對張先生提倡國父教學之不遺餘力，感佩非常，而張先生之愛國心，更叫人欣服。然而，張文仍有許多値得商榷的地方，基於眞理愈辯愈明，筆者不揣冒昧，提出一得之愚，以就正於張先生。

張文共有五部分，除〔一、前言〕〔五、結論〕外，張文主要的立論有三部分。就中〔二、今日高中學生國文程度低落之事實〕，因張先生「從事大、中學校國文教學（也）歷時七年」，所舉之例當有事實根據，茲不多贅。而〔三、今日高中學生國文程度低落之原因〕，張先生條分縷析，卓見甚多，但似乎沒有窮盡，且遺漏了最重要的一點：即忽視了一點也不標準的所謂「中學標準教科書」所造成的惡果（詳見下文）。再者，張文最重要的但也是最大錯誤所在之〔四、高中國文教學改良之道〕，筆者覺得不可緘默，這亦是本文特別揭出來要請教張先生及一切關心中等教育的專家學者們。

張文第四部分各有五小節。茲一一解析

㈠第一小節之標題是寄望於教育當局者：張文於此共有八點建議，爲清眉目起見，筆者把每一建議張文所用之國字用阿拉伯數字來標明。

㈠張文首先建議的是「改編高中國文教科書」以爲：「現行標準國文教科書不盡適用於今日」，故主張：「教育部宜聘請學者專家博採衆議……予以改編」，在改編之後，對「現行高職國文教科書失之過濫，應一律採用編後的高中國文教科書，既可齊一職業學校學生的水準，又可以杜絕若干私立職校乘機斂財。」云云。

按：這實在大錯特錯。五十八年十一八月日大衆日報副刊的短評「標準本可以休矣！」一文中，作者（蕭林先生）對現行「標準本」之不當有極精闢的見解，蕭林先生指出：「中等學校學生國文水準之低落，是有了所謂標準本以後的事。」接著蕭林先生又解釋說：「有了標準本之後，大專聯考之國文試題，必須在標準本六冊內出題，根據標準本後面的註解作爲評定分數的標準。」結果造成：「今天高中三個學年的國文，不是眞正讀國文，只是在準備爭取大專聯考的入學分數罷了。所以今日中等學校的國文教學，最重要的是背。背熟了就能考得好，……意思不懂，也一樣能考滿分。」蕭林先生繼續指出：「規定國文，公民及中國史地（按：當爲中外史地）必須採用標準本，是四十三、四年間劉眞作教育廳長時所開始。我認爲這件事除了讓臺灣書局壟斷了四種（按：當爲八種，另有中國文化史及人文地理）課本市場之外，沒有其他任何理由。「蕭林先生又把教育當局提出的編定標準本之理由加以駁斥：「當時似乎提出了兩種不成理由的理由：他們所提的第一點理由，是爲了減輕學生課業上的負擔；說是在一定範圍內出題，可以減輕學生對國文的負擔。但事實上，死啃六本高中國文，比正規讀國文更難，簡直是對學生的一種精神虐待。同是語文的英文，可以自由選擇課本，是正規的使語學提高，讀起來比國文輕鬆。高中畢業的學生，選一篇差不多水準的英文給學生解讀，他可以靠翻辭典讀得通。國文就不能了。他們所提的第二點理由是認爲國文、公民和中國史地是民發固有文化，用坊間所編的課本，難免在思想上有偏差。這更是汚衊學者的話，我翻遍正中、中華、商務、開明、復興等書局發行的高中國文課本，找不到這樣的論調衝突，不只展現在教育層面，事實上官方對一元化文化的塑造，遍及思想、教育與學術，乃至於人民的日常生活的規範。文復會制定的《國民生活須知》與《國民禮儀範例》，則企圖用德性的規範來塑造理想的國民。根據林果顯的研究指出，這兩本小冊子的內容，有著濃厚的秩序訊息，以及長幼尊卑與嚴格克己的精神，而這樣的要求，背後所投射的其實是一個紀律嚴明的國家。而所有國民一切生活的方向與節奏將由國家掌握，在動員戡亂時期是一個近乎戰時的訴求。另外，不論國民的接受程度為何，就其所留存的意義而言，是再次強化人民擁護政府與領袖的信念。[21]

文復運動本著其基本精神意涵，展現國家對於控制國民身體的強烈意圖。因此，即便《大學雜誌》的知識分子站在「革新保臺」的角度擁護國民黨政權及其道統，因為這些知識分子的自由主義色彩，不免在許多以「個人」為出發點的文章，與以「國家、領袖」為依歸的國民黨論述，產生極大的不協調感。在這樣的情況下，對於《大學雜誌》的知識分子支持國民黨道統的這一說法，甚至是有很大的討論空間的。

三、蔣經國的本土化意向與《大學雜誌》

承繼上一個小節的討論，可知《大學雜誌》與當時國民黨文化政策的觀點有著許多視點上的差異，

21 林果顯，《「中華文化復興運動推行委員會」之研究（1966-1975）——統治正當性的建立與轉變》，頁一五五至一五七、一六八。

而這樣的一份政論性雜誌，之所以能夠順利地出版，則與時任行政院副院長的蔣經國有著極其密切的關係。這部份的論點，在一些先行研究中便已有深入的探討。[22]大致上來說，由於蔣經國在此時期面臨權力轉移的境況，故以革新的姿態出現，鼓勵年輕人發言，所以催生出了改組後的《大學雜誌》的誕生，而在這個過程之中，國民黨的要員如中央黨部第四組主任陳裕清、第六組主任徐晴嵐、第五組副主任鄭森棨、救國團主任李煥也經常與之接觸，蔣經國也很重視這份雜誌，在決策與觀念上，是有受一定程度的影響的。[23]因此可以說，是因為蔣經國的授意與認可，這場「權者與智者的對話」才能以《大學雜誌》為平臺而出現。[24]

在這樣的互動中，又帶有《大學雜誌》對於蔣經國改革現況的莫大期待，並將蔣經國與國民黨在形象方面做了一個切割：國民黨保守的掌權派是腐敗的，而蔣經國則代表了革新的國民黨改革者的形象，因此知識分子們批評國民黨的力道與擁護蔣經國的程度恰好是成正比的。國民黨必須要由蔣經國、也只有蔣經國，才得以推動各項改革。[25]事實上，在當時以「書生論政」、「言論報國」為目的所集結的知識分子們，在尋求體制內改革的這條道路上，若不走這扇順應蔣經國為鞏固權力而釋放出的善意的窄門，恐怕也無他路可循。

因此，討論《大學雜誌》中各種與官方文化政策精神理念相悖之處，必須放在蔣經國權力轉移的時代背景之中，才有辦法說明。以下將討論《大學雜誌》的論點對蔣經國在文化政策的可能影響為何，並從國民黨文化政策的內容逐漸轉變的現象來試著討論這個影響的可能性，最後討論其時代意義。

（一）從德性向現代化的轉向

文復運動由於其濃厚的政治意涵，未能對文化的現代化達到促進的作用，而給予一般人「復古」的印象，造成與多數大眾脫了節。且該會工作目標大多著重於倫理文化的重整，也就是強調「德性」的文化目標，對於多元化現代工業社會的文化需求已造成很大的距離。[26]雖然從一九七〇年代初期開始，國民黨被迫面臨國際社會的生存空間逐漸窘迫的困境，即外部正統性受到了質疑與挑戰，乃至最後失去了中國代表權。面對這樣的變局，文復運動的內容也逐漸有了重心的轉移，但這種轉變並無一個明確的轉折事件或全新的政策方案，而是在既有的工作範圍內轉而強調先前較為忽略的部份，如一九七二年後大量出現消除髒亂與改善交通秩序的活動，以及科學事業的大量增加。另外的一個現象是，蔣經國的言論開始逐漸滲透入文復會的各項工作之中。[27]

對於此種文化政策風貌的轉變，準接班人蔣經國漸進地介入國民黨的文化政策之中，並用自己的方

22 詳細的分析可參考秦鳳英，《知識菁英對威權體制民主化之影響研究——臺灣「大學雜誌」個案分析》，頁七二至七四。吳泰豪，《《大學雜誌》政治主張之研究——以 1971 年至 1973 年為中心》，頁二〇至四三。

23 秦鳳英，〈知識菁英對威權體制民主化之影響研究——臺灣「大學雜誌」個案分析〉，頁七二至七三。

24 王杏慶，〈《大學雜誌》與現代臺灣——一九七一年至七三年的知識分子改革運動〉，《臺灣民主自由的自由歷程：紀念雷震案三十週年學術研討會論文集》（臺北：自立晚報，一九九二），頁三八四。

25 吳泰豪，《《大學雜誌》政治主張之研究——以 1971 年至 1973 年為中心》，頁三五。

26 李亦園，〈臺灣光復以來文化發展的經驗與評估〉，《華人地區發展經驗與中國前途》（臺北：國立政治大學國關中心，一九八八），頁四〇八。

27 林果顯，《「中華文化復興運動推行委員會」之研究（1966-1975）——統治正當性的建立與轉變》，頁二〇〇至二〇一。

式企圖轉移一些在變局下已顯得僵化又不合時宜的政策。而筆者在比較《大學雜誌》與蔣經國扭轉文復運動的重點推行內容時，發現在部分觀點上是相契合的。雖然並無直接的史料可資證明，但前述所提及的，蔣經國一方面利用知識分子建立他革新的形象，另一方面他也相當重視、且需要《大學雜誌》提出的諸多建言，因為這群知識分子所提出的改革言論，在很大的程度上真實反映出臺灣現況不足之所在，在思想觀念上也較為前進。

關於《大學雜誌》可能影響並促進蔣經國轉變國民黨的主流文化政策的觀察，一個較為明顯的部分在於向來專注於培養「德性」之訴求的文復運動，朝向強調「現代化」邁進。蔣經國在一九七三年文復會的第六次全體會議中，通過的「當前工作之中心目標」案，則將文化復興定位為革新而不是復古，而中華文化現代化是要從傳統文化中尋找出適應時代潮流之道路，且將關注的要項皆與現代化有關。另外，「今後亟應再加努力的方向」案，則近更一步將文復會的角色，定位為解決國家現代化過程所產生的問題。這兩份表達文復會工作方向的文件，皆透露對現代化的高度重視。[28]

此種對現代化議題關注的論調，恰與《大學雜誌》改組後發行的第三十七期中的兩篇討論到文復運動的文章之論點不謀而合。〈文化復興與創新〉中認為文化復興一詞必然具有若干「創新」的意思與精神，而不是復原，復舊或復古。並且在有意強調某一種文化特質時，也必須慎重考慮目前的生活環境。[29]而另一篇〈復興傳統文化的幾個問題〉，認為工業化與西化影響了生活的每個細微角落，如何賦予中國固有文化新的意義以使其適應於現代工業社會，並使西方與中國文化融合，是文復運動的重要議題。[30]

蔣經國在一九七二年後所推行的文化政策之轉向，即重心從德性的要求轉向對現代化的重視，隱約觀察得出《大學雜誌》言論的影響力對官方文化政策的作用。接下來的部分，筆者則欲分析《大學雜誌》的言論與蔣經國的權力轉移、國民黨主流文化政策之轉向之間有何種微妙的關係，及意義又為何。

（二）《大學雜誌》的現實意識與蔣經國的本土化意向

《大學雜誌》因站在「革新保臺」立場，重視臺灣內部現況之改革，而導致了臺灣政治本土化與「臺灣意識」的萌芽。進一步地說，《大學雜誌》的意識型態係「民主中國意識」與「現實臺灣意識」的結合與分裂。[31]此分析係用以解釋《大學雜誌》在政治層面的意識型態，而顯示了民主自由的發展無法顧及站在「保守中國意識」的國民黨所主張的「法統」立場。另一方面，「現實臺灣意識」的萌芽，則蘊含了本土化的意涵。

28 「本會當前工作之中心目標，以厚植文化復興之根基案」，一九七三年十二月七日文復會第六次全體委員會議通過。見《第六次全體委員會議記錄》，一九七三年十二月七日，頁二七至三五。「本會成立以來，在文化復興推行工作上，所發現及遭遇的諸般問題，綜括為文化建設與文化作戰兩方面。謹此提出，並擬定今後亟應再加努力的方向」案，一九七四年十一月十一日文復會第七次全體委員會議通過。見《第七次全體委員會議記錄》，一九七四年十一月十一日，頁三一至三四。轉引自林果顯，《「中華文化復興運動推行委員會」之研究（1966-1975）——統治正當性的建立與轉變》，頁二一七至二一九。

29 文崇一，〈文化復興與創新〉，頁十三至十四。

30 喬健，〈復興傳統文化的幾個問題〉，頁十五至十六。

31 秦鳳英，《知識菁英對威權體制民主化之影響研究——臺灣「大學雜誌」個案分析》，頁七一。

有趣的是，《大學雜誌》非但無法支持國民黨擁護法統的作法，另外，如同在本文第二節中分析指出的，其支持國民黨作為中華文化道統承續者的說法，在實際意涵上是有很大的討論空間的。而帶有現實臺灣意識的《大學雜誌》，與蔣經國日後的「本土化」政策之意向，又有著什麼樣的關聯呢？文化政策的轉變對國民黨自身而言，又具有何種意涵？

欲回答這個問題，必須從文復會本身的構成來切入討論。構成文復會缺一不可的三項要素為：蔣介石、總統（法統）與道統（傳統中華文化）。此種宛如三位一體般的存在，聯繫了蔣介石與法統、道統之間不可分割的關係。此種缺一不可的先決條件，顯示了文復運動具有時代性任務，而蔣介石又是這整個時代的中心，文復會可以說是為了蔣介石而出現的組織。根據「中華文化復興運動推行委員會組織章程」中第三章的組織部分，第三條寫到本會設會長一人，而會長則由總統擔任。[32]這條組織章程被視為是文復會的重點特色之一，且更能凸顯這層關係。蔣介石在一九七五年於總統任上逝世後，繼任者嚴家淦依循該章程而擔任文復會的會長一職，但此慣例卻在蔣經國接任總統之後打破。這個現象顯示文復會的構成三要素之不可分割性，以及蔣經國就任總統時的一九七八年，文復會已不再是擔負國民黨主流文化政策推行者的角色，具有大陸時期文化政策連續性色彩的文復運動，已完成其階段性的任務而從第一線退出，具有本土化蘊含的文化政策，取而代之成為國民黨文化政策的主流。[33]

《大學雜誌》因為其具有影響力的期數較為短暫，於一九七四年一月遭受國民黨的壓力而再度改組，結束了其作為政論性雜誌的時期，《大學雜誌》知識分子集體議政的時代告終。[34]不過在其發揮影響力的時期，雖不到左右蔣經國的推行政策的程度，卻也對執政者的施政觀念在不同層面產生了大小不一的影響。在《大學雜誌》集體議政的時期結束前，雖見不到蔣經國開始大力推行在臺灣本土的各項文化建設，不過該雜誌對於文化復興觀點、推動現代化的訴求與方式，卻已由蔣經國轉變文復運動推行重心的方式，部分得以付諸實現，間接促成國民黨文化政策思維的轉向。

四、小結

《大學雜誌》雖然在一九七二年底，因現實情況的轉變而改組，一九七一年至一九七二年間加入的知識分子幾乎離去，自此元氣大傷，號召力、影響力大不如前，一九七四年一月又正式結束其知識分子集體議政的時期。[35]不過，在其最具有影響力的這兩年間所刊登的文章，則在許多層面可窺見其影響力，本文則是選擇該雜誌與國民黨的文化政策的相互關係來進行探討，希望立基於現有的前行研究上，如對該雜誌政治主張的探討，以及知識菁英對威權體制民主化之影響等，進一步討論尚未被單獨提出的部份，即本文的主題，《大學雜誌》與國民黨文化政策之間複雜的互動關係。

32 菅野敦志，《臺湾の国家と文化》，頁二三三。
33 菅野敦志，《臺湾の国家と文化》，頁二五五至二五八。
34 吳泰豪，《《大學雜誌》政治主張之研究——以 1971 年至 1973 年為中心》，頁三。
35 吳泰豪，《《大學雜誌》政治主張之研究——以 1971 年至 1973 年為中心》，頁三、八六。

由《大學雜誌》自身起落的發展來看，該雜誌是順應國民黨內部權力過渡的契機、而由蔣經國授意與認可才得以發表論政的文章，並最終在蔣經國穩固其權力之後而遭到強迫改組，結束其階段性任務。從政治層面的檢討來看，書生論政的溫和形式似乎並未能在當時的時代捲動多大的政治浪潮，而只是讓臺灣在揮別沉寂苦悶六十年代後，讓自由主義派的知識分子能在言論的表達方面，有一個狹窄的出口。但若從對文化層面的討論觀之，則《大學雜誌》所剛好對應到的時代氛圍，亦即國民黨所推行的中華文化復興運動，雙方之間因出發點的不同所產生的論述上的異同，一方面可以了解自由主義派知識分子跟國民黨之間產生摩擦的深層原因，一方面則可更有助於了解國民黨統治的本質。

筆者透過整理出《大學雜誌》對於「文化復興」的認識，以對照國民黨所推行的中華文化復興運動的實相，發現雙方因理念的不同而最終難免走向摩擦衝突的結局。《大學雜誌》的知識分子即便是站在「革新保臺」的角度擁護國民黨政權及其道統，但因為本身的自由主義色彩，不免在許多以「個人」為出發點的論點，與以「國家、領袖」為依歸的國民黨論述，產生極大的不協調感，最後進而得出一個可以再做深入討論的問題：《大學雜誌》的知識分子支持國民黨的道統嗎？筆者認為這是有很大的討論空間的。

本文所探討的另一個部分，即蔣經國的本土化意象與《大學雜誌》之間的關聯，雖然尚無更有力的直接證據來證實二者間的緊密程度，但根據蔣經國對該雜誌主張有一定程度上的重視這點，或可以此推敲國民黨文化政策思維轉向的可能影響。該雜誌對文化復興的觀點、推動現代化的訴求與方式，即是透過蔣經國以轉變文復運動推行重心的方式，部分得以付諸實現。

由於選題和篇幅的侷限，本文只能討論到《大學雜誌》與國民黨的文化政策有關的部分。不過，筆者在此欲再稍微延伸一下自己的觀察。由於該雜誌一些編者的留學生背景，因此或多或少發表了一些非關直接批判現有體制缺失、而是注重西方思潮的介紹的文章，如對性教育、女權、建立公營電視的討論。筆者若以時人的角度再去觀看那個時代，覺得很具有時代前進性。而這類的討論，則體現了《大學雜誌》在許多思想觀念方面，在當時的臺灣社會具有先導性與啟蒙作用。與其在其他議題中的主張一樣，雖未能即時見到相應的政策之推動與社會風氣之轉變，但是文化層面的論述與影響總是需要沈澱與累積才有辦法顯現其成果的。該雜誌雖然於一九七四年卸下了其作為政論性雜誌的時代任務，轉而成為一般性的純雜誌，但不能否認的，其對部分西方思潮的引介與討論，在日後的臺灣社會中亦逐漸生根萌芽。

參考書目

《大學雜誌》，第三十七至六〇期，臺北：大學雜誌社，一九七一年一月至一九七二年十二月。
《中華文化復興月刊》，第一卷第一期，臺北：中華文化復興運動推行委員會，一九六八年三月。
王杏慶，〈《大學雜誌》與現代臺灣——一九七一年至七三年的知識分子改革運動〉，《臺灣民主自由的自由歷程：紀念雷震案三十週年學術研討會論文集》（臺北：自立晚報，一九九二），頁三七五至三九七。
吳泰豪，《《大學雜誌》政治主張之研究——以 1971 年至 1973 年為中心》，臺北：國立政治大學臺灣史研究所碩士論文，二〇〇八。
李亦園，〈臺灣光復以來文化發展的經驗與評估〉，收入：刑國強（主編），《華人地區發展經驗與中國前途》（臺北：國立政治大學國關中心，一九八八），頁四〇三至四〇六。
林果顯，《『中華文化復興運動推行委員會』之研究（1966-1975）——統治正當性的建立與轉變》，臺北：稻鄉，二〇〇五。
南方朔（王杏慶），《自由主義的反思批判》，臺北：風雲時代，一九九四。
若林正丈著；許佩賢、洪金珠譯，《臺灣：分裂國家與民主化》，臺北：新自然主義，二〇〇九。
秦鳳英，《知識菁英對威權體制民主化之影響研究——臺灣「大學雜誌」個案分析》，臺北：國立臺灣師範大學公民訓育研究所碩士論文，一九九一。
菅野敦志，《臺湾の国家と文化：「脱日本化」・「中国化」・「本土化」》，東京：勁草書房，二〇一一。

競逐真實：析論《大學雜誌》中的保釣論述

世新大學口語傳播學系碩士生　廖如萱

一、熟悉的困惑

對於一個定期接觸新聞報導的臺灣人來說，「釣魚臺是我們的！」幾乎是「刺激—反應」下脫口而出的話語，陳述著一個彷彿不容質疑的事實。翻開歷史的扉頁，多數論者將肇發釣魚臺爭議的緣由，指向艾默利報告（Emery report）的公布[1]。這份於一九六九年所公布的報告，指出釣魚臺列嶼附近擁有豐富的海底油田。各方對於釣魚臺的強烈關注，亦肇始於此。

一九六九年十一月十七日，日本首相佐藤榮作為琉球所有權一事出訪美國，並於十一月二十一日美日兩國對外發表聯合公報[2]，聲明美國將於一九七二年將琉球交由日本治理，埋下釣魚臺爭議的伏筆；

1　於一九七〇年登釣魚臺升旗的《中國時報》記者劉永寧在回顧當時爭議起點時，分析道：「由於在 Emery report 中指明釣魚臺已發現第三世紀岩層，可能蘊藏原油最少六百億桶。這對『經濟大國、資源小國』的日本，無疑是未來國運的命脈，所以動作比較激進。對中共而言，日本的崛起，是他最不願意看到的，正如日本不願中共壯大一樣，所以對主權必不退讓，姿態也甚為強悍。對美國而言，正好用釣魚臺這一棋子，由日本出頭，來消耗中共國力，美國務院必然暗喜。回頭再看臺灣，由於地理位置靠釣魚臺最近，國力雖有限，卻也成為天秤中的一個法碼。」詳見劉永寧，〈世事一局棋 莫忘釣魚臺教訓〉，《聯合報》，二〇一二年九月七日，A3版。張啟雄，〈釣魚臺列嶼的主權歸屬問題——日本領有主張的國際法驗證〉，《中央研究院近代史研究所集刊》，第二十二期下（臺北，一九九三），頁一〇七至一三五。

2　薛化元編，《臺灣歷史年表 終戰篇 II》（臺北：國家政策研究中心，一九九〇），頁九七。

一九七〇年八月十二日，日本政府主張釣魚臺主權，美國大使館發言人表明：「臺灣附近的尖閣群島，被認為是琉球的一部分，決定於一九七二年歸還日本。[3]」一九七〇年八月二十一日，中華民國政府主張釣魚臺主權[4]；一九七〇年九月四日，《中國時報》記者劉永寧等人登上釣魚臺，升起國旗、宣誓主權，並做了系列報導，引起關注；同年十月，王曉波〈保衛釣魚臺〉一文在《中華雜誌》[5]發表。該期雜誌因海外留學生的熱烈討論，而在海外引起軒然大波。留美學人透過《科學月刊》與人際網絡進行串聯，展開包括主權論證的資料蒐集、小型讀書會的討論、大型國是會議的舉辦、走上街頭抗議等積極作為[6]。

反觀臺灣島內，囿限於一九四九年以降戒嚴體制對思想與行動的嚴加看管，島內保釣顯得沉靜[7]。然而，一九七一年四月九日美國國務院再次發出「釣魚臺應歸日本」聲明[8]，讓臺灣島內的不滿情緒到達臨界點。四月十二日，第一張保釣的抗議海報，由臺大香港德明校友會貼出。緊接著，海報文宣的張貼發送、學生串聯、上街遊行接二連三的展開。

這些熱血沸騰的過往，在臺灣近期新聞中隱沒。根據臺灣近期的新聞，我們可以看到幾種張力不同報導形式：首先，最具衝擊性的方式莫過於一群人開著船乘風破浪、群情激憤的主張「釣魚臺是我們的！」[9]；接著，府方發言人針對釣魚臺爭議，提出言之鑿鑿的主權論據以昭世人，並以簽訂「臺日漁業協定」作為協商成績[10]；最後，論者權衡釣魚臺對美、日、臺、中的影響，做出相關分析[11]。

然而，在鮮明的衝突事件、肅穆的領土聲明與精闢的時局分析中，我們很難從中看到「釣魚臺爭議」

的源起。釣魚臺在哪裡？「釣魚臺爭議」是怎麼開始的？對於爭議起源的理解斷裂，暴露了一個社會在該議題上始終無法聚焦的論述能力。在論述匱乏之下，遑論在主權受到威脅時是否擁有提槍上陣、捍衛國土的決心。本文醞釀自對於釣魚臺爭議的懵然無知，透過爭議溯源，嘗試理解釣魚臺爭議在今日臺灣所扮演的角色與意義。

值得注意的是：有別於今日保釣運動「護漁」色彩濃厚[12]，一九七〇年代的保釣運動，無論海內外，皆是以知識份子作為行動與發聲主體，並以「護土」[13]為主要訴求。在戒嚴的特殊時空背景之下，本研究嘗試理解當時島內的知識份子如何論述釣魚臺爭議以及伴隨而生的保衛釣魚臺運動？其論述對當時社會所帶來的影響為何？

為了系統性瞭解一九七〇年代知識份子對於釣魚臺爭議與保釣運動的討論，在釣魚臺事件發生之

3 謝小芩、劉容生、王智明主編，《啟蒙・狂飆・反思——保釣運動四十年》（新竹市：國立清華大學，二〇一〇），保釣大事年表拉頁。
4 洪三雄，《烽火杜鵑城》（臺北：自立晚報，一九九三），頁四〇六。
5 洪三雄，《烽火杜鵑城》，頁四〇九。
6 林照真，《臺灣科學社群40年風雲》（新竹：國立交通大學，二〇〇〇），頁一一二至一一三。
7 洪三雄，《烽火杜鵑城》，頁四至五。
8 〈美國務院指釣魚臺應歸日本——我國表示堅決反對 已向美方嚴重交涉〉，《聯合報》，一九七一年四月十一日，第一版。
9 〈「送媽祖到釣魚臺」 日艦噴水阻撓〉，《聯合報》，二〇一三年一月二十五日，A1版。
10 〈臺日新局 釣島漁場擴大——馬：我主權沒有讓步〉，《聯合報》，二〇一三年四月十一日，A2版。
11 〈安倍訪石垣 美日中臺對弈釣島〉，《中國時報》，二〇一三年七月十八日，A17版。
12 維護漁民在近海捕魚的權益。
13 直接訴諸維護釣魚臺主權的立場，嚴正抗議美國與日本在釣魚臺爭議上的作為。

際，以「大聯合」之姿吸納背景歧異知識份子的《大學雜誌》[14]，引起本研究的注意。在「對於釣魚臺事件的論述保存」與「知識份子匯聚」兩大要素的考量之下，有著「七〇年代最重要的雜誌之一」[15]美名的《大學雜誌》遂成為本研究的主要文本。

二、模式化的討論

（一）模式化的出現：時代元素的聚合

以本研究核心「保釣運動」、與研究文本「大學雜誌」分別進行文獻檢閱；在文獻歸納整理上，發現有幾個模式化的討論方式。根據前人研究關懷所呈現的文獻書寫趨勢，無疑篩選出一九七〇年代臺灣社會幾個倍受矚目的討論目標。在掌握討論目標的時代意義之前，必須對當時的「體制面」與「教育面」有一些簡要的認知；理解這兩點時代元素，則有助於想像威權統治下階層分明的臺灣社會。

首先，中華民國政府於臺灣施行的戒嚴體制始於一九四九年五月二十日，終於一九八七年七月十五日[16]。在維護統治正當性的戒嚴體制內，思想與行動遭到法律的限縮與執法機關的嚴加控管。因應戒嚴令而生的各式法律條例，以寬鬆的語彙制訂，產生了執法者擴大解釋的縫隙。在「擴大解釋的縫隙」與「戒嚴時期的加重刑罰」的加成效果下，人民權益受到巨大的威脅。

以當時《大學雜誌》刊登保釣運動的遊行照片為例；保釣運動照片的「刊登之舉」與「照片內容」，

即違反了戒嚴法第十一條。戒嚴法第十一條，限制國家大法——憲法第二章所保障人民的權利；這些權利包括言論、示威、結社、集會、請願、罷工等等。當權者不但可以吊銷雜誌執照，更可以對相關人員追究刑罰。在呈現示威、集會、請願的照片內容中，即可以使用懲治叛亂條例[17]第五條：「參加叛亂之組織或集會者處無期徒刑或十年以上有期徒刑。」與第七條：「以文字圖書演說為有利於叛徒之宣傳者處七年以上有期徒刑。」對相關人員進行刑罰。「叛亂」與「叛徒」的定義模糊，若有心人刻意擴大解釋，其後果不堪設想。因此，也就不難理解七〇年代之前的世代何以「沉默消極」[18]。

接著，在戒嚴體制的前提下，搭配當時的教育政策與統計數據進行回溯，即可透過推算知識份子的「產量」，評估其對社會的可能影響。蔡明學指出：相較於今日大學普及、錄取率高到「考不上比考上還難」的教育現況，臺灣早期在高等教育上面所採取的是「菁英化政策」[19]。當現今臺灣社會在為「十二年國民教育」吵得沸沸揚揚時，一九六八年九月九日臺灣的「九年國民教育」才正式實施[20]。

14 南方朔，《中國自由主義的最後堡壘》（臺北：四季，一九七九），頁十六。郭紀舟，《70年代臺灣左翼運動》（臺北：海峽學術，一九九九），頁三七。

15 陳俊斌，〈雜誌創刊風景——雜誌中的臺灣史〉，《全國新書資訊月刊》，第九期（臺北，二〇〇七），頁二七。

16 彭琳淞，〈自由・民主・本土・臺灣——看臺灣戒嚴時期的政論雜誌〉，《全國新書資訊月刊》，第九期（臺北，二〇〇七），頁三〇。

17 薛月順、曾品滄、許瑞浩主編，《戰後臺灣民主運動史料彙編（一）》（臺北縣：國史館，二〇〇〇），頁三〇。

18 蕭阿勤，〈世代認同與歷史敘事：臺灣一九七〇年代「回歸現實」世代的形成〉，《臺灣社會學》，第九期（臺北，二〇〇五），頁十六至二五。

19 蔡明學，〈我國大專校院學生素質之探究〉，《研習資訊》，第二十四卷第三期（臺北縣，二〇〇七），頁一三五。

20 〈教育大事年表〉，教育部部史全球資訊網，http://history.moe.gov.tw/milestone.asp?YearStart=51&YearEnd=60&page=3（二〇一四年六月

一九七六年全臺灣公私立大專校院加起來一共二十五間[21]，其數據與一〇二學年教育部統計處公佈全臺計有一百六十一所的公私立大專校院[22]，不可同日而語。依據本研究所追溯的統計資料，一九七二年全臺灣公私立大專院校畢業生僅有四萬六千八百三十六人[23]。這群奮力擠進大學窄門的菁英份子，在當時的臺灣社會中之下，因其「稀少性」與「菁英色彩」被社會賦予作為國家棟樑、社會中堅的高度期待。在社會的高度期待下，以學識為基底所生產出的「知識份子」，其在社會階層中的重要性可見一斑。

在對當時的「體制面」與「教育面」有一定瞭解之後，威權統治下階層分明的臺灣社會便有了基本認知。植基於上述基本認知，以下將分別從「保釣運動」與「大學雜誌」兩個主軸歸納整理現有文獻。

（二）保釣運動的討論面向

在一九七〇年代釣魚臺爭議引起社會喧囂之際，島內自發性的愛國群眾運動應運而生。保釣運動從本質上來說，運動本身即俱備「愛國的基底」與「群眾的響應」兩大要素，所以將其定位在「愛國群眾運動」是可以理解的作法。但若擇定觀點，將其置放在「運動史」的範疇進行研究，則可使用行動者導向的「學生運動」或歷史導向的「民族／抗日運動」兩種類型進行「運動定位」。緊接著，本研究將從既有文獻，分別討論保釣運動以「學生運動」及「民族／抗日運動」定位的差異性。

(1)類型一：學生運動

將保釣運動以當時多數的行動者——學生作為運動定位的依歸，是最常見的作法。「學生」在社會類屬（Social category）上，有其特殊意義。彭琳淞指出：學生位於社會化的光譜之中，屬於過渡性的角色；這樣的角色因其「意識型態的純潔性」與「無限責任觀」，而在行為上被視為「充滿社會良知與正義」。另外，加上其知識份子的色彩，使其在行動上較其他社會類屬更具「正當性」[24]。

在保釣運動以學生運動進行定位後，論者多以「臺灣大學」（臺大）為論述起點與主軸，說明保釣運動在島內的開展。然而，儘管保釣運動在本質上是愛國的、人員組成——多數是學生——是無害的，保釣運動在當時仍受到一定程度的質疑。政府擔心「運動熱情過於激昂」，希望學生讓政府來處理問題；校方則是透過勸阻的方式，希望能控制學生的行動；在社會方面，已知的具體行動是在學生欲租車參加保釣遊行時，業主有出現拒絕的動作[25]。當然，在後兩者的態度與作為上，本研究不排除有政治力介入的可能。

十六日）。

21　詳見二〇〇一年由當時教育部長曾志朗作序的《大學教育政策白皮書》，http://www.edu.tw/userfiles/url/20120920154843/90.07%E5%A4%A7%E5%AD%B8%E6%95%99%E8%82%B2%E6%94%BF%E7%AD%96%E7%99%BD%E7%9A%AE%E6%9B%B8.pdf（二〇一四年六月十六日查詢）。

22　〈各級學校概況表（八〇～一〇二學年度）〉，教育部統計處，http://www.edu.tw/pages/detail.aspx?Node=4075&Page=20046&Index=5&WID=31d75a44-efff-4c44-a075-15a9eb7aecdf（二〇一四年六月十六日查詢）。

23　〈大專院校科系別畢業生數（六一～六五學年度）〉，教育部統計處，http://www.edu.tw/pages/detail.aspx?Node=3752&Page=16057&Index=7&WID=31d75a44-efff-4c44-a075-15a9eb7aecdf（二〇一四年六月十六日查詢）。

24　彭琳淞，《政府遷臺後臺灣學生運動變遷之探討：以四個重要因素之互動關係來說明》（臺中：東海大學社會研究所，一九八九），頁八至十。

25　彭琳淞，〈政府遷臺後臺灣學生運動變遷之探討：以四個重要因素之互動關係來說明〉，頁二二至二三。

一九七二年五月十五日，美國將釣魚臺列嶼隨琉球移交給日本；一九七二年五月二十二日，《大學新聞》與《代聯會訊》刊登了臺大保釣會的解散啟示，臺大保釣會走入歷史，保釣運動也畫下句點[26]。保釣運動落幕的方式，雖是華人所不樂見的結果，但其所帶來的後續效應卻為人所津津樂道。保釣運動結束後，「政治參與、社會服務與愛國運動」[27]三股關懷與作為合流，「回歸現實的世代」[28]開始熱絡的醞釀起社會與政治改革的動能。值得注意的是：保釣運動後學生運動的發展方向，也從過往對「國家・民族」的關切，轉向對「社會・人民」的關懷[29]。

⑵類型二：民族／抗日運動

本研究認為「民族運動」與「抗日運動」構連的是中國近代史中「歷史作為與情感延續」的要件，所以將兩者並列於同一個類型下進行探討。儘管，近年來將保釣運動依照中國近代歷史發展脈絡定位在「民族／抗日運動」的作法較為少見。但是，本研究認為一九七〇年代釣魚臺爭議乍起時，保釣運動確實體現出中華民族的抗日精神。本節將從「民族運動」與「抗日運動」的殊異性說起；接著，從教育政策的角度論及民族抗日精神的培植。最後，透過《大學雜誌》所刊載的文章，驗證當時的知識份子是以十足的「抗日意識」在進行保釣運動。

首先，「民族運動」與「抗日運動」的殊異性可從「行動者」與「行動」的隸屬進行判斷。民族運動在一定程度上來說，是以「行動者群體」作為關注標的。一股由「想像的共同體」[30]所凝聚出的力量，促發行動者「保衛共同體」的強烈意識與行為。一個由強烈愛國情感所促動的保釣運動，以「民族（愛國）

運動」作為解釋，是可以被理解與接受的。將「民族（愛國）運動」作為保釣運動的定位，在「想像的共同體」情懷下，亦被部分論者所使用[31]。弔詭的是，「民族（愛國）運動」的具體作為——「抗日行動」，卻罕見於近期研究者的系統性討論之中。為了論證「抗日意識」在保釣運動中的具體作用，必須先從「抗日意識」的養成方式說起。

保釣運動所展現出的民族抗日精神，其來有自，應溯及蔣中正遷臺後的教育政策進行查考。論者有言：蔣中正在檢討大陸失敗的原因中，認為「教育」是原因之一。因此，便在校園中透過灌輸學生國家與民族的觀念、三民主義優越性、擁戴領袖與支持政府等等的愛國思想，輔以軍訓教育進行第二層的控管，為在臺灣求學的子弟，打下意識型態基礎[32]。

另外，在歷史課程的講述中，日本侵略中國所帶來的種種戰事，乃是中國近代史的講授重點。學生在鮮明的「背誦記憶」中，習得反日與抗日的歷史情感[33]。從教育政策的角度進行檢視，釣魚臺爭議的

26 洪三雄，《烽火杜鵑城》，頁五〇至五二。
27 徐文祥，《臺灣地區學生運動之研究（民國三十八—八十三年）》（臺北：文化大學中山學術研究所，一九九五），頁一二九。
28 蕭阿勤，〈世代認同與歷史敘事：臺灣一九七〇年代「回歸現實」世代的形成〉，頁二七至二八。
29 彭琳淞，《政府遷臺後臺灣學生運動變遷之探討——以四個重要因素之互動關係來說明》，頁八五。
30 班納迪克・安德森（Benedict Anderson）以「想像的共同體」解釋民族主義凝聚力量的具體方式。
31 包澹寧（D.K. Berman）著；李連江譯，《筆桿裡出民主：論新聞媒介對臺灣民主化的貢獻》（臺北：時報文化，一九九五），頁三〇一。
32 彭琳淞，〈政府遷臺後臺灣學生運動變遷之探討——以四個重要因素之互動關係來說明〉，頁五六。
33 郭紀舟，《70年代臺灣左翼運動》，頁十七。

爆發一方面是愛國教育的「政治演習」[34]，一方面則是中國近代的「歷史複習」。立基於此，也就不難理解五四標語：「中國的土地可以征服不可以斷送，中國的人民可以殺戮不可以低頭」為何會在保釣運動中被喊得響亮。

有別於今日將保釣運動從抗日運動的脈絡中淡化，鑒察當時《大學雜誌》上所發表的文章，可以發現當時的知識份子有意識地將保釣運動置放在近代中國抗日運動的歷史脈絡下進行討論；其呈現方式可從抗日論述與運動口號／宣言中，得到明確的線索。

在抗日論述中，論者基本上是以歷史接合作為論述底蘊、抗日歷史事件（如：七七事變、五四運動、「祖國事件」[35]等等）作為論述材料。《大學雜誌》在運用這些論述材料上的做法，也有用心之處。繼四十一期（一九七一年五月號）保釣專刊後，第四十三期（一九七一年七月號）的《大學雜誌》再次於目錄頁後，以編委會身分，刊登「嚴厲警告美日政府侵略釣魚臺聲明」。該篇聲明除了譴責美日於六月十七日所簽訂的協定之外，亦呼籲執政當局厚植國力以抵禦外侮。該期編輯在文章的安置上，巧妙的呼應了編委會的聲明。在編輯的順序上，以「七七事變與抗日運動」的五篇文章為首。五篇文章中，以陳少廷〈林獻堂先生與祖國事件〉置放在第一篇，該文結尾直白的將臺灣抗日運動與中國抗日運動的歷史進行接合：

由此我們可以說，臺灣的歷史，是中國歷史之一部分；臺灣的抗日運動，是中國抗日歷史的一環。臺灣光復，重回祖國懷抱，是最高領袖　蔣公英明的領導，與夫全國軍民英勇抗戰之功，固不待言，而我臺灣同胞，固守民族立場，事抗日民族運動，前後凡五十年，從未間斷，當也功不可沒也。[36]

其後四篇，分別由徐復觀、李雲漢、陳三井、陳南邨執筆，以鮮明的筆法重現七七事變前後中國人奮勇禦敵的經過、以及當時世界局勢的分析，一方面讓讀者重新溫習了中國近代史上的抗日經驗，一方面則強化讀者與歷史抗日經驗的連帶關係。雖然五篇文章並未直接與保釣運動進行扣連，但是對下一個編輯項目——知識與思想——的首篇〈六一七學生示威紀實〉與次篇〈為保衛釣魚臺運動說幾句話〉有鋪陳之效。另外，該期「知識與思想」的第三篇，即為《大學雜誌》的著名文章〈臺灣社會力的分析〉；該文體現知識份子為「厚植國力」所盡的心力，亦落實編委會在「嚴厲警告美日政府侵略釣魚臺聲明」所倡議的內容。

簡言之，《大學雜誌》第四十三期（一九七一年七月號）在文章篇目的排序上，主要是依循「嚴厲警告美日政府侵略釣魚臺聲明」的書寫邏輯。首先，以七七事變等歷史材料接合中國與臺灣的抗日經驗。接著，延續抗日的歷史脈絡，進行保釣運動的描述與闡釋，表達對於美日作為的不滿。最後，則祭出〈臺灣社會力的分析〉展現知識份子對於「厚植國力」所抱持的期許與做出的努力。

34 郭紀舟，《70年代臺灣左翼運動》，頁二八。
35 陳少廷，〈林獻堂先生與祖國事件〉，《大學雜誌》，第四十三期（臺北，一九七一），頁四至八。
36 陳少廷，〈林獻堂先生與祖國事件〉，頁八。

若將抗日論述視為當時知識份子在思考釣魚臺事件的內在思考理路；那麼，保釣運動中所呼喊的口號／宣言，便是其奔放的外顯行為。在茅漢〈六一七學生示威紀實〉一文中，清楚記載其六一七遊行中確切呼喊的運動口號／宣言；在運動口號的使用上，主要反映出保衛釣魚臺的具體訴求、以及對「中華民族／中國」的明確認同[37]：

……口號由「保衛釣魚臺！」「釣魚臺是我們的！」「保衛領土主權！」「反對美日陰謀！」到「中華民族不屈服！」「中國人！站起來！」「中國人站起來了！」同學們都已經熱淚滿眶，透過淚水，呈現在大家眼前的盡是一幅幅中國民族的屈辱和苦難圖。我們要圖強！我們不再受屈辱！我們要站起來！我們要站起來！中華兒女有淚不輕彈，同學們痛苦的噙住了奪眶而出的淚水。因為他們知道，今天是到這裡來抗議，是到這裡示威！不是到這裡來哭訴的。

另外，由臺大學生所寫的宣言〈告全國同胞書〉，則一方面闡明民族認同，一方面對近代日本與列強侵華的歷史有確切的援用提陳[38]：

……我們要向歷史交代，我們要向世人宣稱：中華民族是一個永不屈服的民族！任何的侵略陰謀均將被我們的正義鐵拳擊碎！

八年抗戰，我們付出了無數軍民的生命；五十年的臺澎佔領，我們受盡了日本鐵蹄的蹂躪。然而我們都原諒他了，今天他們竟再度將其侵略的魔掌伸向我們的釣魚臺列嶼。是可忍，孰不可忍？一百二十年來，帝國主義對中國的侵略，已使我們欲哭無淚。我們也知道這是不該哭的時候，我們必須忍著淚把所有的侵略者擊敗，光復大陸，重整山河……

綜上所述，本研究基於抗日論述與運動口號／宣言兩方面的資料參照，認為：在一九七〇年代保釣運動中，近代中國抗日運動的歷史脈絡即是當時知識份子在發展論述時所憑藉的豐厚底蘊。

（三）《大學雜誌》與知識份子

《大學雜誌》與知識份子脣齒相依的緊密配合，在一九七〇年代的臺灣社會扮演重要的角色。本研究在此整理出兩種常見的討論類型，分別是：「鑲嵌於臺灣雜誌發展史的討論」及「以個人為主體的分類討論」，嘗試系統性的說明目前多數論者對於《大學雜誌》的研究偏好。

(1)類型一：鑲嵌於臺灣雜誌發展史的討論

雜誌創辦，在臺灣民主發展的歷史脈絡中，有其特殊性。因此，如欲了解《大學雜誌》的重要性，必須理解當時知識份子何以在「體制面」多方囿限下，肇發力求改變的作為。承本研究在時代元素中對戒嚴體制的簡要介紹，在此將進一步說明戒嚴體制何以形成。接著，本研究將說明知識份子如何在「體制面」的多層把關中，透過雜誌創辦進行觀點／價值傳遞。最後，本研究將揭示模式化討論在此一類型當中的可能意涵。

37 茅漢，〈六一七學生示威紀實〉，《大學雜誌》，第四十三期（臺北，一九七一），頁二五。

38 茅漢，〈六一七學生示威紀實〉，頁二五。

時間拉回國共兩黨勢力消長、時局動盪之際，兼任中華民國臺灣省政府主席及臺灣省警備總司令的陳誠於一九四九年頒布戒嚴令。一九四九年底國民黨政權播遷來臺，戒嚴令在青黃不接之際，起了穩定局勢、鞏固政權的效果。戒嚴令發布後，其他行政機關陸續發布限制人民權利義務的行政命令，黨禁與報禁等應運而生。於是，在禁令的強制要求下，當時的媒體皆由黨國以最嚴苛的手法控管；是故，民主思想的可能被箝制、言論自由的空間遭到斲喪，陳俊斌表示：

> 威權統治的時代，黨國力量牢牢掌控言論管道。「報禁」加上管制無線電波，箝制了民間增設報社與廣播電臺、電視臺的自由，既有媒體則多屬主政當局的宣傳工具。報紙與廣電媒體既不可得，各種思想唯有利用「參選」或「辦雜誌」才能突破戒嚴體制，甚至頭角崢嶸。但選舉不是天天有，雜誌因而成為解嚴之前知識人、文化人最重要的發聲場域，非主流思想、甚至公然異議之聲皆可見諸其上。[39]

臺灣社會幸而有一群有志人士，透過興辦雜誌建立輿論平臺，提著筆桿在威權體制的前線衝鋒陷陣，在一次次的挑戰中不斷地重新校準言論的尺度，在可能允許的範圍內，渡入主流論述外被禁錮多時的思想，並伺機開展改革的論述。改革並非一蹴可幾，必須奠基於長期投入、多次嘗試下的積累。林照真便從《自由中國》與《文星》雜誌所標幟的劃時代意義說起，進而帶到《大學雜誌》、《科學月刊》等媒介平臺的存在價值[40]：

> 五、六〇年代間，報紙與電視媒體都是壟斷的局面，平面雜誌成為臺灣尋求言論突破的重要媒介。

從歷史的角度來看，這些雜誌所代表的意義，往往不只是一本刊物而已，因而，《自由中國》其實是臺灣民主化運動的象徵，《文星》代表的則是新文化運動。

南方朔以自由主義的概念為經，《自由中國》、《文星》及《大學雜誌》為緯，使用層遞的敘述方式，呈現出三階段的轉折與延續[41]：

> ……五〇至六〇年代之交的「自由中國半月刊」是中國大陸舊自由主義餘緒在臺灣易地生根，企圖建立思想和政治陣地的嘗試；那麼，「文星雜誌」時代就是一個過渡——中國大陸舊自由主義與臺灣新生自由主義的一次失敗的聯合；到了七〇年代，由於臺灣遭受空前的打擊，蠢蠢欲動的新生自由主義者藉機而興的「大學雜誌」，便成了自由主義的最後堡壘。

上述論者雖然各有不同的倚重面向，但在呈現方式上皆採用雜誌刊行時間順序，作為論述遞移的寫作策略。這種寫作策略一方面巧妙的運用時間所創造出的系統性，向讀者介紹每本雜誌的殊異性；另一方面，時間遞移的特殊性也向讀者呈現出一種連續的效果，使得雜誌與雜誌之間出現一種延續、接合之勢，宛若一脈相承的香火。《自由中國》、《文星》、《大學雜誌》仨薪火相傳的鋪排，特別顯見於對臺灣民主／自由發展歷程的討論。雖然，論者在《大學雜誌》的研究中，亦有認為《大學雜誌》為《自

39 陳俊斌，〈雜誌創刊風景——雜誌中的臺灣史〉，頁一二三。

40 林照真，《臺灣科學社群 40 年風雲》，頁六六。

41 南方朔，〈中國自由主義的最後堡壘——大學雜誌的量底分析〉，頁一。

由中國》與《文星》兩者之延續的說法[42]。但是，本研究認為其它同一時期的雜誌，之於臺灣民主／自由發展的歷程，亦有不容抹滅的貢獻。另外，在眾多時代元素匯聚下，臺灣民主／自由發展的歷程亦難有定於一尊的說法。後續研究可在先行研究所擘劃出的梗概中，透過綿密的論述證據予以討論。

(2)類型二：以個人為主體的分類討論

上述類型一的討論之中，論者無疑從雜誌更迭中，賦予《大學雜誌》一個里程碑般的時代價值。本研究在類型二的討論中，將秉持「以個人為主體」[43]的精神，將《大學雜誌》人事相關研究做一簡要的整理。由於，在不同討論脈絡之下，論者的分類規模不一。本研究在書寫上將從小單位（個人）逐步擴大，最後發展至大單位（世代）的討論。

對於《大學雜誌》人事流動的諸多分類中，秦鳳英較為細緻的整理出不同分類之下、「個人境遇」的確切發展。秦鳳英分成四大類項的人事流動進行整理，分別是：雜誌人事流動（吳豐山等，共四人）、進入政府體系之人事流動（關中等，共八人）、進入反對運動之人事流動（許信良等，共三人）、任職學術教育界之人事流動（陳陽德等，共二九人）[44]。

南方朔〈中國自由主義的最後堡壘——大學雜誌的量底分析〉一文為《大學雜誌》相關研究中經常被援用的經典文獻。全文旨意磅礡，除了對於中國自由主義的檢討之外，南方朔在《大學雜誌》的發展進程上亦有深刻的洞見；他不但整理出「大學集團」發展的四個階段（初創期、大聯合時期、「土」「洋」內鬨時期、「土」「土」分裂時期），更旁徵博引地對不同時期有細緻的論證。值得注意的是，《大學雜誌》中的「土」「洋」派系之分，常因研究者在字面上的倉促解讀，而在論證開展中出現訛誤的現象。南方朔在行文中特別對「土」「洋」之分的常見訛誤有所闡釋[45]：

> 「大學雜誌」「土」「洋」兩派的分裂，並不如某些地域主義論者所說的是本省人與外省人的問題，因為「洋」這一系的青年知識份子中間，固然有丘宏達等外省籍人，同樣的也有施啟揚、林清江等本省籍人。而「土」系中也包括了陳鼓應等外省人，過分認定丘宏達等人的離去是外省人與本省人溝通的差距，明顯的犯了地域主義狹隘觀念的錯誤。
>
> 事實上，「土」「洋」分裂的真正本質關鍵應當是在「大學雜誌」內「土」這一系的知識份子中某些人權力欲望昇級的結果，而其所以如此，則又有其必然性存在。

因此，我們從南方朔的行文中可以了解：「土」「洋」兩派間所充盈的不協調[46]，以致分裂的結果形成，不可簡化地歸因為「省籍衝突」。除此之外，介於秦鳳英對成員發展流向的分類，與南方朔將成

42　蕭阿勤指出：「一九六八年元月創刊出版的《大學雜誌》，事實上正延續《自由中國》與《文星》深受西方影響的政治改革與文化改革期望，同時更充分展現具有公共關懷與改革意識的戰後世代知識階層，以中國傳統知識份子的使命自期而追求西方政治與文化理念實踐的熱情。」〈世代認同與歷史敘事：臺灣一九七〇年代「回歸現實」世代的形成〉，頁二四。

43　本研究認為：儘管相關研究在人事分類的規模上有所不同，但基本上都是植基於個人的發展趨向，依照討論需求取其公約數。因此，即便是大單位（世代）的論點提陳，仍是在小單位（個人）的發展基礎中進行開展。

44　秦鳳英，《知識菁英對威權體制民主化之影響研究：臺灣「大學雜誌」個案分析》（臺北：國立臺灣師範大學公民訓育研究所碩士論文，一九九二），頁一〇〇至一〇六。

45　南方朔，〈中國自由主義的最後堡壘——大學雜誌的量底分析〉，頁一九。

46　「土」「洋」的四點不協調之處，分別是：自我價值設定上的不協調、關切的事務不同所產生的不協調、世俗觀點回饋後所產生的不協調、出身不同所造成的不協調。南方朔，〈中國自由主義的最後堡壘——大學雜誌的量底分析〉，頁四〇。

員思考方式的二分辯證之間，另有一結合思想趨向與實踐類型的分類方式，如：陳鼓應分析《大學雜誌》成員的四種派別——新保守主義派、學院自由派、地方政治派、社會民主派——其中，各派之後發展出的雜誌類別，亦為研究者所關注。[47]

最後，本研究的類型三需以蕭阿勤「回歸現實」的世代研究[48]做結，才顯圓滿。其因有二：一、相較於上述研究的「微觀」考究（個人發展、派系流變），蕭阿勤以較為「宏觀」的角度，吸納了無數的個人與派系，形成一個對於臺灣世代之間的觀察，並以鮮活的筆觸對比六〇年代的「沉默消極」與七〇年代「回歸現實」，呈現出世代轉變之間的積極意涵。二、蕭阿勤在恢宏的世代架構中，主要援用《大學雜誌》與臺大校園的相關史料所保存下的話語作為論述基礎，戮力描繪在七〇年代覺醒的戰後世代，是如何理解自我的定位以及存在的意義。植基於上述兩點，在《大學雜誌》「以個人為主體的分類討論」中，蕭阿勤的作品有其獨樹一幟的價值。

三、競逐的論述

《大學雜誌》，其英文名稱為The Intellectual。The Intellectual，中文譯為「知識份子」。依照湯瑪斯・索爾（Thomas Sowell）的說法，知識份子所指涉的是一群產製觀點的人透過其觀點的散佈對社會造成影響[49]。將湯瑪斯的說法放置到《大學雜誌》常見的討論脈絡之中，可以發現雜誌的英文命名提供了幾個提示，如：知識份子於此雜誌進行創作、此雜誌被知識份子所閱讀、此雜誌傳遞的觀點形成一定程度的社會影響……等等。

論者有言，保釣運動對《大學雜誌》的崛起有一定程度的影響[50]。本研究嘗試分析保釣論述在《大學雜誌》中，形成了何種觀點？而這樣的觀點又造成什麼樣的影響？本研究蒐集《大學雜誌》自一九七一年一月（第三十七期）至一九七二年二月（第五十期）間篇名或內容與「釣魚臺列嶼」及「保衛釣魚臺」直接相關的篇章共十八篇，擷取之文本前後橫跨一年又兩個月，採用文本分析法[51]進行研究。

47　秦鳳英，《知識菁英對威權體制民主化之影響研究：臺灣「大學雜誌」個案分析》，頁一〇〇。係整理陳鼓應刊載於《中報月刊》的文章〈七十年代以來臺灣新生一代的改革運動〉所劃分的四個派別：「一、新保守主義派——關中、魏鏞、丘宏達、李鍾桂等人，而後均為國民黨所拔擢；二、學院自由派——楊國樞、金神保、王文興、張潤書等人，而後成為以「中國論壇」為據點的自由主義知識份子；三、地方政治派——張俊宏、許信良等人，他們均以選舉來介入政治活動。而後與反對運動政治菁英黃信介、康寧詳（應為「祥」，秦鳳英原文之別字）等人，創辦「臺灣政論」雜誌，停刊後，再以「這一代」為據點；四、社會民主派——王拓、王曉波、王杏慶、陳鼓應、高準等人。而後，以「夏潮」為據點。」

48　本研究所援用的文章是蕭阿勤二〇〇五年發表於《臺灣社會學》第九期的文章〈世代認同與歷史敘事：臺灣一九七〇年代「回歸現實」世代的形成〉，頁一至五八。

49　索爾（T. Sowell）著；柯宗佑譯，《知識份子與社會》（臺北市：遠流，二〇一四），頁七。

50　《大學雜誌》在歷經一九六九年由張俊宏先生接手，一九七〇年中改組，一九七一年初擴大組織後，因「釣魚臺事件」而備受關注。包澹寧直指：「《大學雜誌》與一次自發的愛國運動有密切關係，這一運動的目的是申明距臺灣北部基隆市一〇二海里的釣魚臺是中華民國的領土。這場大得民心的民族運動被與約六十年前發生的五四運動相提並論，當時，由於得知政府缺乏阻止把領土割讓日本的決心，作出了強烈的反應。」包澹寧（D. K. Berman）著；李連江譯，《筆桿裡出民主：論新聞媒介對臺灣民主化的貢獻》，頁三〇一。

51　本研究恪守夏春祥，〈文本分析與傳播研究〉，頁一五一。對於操作文本分析法所提出的三大研究要點：「（一）是立場，即考察事物和進行說明的出發點，它是突顯現實差異的重要關鍵，立場的一致可使論述的力量（forces）在轉變成為權力（power）之前得以展現，論述在不同生活領域的開展，將可使現實經驗更豐富論述的理論內容（論述沒有開展的重要原因，則是對文本性的說明尚未充分）；（二）是不斷的反省和自覺，由於即使在同一論述裏，它也不是同質的世界，這使得「為什麼如斯」（why）的質疑不斷持續，也展現出論述的

本研究同時亦考察相關史料與相關研究，將三者進行交叉比對。讓不同材料對話的結果，發現：《大學雜誌》中知識份子對於保釣運動的觀點，是以「競逐真實」的方式予以實踐。而「競逐真實」的具體作為，顯見於「中方 vs. 日方的領土論據」及「黨國 vs. 民間的真相論據」兩個論題上。本研究所指稱的「競逐真實」，意謂著在這兩個論題（「領土論據」與「真相論據」）中，立場相異的兩方（「中方 vs. 日方」與「黨國 vs. 民間」），皆透過將特定論述強化或淡化的方式，鞏固自己的立場，爭取作為「真實」的代表，以達到其目的（「領土的實質擁有」與「『真相』的如實傳遞」）。本研究同意在這「競逐真實」的過程之中，權力作用、消長，但本研究在此欲呈現的是——以《大學雜誌》為主、史料與臺灣相關研究為輔的論述競逐過程。以下，將針對兩個論題進行說明。

(1) 論述競逐一：中方 vs. 日方的領土論據

日本學者岡田充以「領土民族主義的魔力」說明橫亙在臺日雙方多年的釣魚臺爭議，認為「領土民族主義的魔力」乃是肇發臺日釣魚臺爭議的主要力量。在屢次發生在釣魚臺上的「插旗大戰」中，暴露出爭議的本質，岡田充如此分析[52]：

> 平時在我們眼裡不容易看到的「國家」形體，此時被濃縮於國旗之中。將空洞化（看不見）的國家變成「可視化」，正式涵蓋尖閣諸島在內的領土問題之本質。

簡言之，釣魚臺爭議無疑是在「以國家主權為思考框架的『絕對價值』」[53]中，一個實證範例。因此，我們可以把一九七〇年代以降釣魚臺爭議在臺日兩造間所引發的種種言論與實質行為，歸因於一個具有魔力的發問：「你可以接受領土被奪取嗎？」[54]

在對於「領土民族主義的魔力」有了基本的認知後，我們即可理解臺日兩方對於釣魚臺的領土權何以擁有如此強大的執念。本研究蒐集臺日對於釣魚臺爭議的相關研究，發現除了立場相異之外，論證方式何其相似；本研究「論述競逐一」所指涉的，即是臺日兩造於領土論據上的競逐。

臺日多數論者認為釣魚臺爭議發端於一九六九年初聯合國公布的一份報告[55]，臺灣學者張啟雄指出[56]：

> ……聯合國亞洲遠東經濟委員會的調查報告書公布之後，立刻引起釣魚臺列嶼周邊地域國家的注意和一連串的後續行動，因此造成了該地域的緊張與對立。
>
> 這對在二次大戰時曾受制於石油資源，並曾因之而一敗塗地的「無的國家」日本而言，如能占領釣魚臺列嶼，這將是日本在其可能獲得的領土之內，不但是唯一而且是最大的油田……

同樣地，日本學者中村勝範亦認為[57]：

歷史動力；（三）則是在理論思考與實踐取向之間的價值問題。」

52 岡田充著；黃稔惠譯，《釣魚臺列嶼問題：領土民族主義的魔力》（臺北市：聯經，二〇一四），頁二九。

53 岡田充著；黃稔惠譯，《釣魚臺列嶼問題：領土民族主義的魔力》，頁二三。

54 岡田充著；黃稔惠譯，《釣魚臺列嶼問題：領土民族主義的魔力》，頁二二。

55 即本研究前言所指出的艾默利報告（Emery report）。

56 張啟雄，〈釣魚臺列嶼的主權歸屬問題——日本領有主張的國際法驗證〉，頁一〇七至一三五。

57 中村勝範，〈美日安保條約與尖閣諸島〉，《釣魚臺列嶼之法律地位》（臺北：東吳法學院，一九九八），頁七八。

> 根據一九八六[58]年秋聯合國亞洲遠東經濟委員會（ECAFE）的海底調查報告顯示，靠近日本的尖閣諸島週邊海底蘊藏著石油和天然氣。臺灣和中國於是紛紛出面主張對尖閣諸島的領有權，從此美國對該諸島的態度便開始曖昧不清起來。

為了要讓更多人理解釣魚臺主權歸屬，以增加自家人的認同並博得國際上的支持，知識份子在釣魚臺爭議上打起了高知識密度的「論據大戰」[59]。從《大學雜誌》上所保留下來的論據來看，當時的知識份子分別從史料、地理位置、國際法、外交、政治上面多有論證，其中又以丘宏達的系統性論證最多。丘宏達最早於第三十七期即發表〈從國際法觀點論釣魚臺列嶼問題〉一文，於第四十期又以釣魚臺爭議的發展脈絡編輯整理為〈釣魚臺列嶼問題大事記〉一文。在釣魚臺爭議討論逐漸消失之際，丘宏達於第五十期仍竭力撰寫〈日本對於釣魚臺列嶼主權問題的論據分析〉一文。

知識份子除了備齊相當健全的各式資料作為「領土論據」的背書外，同時亦剖析日本論據上的闕漏；綜合當時國際局勢的發展，在主權與資源開發上也提供了參考策略[60]。

直至今日，這些一九七〇年代知識份子所彙整出來的「領土論據」，仍被中華民國政府所沿用[61]。詳讀《大學雜誌》當中的論據分析，亦不難發現近年所提出的「東海和平倡議」[62]，實乃「新瓶裝舊酒」，以新的名號選擇了當年知識份子最不願意見到的選項[63]。

(2)論述競逐二：黨國 vs. 民間的真相論據

第二個論述的競逐，出現在島內保釣遊行的論述上面，這必須在戒嚴體制新聞媒體受到嚴格管制的脈絡下進行理解。本研究在此將以保釣遊行做為貫穿論述的事件，分別從《大學雜誌》保釣專刊的出版行動與出版內容加以解釋。一九七一年四月十四日上午，臺大僑生率先以「歸國華僑大學生」名義發起保釣遊行。一九七一年四月十五日上午，臺大、師大、政大三校僑生再次集合抗議示威[64]。當為數眾多的學生在保釣爭議中展現出強烈的愛國情操時，國民黨的敏感神經被觸動，鄭樹森回憶起當局緊急下令封鎖訊息的情形，如此寫道：

在大學生的保釣運動爆發後，國民黨很緊張，擔憂變成一九四〇年代後期的學生運動的翻版，成立「寧靜小組」，負責封鎖這件事的消息，要求所有媒體以中央社為準，統一發布新聞，更不能有文字、圖片報導學生的抗議示威，以免星火燎原。[65]

58 本研究認為此年份應為誤植，應更正為一九六八年。

59 中方與日方在釣魚臺爭議上，皆有頗為可觀的領土論據。本研究以《大學雜誌》作為主要文本，因此在討論上也以《大學雜誌》所提供的論述為主。

60 見轉載於美國《聯合雜誌》釣魚臺特刊〈釣魚臺主權誰屬的分析〉，頁二五至二六。

61 〈釣魚臺列嶼是中華民國的固有領土〉，外交部，http://www.mofa.gov.tw/News_Content.aspx?n=C641B6979A7897C0&sms=F9719E988D8675CC&s=438E09653E998291（二〇一三年六月二十日查詢）。

62 其基本立場是：「一、應自我克制，不升高對立行動；二、應擱置爭議，不放棄對話溝通；三、應遵守國際法，以和平方式處理爭端；四、應尋求共識，研訂「東海行為準則」；五、應建立機制，合作開發東海資源。」詳見外交部網站之公告，http://www.mofa.gov.tw/theme.aspx?s=CF5DF99964D9DB8E&sms=30258915F57EB2DC（二〇一三年六月二十日查詢）。

63 在〈釣魚臺主權誰屬的分析〉的四個策略分析中，寫道：「從上述策略的分析，我們有理由認為第三個策略不是一個最好的決定。（按：第三個策略為——不談主權問題，而進行中、日共同開發）」見〈釣魚臺主權誰屬的分析〉，頁二五。

64 洪三雄，《烽火杜鵑城》，頁八至九。

65 鄭樹森，《結緣兩地：臺港文壇瑣憶》，頁二六。

這樣強勢緊縮消息的作為，從歷史學者薛化元、楊秀菁的研究中，可得到解釋：「戒嚴時期的新聞管制體制是一個行政命令可以逾越法律，行政裁量可以高於母法的體制架構。[66]」於是，我們可以理解：媒體在戒嚴體制高度控管下，實乃國家機器的一部分。傳播學者倪炎元指出：

> 在黨國體制的原型中，嚴格說媒體並不屬於民間社會的部門之一，而是國家機器的一部分，擔負政治宣傳的任務，以發揮宣達政令、傳播意識型態等社會控制的重要機制、這與多元社會中，媒體作為民間社會自主性的社會力量之一式完全不同的。[67]

當大部分的媒體皆為國家所控制的情況下，《大學雜誌》保釣專號嘗試突圍的作法，即具有高度的抗爭意義。當時的執行編輯鄭樹森提到保釣專號出刊前，《大學雜誌》內部對於出刊狀態的擔憂與掙扎：

> 《大學雜誌》內部有一部分人不支持搞得太過火，認為很危險，可能會被國民黨拿作理由來查禁。那期在激烈討論下一直沒有出版，很多讀者以為我們被查禁，其實是我們遲遲不敢付印。[68]

《大學雜誌》第四十一期（一九七一年五月號）最終決定突破政府的限制，在《大學雜誌》上以保釣專號的方式出刊，除了內容為照片與文字相配合外，封面也以刊登在當時極為少見的活動照片進行處理。[69]這個結果，實乃《大學雜誌》相關人員與國民黨當局斡旋所達成的共識。兩造協議將印好照片封面的雜誌部分裝訂寄往海外，島內僅能使用重新設計印刷的墨綠色底、反白字體的雜誌封面，內頁的照片則在國民黨當局的讓步下，得到保留。這個國民黨當局的讓步，使得本研究得以使用這個特殊的文本進行分析。陳鼓應在訪談中，詳述了這段經過：

……在編委會的時候，我們就計畫專題——還有一個事情發生，就是釣魚臺（運動），我們搞了好多照片，哇，高興得不得了。這一段我記得很清楚，在楊國樞心理系那個地方開一個會，忽然間，中央黨部下令，（我們）不可以登那麼多照片。

（張）[70]是海外示威的照片嗎？

不是，是臺灣示威的照片。結果（中央黨部說）不行，我就說：「那不管！我們就（先）發行再說。」後來我想一想，我剛好認識第六組的一個幹事，是我大學時候的同學，我們經常在一塊跳跳舞，他也是一個老實人，不太跳舞，但是舞會時我們經常去，就是經常在一塊的（朋友）。嘿，我忽然一想，我就打電話給他，現在（他的）名字也忘了，我說：「我們有事跟你談。」我就找了（幾個人），那時候張俊宏有去，我們又找了陳少廷、幾個比較激進的（人）去。我們說：現在雜誌已經出來了，不能把它毀掉，（若）毀掉傳出去不好聽。這是一個（理由）。第二個，我說：就把這個刊物全部送到海外，你內部不發行的話，要送到海外，這對言論開放有好處……[71]

66 薛化元、楊秀菁，〈臺灣戒嚴時期新聞管制體制之形成——以一九五〇、六〇年代為中心的討論〉，《戒嚴時期政治案件專題研討會論文暨口述歷史紀錄》（臺北：財團法人戒嚴時期不當叛亂暨匪諜審判案件補償基金會，二〇〇三），頁七三。

67 倪炎元，〈威權政體下的國家與媒體：南韓與臺灣經驗之比較〉，《東亞季刊》，第二六卷第四期（臺北，一九九五），頁一三八。

68 鄭樹森口述，〈另一種臺港交流 我與大學雜誌〉，《文訊》，第三一六期（臺北，二〇一二），頁七四。

69 鄭樹森，《結緣兩地：臺港文壇瑣憶》，頁二六至三二。

70 訪談人張建隆。

71 楊雅玲、張建隆於一九九七年九月十九日，假臺大哲學系陳鼓應教授研究室進行採訪，收錄於陳鼓應訪談抄本：陳鼓應先生訪談摘錄（二），頁三一（未出版）。

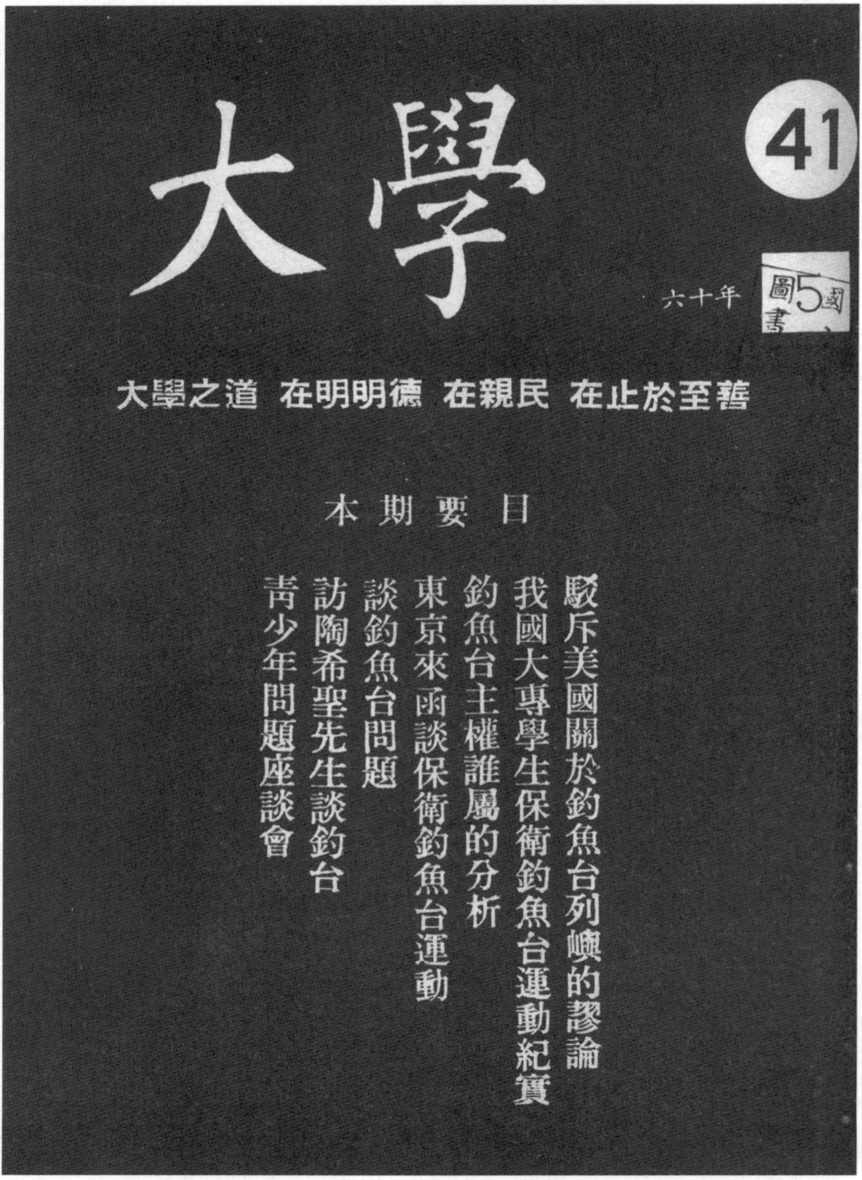

大學

41

六十年

大學之道 在明明德 在親民 在止於至善

本期要目

駁斥美國關於釣魚台列嶼的謬論

我國大專學生保衛釣魚台運動紀實

釣魚台主權誰屬的分析

東京來函談保衛釣魚台運動

談釣魚台問題

訪陶希聖先生談釣台

青少年問題座談會

從陳鼓應的回憶可看出，當局對於《大學雜誌》保釣專號中的內容與照片有所顧忌。本研究不禁好奇：究竟是什麼樣的內容與照片，使得當局如此顧忌？本研究查閱《大學雜誌》第四十一期（一九七一年五月號）保釣專號中「堅持刊登」的十八張照片：在這十八張照片中，有兩張以全頁方式分別刊登在封面內頁與封底內頁，其餘十六張照片則搭配李中民、吳瓊恩、馮浩斌所撰寫了〈我國大專生保衛釣魚臺運動紀實〉刊載。封面內頁照片為「美國荒謬、日本無理」的標語照（後頁圖一），封底內頁照片則為四月十五日的遊行照片（後頁圖二）。搭配文章刊載的十六張搭配照片中，其中計有十四張照片主軸為學生活動，分別是九張為遊行示威照片、三張為血書簽名活動照片、一張為在禮堂裡舉辦的座談會照片、一張為學生在室外蹲著聆聽演說的照片。另外，兩張靜態照片則是：一張為校園內標語懸掛情況的照片，一張為從船上拍攝釣魚臺一景的照片。

從《大學雜誌》刊載這十八張照片的時間點來進行理解，保釣專號乃「五月號」，已過了學生密集群聚上街的高峰期，[72]這十八張照片在乍看之下會認為是一般的活動紀錄照片，只是剛好紀錄的是學生踴躍參與愛國運動的實況。然而，唯有透過照片搭配文字脈絡與該活動的報紙報導進行對照，才能從其落差凸顯出該活動照片「必須刊登」的理由。

就兩張全頁輸出的照片來看，顯示了島內學生對於釣魚臺爭議的基本認知與立場；「美國荒謬、日本無理」控訴的是日本的手段蠻橫，而美國這個作為世界事務仲裁的公正人居然站在蠻橫的日本那方，

72　洪三雄，《烽火杜鵑城》，頁四一五。四月十四日至四月十六日，這三日各有大型群聚示威抗議活動。

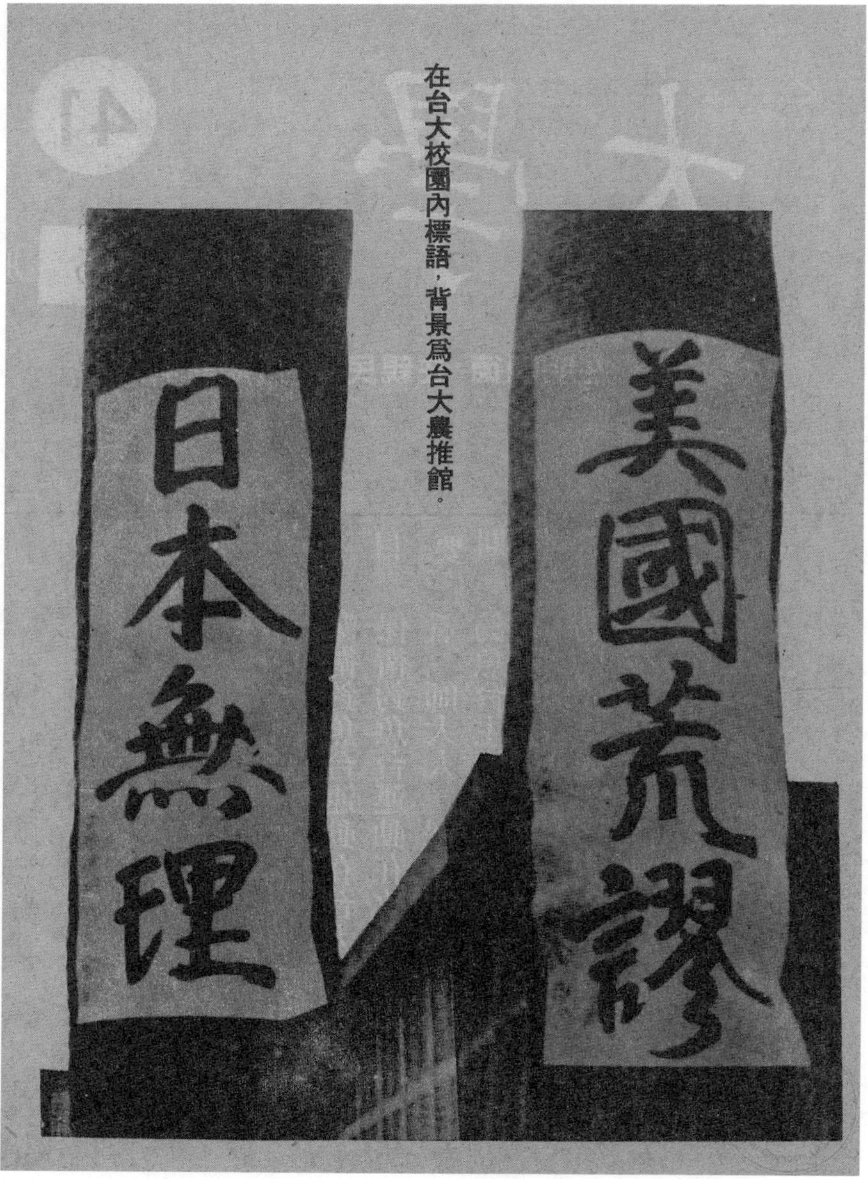
在台大校園內標語，背景爲台大農推館。
日本無理
美國荒謬

圖一／臺大校園內標語

民六十年四月十五日，臺大政大僑生為保衛中國領土釣魚臺
向美領使館示威後，經羅斯福路返回臺大途中。
擁護政府

圖二／臺大政大僑生示威遊行

其選擇是荒謬的，令人難以苟同。封底的照片中，長長的遊行隊伍反映了學生的熱烈參與；手持旗幟上書寫的「擁護政府」與「誓死保衛釣魚臺」清楚的顯示了在黨化教育下學生的愛國情操，學生在民族意識運作下，對「國家—民族」的關懷表露無遺[73]；而隊伍兩旁較為零散的人員則可從其穿著打扮（當時的警察裝扮、學生手上配戴的臂章）顯示此遊行活動仍受到當局控管，進而見識到戒嚴體制下嚴密的管制型態[74]。

另外十六張照片在〈我國大專生保衛釣魚臺運動紀實〉一文中，則是搭配臺大、師大與政大三所大學的保釣紀實活動進行排列（左頁圖三、圖四）。整體來說，十四張學生活動照片所呈現的是一種「具體實踐的行為」。中央社雖然發佈相關報導指出：師大學生上呈血書給政府，以顯支持保衛釣魚臺之決心[75]。但是，《大學雜誌》所刊登的照片，捕捉了學生刺破手指頭、為國留出汨汨鮮血以示支持的實況，讓閱聽人更加直接地透過照片所傳遞的視覺震撼，重新理解島內保釣運動的狀態。圖像與文字在訊息傳遞上面的差異，在當時的傳播文本當中，對閱聽人的價值與意義更顯重要。

另外，閱聽人亦可從學生遊行所高舉的標語，清楚了解到學生在運動中所提陳的具體訴求。其中，比較清楚的有「誓死捍衛釣魚臺」以及「擁護政府」（後頁圖五、圖六），再再的展現學生愛國之訴求

73 彭琳淞，《政府遷臺後臺灣學生運動變遷之探討——以四個重要因素之互動關係來說明》，頁八一。

74 亦可與張德溥的說法相互參照；見張德溥，〈折戟沉沙（下）〉，《傳記文學》，第八〇卷第一期（臺北，二〇〇二），頁一〇二。

75 〈對釣魚臺列嶼主權 師大與大學生續有表示〉，《中央日報》，一九七一年四月二十一日。

— 11 —

師大

二十二年來臺灣的智識青年第一次獲得機會有限度地表示他們對政治問題的意見，這就是各大專院校學生爲了保衛釣魚臺而掀起的愛國運動。並非說這些年來，大學生們沒有表達過他們的政治觀感，但是能夠由他們自己來選擇表達的方式，並且由他們自己來決定表達的內容，而絲毫未受到任何他人事前明顯的授意，這還是第一次。

師大人保衛釣魚臺的活動是開始於**四月十三日**，先是華僑同學會及港澳同學會的僑生們爲響應香港大學學生所發動而爲港警阻止的示威，於是在校園中遍貼海報，內容有的是喚起同學們對釣魚臺事件的注意，例如有幾張海報上剪貼了港報所載香港大學生示威的新聞及爲港警拘捕的照片；有的是以堅強的歷史、地理證據來說明釣魚臺是我們的。

次日（四月十四日）校中各系各班各社團都響起了共鳴，於是出現了許多語句較爲強硬的海報，以抗議美、日對釣魚臺荒謬無理的聲明。例如：

「我們的領土不許他人強佔，我們的主權不容他人侵犯」。

「絕不容許雅爾達密約重演」。

「日本無權佔我領土，美國無權寫我歷史」。

「誓死保衛釣魚臺」。

同時僑生們決定採取正式的行動，於是中午一時有近百人在圖書館前草地上舉行長達一個半小時的靜坐示威。馬總教官與僑輔會田主任均應邀對同學們報告政府處理這件事的態度。總教官強調了三點：第一，政府必然會盡力維護領土主權，絕不會輕易放棄釣魚臺。第二，同學們如果要求政府對此事內情詳加解釋，則因透露了底牌將不利於以後對日方的交涉。第三，同學們的行動要顧及校中的秩序。

示威中，同學們討論並發表了一個靜坐抗議宣言：

1.我們的行動乃純屬一種愛國表現，絕不受任何政治利用。

2.我們願意在任何情況下支持政府的立場，誓爲政府的後盾。

3.我們的目的是要將我們中華民族的忿怒向美、

圖三、圖四／師大校園內

與決心。

在〈我國大專生保衛釣魚臺運動紀實〉一文中，行文者除了表示對於保釣遊行本身的理解之外，亦主張其文之價值在於真實的呈現：

對於示威而言，它的本質是無法解決問題的。它只是羣眾表達意願和態度的一種方法。因此我們所作出的愛國行動，應該獲得新聞機構的重視和忠實地報導此事，但我們從新聞傳播工具中，無法獲得應有而正確的新聞報導。[76]

因此，行文者以保釣遊行參與者的角色，在該文中直指新聞在報導上主要有兩類訛誤；一為人數低報，二為用詞失當。本研究先從人數低報的部分進行考察，經過本研究實際翻查《中央日報》的結果，發現報載人數的確與行文者所知有相當大的落差；但在行文者所說的「用詞失當」則有待商榷。《中央日報》報導指出：

昨天上午九時三十分，有三百多名大專院校的男女學生，到忠孝西路美國駐華大使館前，抗議美國政府針對有關釣魚臺列嶼主權問題所作的主張。[77]

據行文者表示：「四月十五日第一次向美國領使館舉行的抗議示威遊行，報導是有三百餘人參加，但實際的人數在六百人以上。[78]」三百餘人和六百人以上，顯然有一定程度上的落差。因此，封底長長的遊行人龍照片，提供了閱聽人「親眼見證」的判斷基準。但在「用詞失當」上，行文者認為報導中出現的「請願」與其「抗議」的實際行動有所不符：

> 「請願」：這兩個字在我們的愛國運動中，是沒有的，只有抗議兩字。為甚麼如此？因為領土主權既為我國所擁有，對於作出無理與荒謬聲明，並有侵犯我國領土完整的行動的國家，在維護國土主權上我們對這些國家所採取的態度，應該是抗議！我們沒有向任何別國請願的必要。[79]

然而，在同一篇報導中，清楚的寫出學生的「抗議」行動，而非「請願」行為。從這兩處明顯地看出：行文者與新聞報導的處理上，有一定的落差。照片於此的證明與澄清功能；行文者認為此次大規模的學生愛國運動有極大的價值：

> 此次為保衛釣魚臺列嶼主權的示威遊行，係出於青年學生們純潔的愛國動機，同時，更是自動自發的，絲毫無人在背後操縱、利用，所以一切秩序顯得非常和平、安全。[80]

照片中一再顯示整齊隊伍和井然有序的人群，不斷試圖強調活動的「純正性」。行文者更直接指出：

> 在這次的運動中，還有一點值得報導：從僑生們的示威遊行和所舉行的座談會等活動來看，都充份地顯示出這一代的知識青年有足夠的能力來控制自己……如此有計劃有組織的學生運動還會出問題嗎？[81]

76 李中民、吳瓊恩、馮浩彬，〈我國大專學生保衛釣魚臺運動紀實〉，《大學雜誌》，第四十一期（臺北，一九七一），頁一〇。
77 〈大專學生至美使館 抗議美對釣魚臺主張〉，《中央日報》，一九七一年四月十六日。文中畫線為本研究所加。
78 李中民、吳瓊恩、馮浩彬，〈我國大專學生保衛釣魚臺運動紀實〉，頁一〇。
79 李中民、吳瓊恩、馮浩彬，〈我國大專學生保衛釣魚臺運動紀實〉，頁一〇。
80 李中民、吳瓊恩、馮浩彬，〈我國大專學生保衛釣魚臺運動紀實〉，頁一五。
81 李中民、吳瓊恩、馮浩彬，〈我國大專學生保衛釣魚臺運動紀實〉，頁一三。

事只求一己之利益，置國家大事於不顧。民族精神之墮落，實莫甚於此。

此時，新的一代由於生活在安定和的環境繁榮，也逐漸地在成長、壯大，他們吸取了本國文化中的精華，也接受了西方文化的若干知識，他們對國際問題的了解也較前一代的青年們有了更深刻更廣泛的認識，於是在「衆人皆醉」之下，新一代的青年人漸漸地自覺，漸漸地了解國是之顚危，乃立下志願，默默地爲國家盡其當盡之責。這些青年的覺醒，種下了此次保衛釣魚臺主權運動的種子。

二、留美學界示威遊行的啓示

學生愛國救國的運動，古已有之，早在西漢時即有賈誼和鼂錯的救國主張，至西漢博士弟子王咸，以鮑宣下獄，牽諸生千餘人，伏闕上書時，始正式成爲我國學生運動之始祖，此後中國的學生運動，歷經唐、宋、明三代，皆有轟轟烈烈的偉績表現，但是這些運動純是自內而發的，到了清末以迄今日，學生運動始漸漸地受到外來因素的影響而爆發，尤其此次釣魚臺運動，更受到留美學界的遊行、請願的刺激很大。

四月九日，美國宣佈準備於一九七二年，將釣魚臺隨着琉球一併送交日本之時，正是留美學界準備再發動一次示威遊行的前夕，消息傳來，全國海內外青年學生莫不大表憤慨，紛紛起來表示反對美、日之不當措施與不當要求，於是，政大的臺生和僑生乃各自分途準備，計劃發動一次遊行示威運動，以支持政府的堅定立場，並對美、日兩國提出嚴重抗議。

三、事件的經過

圖五／政大學生及僑生

㈡這次運動的發生，是由僑生所引發的，但僑生並不是孤立的，從發海報開始至有示威遊行等的行動，均能迅速地獲得國內學生的支持和參與，雖然他們的言與行均未如僑生般的熱烈，但他們的表現是應該獲得國人喝采的，因爲他們同樣地是那麼的具有熱血，只是二十年來在我們的國家裡都未發生過同類的事件。故此一般青年一方面壓抑着本身的熱情，一方面採取觀望的態度，但大部份國內學生依然是控制不了本身澎湃的熱情，而加入了愛國行動的行列。

政府對此事未有採取任何壓制的行動，而以漸次開放的政策去對待所有愛國青年，這是値得我們推許政府的地方。同時我們更希望，政府能再給予青年對這方面較多表達意見的機會，同時要信賴這些支持祖國、擁護政府的青年同胞所作的純正愛國行動。

㈢對於示威而言，它的本質是無法解決問題的。它只是羣衆表達意願和態度的一種方法。因此我們所作出的愛國行動，應該獲得新聞機構的重視和忠實地報導此事，但我們從新聞傳播工具中，無法獲得應有而正確的新聞報導。現在舉出報導中有與我們行動表現有所不符的地方：

(1)「請願」：這兩個字在我們的愛國運動中，是沒有的，只有抗議兩字。爲甚麼如此？因爲領土主權旣爲我國所擁有，對於作出無理與荒謬聲明，並有侵犯我國領土完整的行動的國家，在維護國土主權上我們對這些國家所採取的態度，應該是抗議！我們沒有向任何別國請願的必要。

(2)四月十四日第一次向日本大使館抗議示威，參加人數報導是數十人，但該天直接參加的實際人數在二百人左右。

(3)四月十五日第一次向美國領使館舉行的抗議示威遊行，報導是有三百餘人參加，但實際的人數在六百人以上。

㈣青年的希望是國家的希望——現在青年的希望是堅決保衛領土主權的完整。所以政府必須悍衛釣魚臺列嶼的主權。

「釣魚臺是我們的」是所有愛國青年所說出的話，也是海內外所有中國同胞所說出的話。我們的話代表了我們的心聲，因此我們堅決支持政府，從美國手中收回釣魚臺列嶼。同時我們也知道，除了收回釣魚臺列嶼爲解決此問題的唯一方法外，我們將不同意任何捨此以外的決定！

圖六／臺大學生響應

然而，這樣「有能力、有計畫的控制自己」與當時臺大總教官張德溥的回憶有所落差；他對保釣運動之所以可以順利上街遊行，有了清楚的交代。張德溥表示他當時完全不擔心保釣遊行的失控，並對遊行做了相當程度的安排[82]：

……遊行是在馬路中央，我要求實行交通管制，並且派便衣人員，在路邊的圍觀人群裡，留心不允許外界的人員混到遊行隊伍裡去。還有，派十部遊覽車停在遊行終點的隱蔽處，同時準備一些飲料，我會用車把遊行隊伍帶回學校去。他們最後同意了。果然不出我所料，在組織遊行過程中，學生對於隊伍編組、指揮、掌握（他們也怕出事），毫無經驗。於是我很容易地掌握了一切行動……

艾倫・狄波頓（Alain de Botton）在《新聞的騷動》一書中，將新聞照片區分為「佐證的影像」與「啟發性的照片」兩種類型；很顯然地，在戒嚴體制新聞受到嚴格控管之下，保釣運動的照片刊載同時使得兩種照片類型同時成立，一方面透過「佐證」攻訐政府傳聲筒所告訴社會大眾的「事實」，二方面則是在某種程度上「啟發」，或者更確切的說「號召響應」保釣運動。而後者，恐怕是國民黨當局所不樂見、也是亟欲控管新聞的原因之一。本研究從上述《大學雜誌》與相關材料的對話中，推論其在保釣運動論題的具體作為上，有「論述競逐二」，亦即透過保釣遊行的照片作為論述策略，透過照片加乘論述的力量，企圖與作為政府傳聲筒的報紙爭取「話語權」。而這「話語權」爭奪的意義，蘊含了「事實如何闡釋」、「民眾如何理解」的複雜關係。本研究在此呈現出不同材料之間的「落差」，欲以不同資料鋪排出「單一事件、多重真實」豐富樣貌，亦藉此理解《大學雜誌》在保釣專刊中究竟是承載了何種突破，使得國民黨當局對於保釣專號的刊行如此緊張。

四、時代的反思

本研究始於一個解嚴後才出生的臺灣人對釣魚臺爭議的蒼白理解，透過七〇年代對臺灣社會深具影響力的《大學雜誌》作為主要文本、輔以史料與相關研究相互參照，重新認識歲歲年年在臺灣新聞間歇性被報導的釣魚臺爭議，在爭議之始（即一九七〇年代），是如何被當時的知識份子所論述？對社會又帶來什麼樣的影響？本研究透過爭議溯源，進而嘗試理解今日未解的釣魚臺爭議，在臺灣社會中所扮演的角色與意義。

在前行研究的耙梳過程中，本研究認為現有的研究對於「保釣運動」與「大學雜誌」有幾個模式化的討論方式。因此，本研究先整理「體制面」與「教育面」兩大時代元素，為理解該時代背景建立基礎認知。接著，分別以「保釣運動」與「大學雜誌」作為主軸，進行討論模式的整理；在「保釣運動」中，本研究依照運動的定位方式，整理出「學生運動」與「民族／抗日運動」兩種類型；在「大學雜誌」的部分，則是以《大學雜誌》與知識份子兩造的互動作為觀察面向，整理出「鑲嵌於臺灣雜誌發展史的討

82　張德溥，〈折戟沉沙（下）〉，頁一〇二。

論」與「以個人為主體的分類討論」兩種類型。

前行研究在討論類型的模塑中，為後進研究帶來兩方面的貢獻：一方面為後進研究篩選出幾個值得關注的標的，另一方面則為後進研究提供了豐富的研究材料，作為靠近史實的具體例證。對本研究來說，「保釣運動」的討論類型對「運動者本身（學生）」與「運動意識（民族／愛國／抗日）」）有清楚的交代，因而在本研究追溯保釣運動的發展時，得以系統性理解保釣運動在該時空脈絡下所標誌的特殊意義。「大學雜誌」的討論類型，則清楚揭示《大學雜誌》在臺灣社會發展中，具有不可抹滅的影響力。

在了解保釣運動要點與《大學雜誌》影響力之後，本研究對於《大學雜誌》在保釣論述上的剖析，便有了「由小見大」的深刻的意義，亦成為本研究確立「後見之明」的重大要素。本研究整理《大學雜誌》的保釣論述，認為知識份子從中闡發的運動觀點，是以「競逐真實」的方式進行實踐。在「競逐真實」的作為中，又以「中方 vs. 日方的領土論據」與「黨國 vs. 民間的真相論據」作為兩大論題。

「中方 vs. 日方的領土論據」中，所呈現的是知識份子透過各式專業論據「護土」的努力。知識份子透過綿密論述與證據所努力呈現的，是「釣魚臺『真』屬於中華民國」的事實。這些由知識份子蒐集整理的論據，透過媒體平臺與日方所提出的論據進行競逐。競逐的價值在於爭取國際認同，取得擁有釣魚臺主權的正當性。「黨國 vs. 民間的真相論據」則是知識份子對亟欲控制保釣運動規模的國民黨當局，提出還原「真實」情況的要求。知識份子透過《大學雜誌》這份民間刊物所欲競逐的對象，乃是由國家機器所把持的媒體。由愛國之心所促發的保釣運動，黨國基於國際現勢與歷史困境上的幽微考量，嘗試介入降溫，卻意外引爆知識份子對黨國長期控制訊息的不滿，因而出現以參與者身分所寫、以活動照片為證、與報紙內容「競逐真實」的文章。

競逐，除了字面上競相角逐的意涵之外，同時代表著既有勢力的鬆動，不再具備定於一尊的絕對優勢。「中方 vs. 日方的領土論據」與「黨國 vs. 民間的真相論據」兩大競逐的論題，亦可置放到國際局勢與島內執政的發展脈絡下進行理解。在國際局勢方面，第二次世界大戰後列強對國際秩序規劃，經冷戰結構的改變，再到一九七〇年代第一次釣魚臺爭議的發酵，國際情勢已漸次改變了過去中華民國政府作為「『中國』代表」的合理性。「『中國』代表」的合理性削弱，使得國民黨政府必須在釣魚臺爭議上，採取保守、觀望的態度；因而只能一方面消極的「主張主權」，另一方面竭盡所能的讓保釣運動降溫，深怕保釣、「護土」的熱情在國民黨政府對國際局勢的無能為力中，轉變為對國民黨政府的質疑，甚至極端者出現左傾[83]、支持共產黨政府的狀況。

在島內執政方面，自釣魚臺爭議以降，一連串必須「回歸現實」的國內外事件，讓國家轉型的需求開始明顯白熱化。知識份子於雜誌的撰文中，越來越密集、熱烈地討論「民主、自由」之於國家圖強的重要性，並且提出諸如中央民意代表改選等等的具體改革訴求。國民黨政府透過戒嚴體制強行控管的力量，在蔣氏政權移轉的權衡考量，及民間知識份子的群體倡議等因素之下，在作法上逐漸產生轉變。民主國家的具體要件，亦在國民黨當局作法的逐漸轉變中，逐步落實。

83 本研究因研究需求未詳加介紹的美國保釣運動，最後即因走向左傾而備受國民黨政府所關注。

一九八七年解嚴的決策，讓異議之聲可以在媒體平臺上得到相互駁詰、參照的平等機會。自一九九六年三月二十日中華民國進行首次正副總統直選開始，臺灣島內至今已經歷了五次的總統大選與兩次的政黨輪替，臺灣人民亦從中培養出一定的民主經驗。儘管在訊息流遞的過程之中，不同立場的論述仍有競逐的現象，但在民主政體的保障與通訊科技的便捷之下，人民發聲的機會較為平等。

然而，在現今的國際社會中，中華人民共和國已經取得「『中國』代表」。在「『中國』代表」強勢向國際聲稱「臺灣為中國不可分割的一部分」[84]的情況下，臺灣被迫以曖昧的身分，在國際社會中立足。在國際社會仍然「以國家主權為思考框架的『絕對價值』」[85]作為主要考量之下，懸而未解的釣魚臺爭議無疑在日本時時進犯的威脅下，不斷提醒臺灣政權思考自身定位與國際互動間適切的解套方式。

致謝詞

特別感謝夏春祥老師從帶領作者認識《大學雜誌》開始，陪伴作者面對無數學術考驗與生命低潮，並在學術專業上給予相當珍貴的意見。其次，感謝林靜伶老師在「社會運動的語藝批評」課程中，帶領作者以語藝的觀點理解社會運動的內涵，對本研究在保釣運動的理解上，有相當的助益。最後，若無政大數典組的協助，本文亦無法順利出版，在此一併致謝。

84 中華人民共和國駐日本大使館網頁中，對於「臺灣問題與中國統一」有專題說明。（二〇一四年八月十八日查詢），網址：http://www.fmprc.gov.cn/ce/cejp/chn/zt/twwt/t62655.htm

85 岡田充著；黃稔惠譯，《釣魚臺列嶼問題：領土民族主義的魔力》，頁二三。

參考書目

《大學雜誌》，臺北：大學雜誌社，一九六八至一九八七。

《中央日報》（臺北）

《中國時報》（臺北）

《聯合報》（臺北）

包澹寧（Berman, D. K.）著；李連江譯，《筆桿裡出民主：論新聞媒介對臺灣民主化的貢獻》，臺北：時報文化，一九九五。

安德森（Anderson, B.）；吳叡人譯，《想像的共同體——民族主義的起源與散布》，臺北：時報文化，一九九九。

吳乃德，《百年追求：臺灣民主運動的故事 卷二自由的挫敗》，臺北：衛城，二〇一三。

岡田充著；黃稔惠譯，《釣魚臺列嶼問題：領土民族主義的魔力》，臺北：聯經，二〇一四。

林照真，《臺灣科學社群 40 年風雲》，新竹：國立交通大學，二〇〇〇。

南方朔，《中國自由主義的最後堡壘》，臺北：四季，一九七九。

洪三雄，《烽火杜鵑城》，臺北：自立晚報，一九九三。

倪炎元，〈威權政體下的國家與媒體：南韓與臺灣經驗之比較〉，《東亞季刊》，第二十六卷第四期（臺北，一九九五），頁一三一至一四六。

夏春祥，〈文本分析與傳播研究〉，《新聞學研究》，第五四期（臺北，一九九七），頁一四一至一六六。

徐文祥，〈臺灣地區學生運動之研究（民國三十八—八十三年）〉，臺北：文化大學中山學術研究所博士論文，一九九五。

秦鳳英，《知識菁英對威權體制民主化之影響研究：臺灣「大學雜誌」個案分析》，臺北：國立臺灣師範大學公民訓育研究所碩士論文，一九九二。

索爾（Sowell, T.）著；柯宗佑譯，《知識份子與社會》，臺北：遠流，二〇一四。

張啟雄，〈釣魚臺列嶼的主權歸屬問題——日本領有主張的國際法驗證〉，《中央研究院近代史研究所集刊》，第二十二期下（臺北，一九九三），頁一〇七至一三五。

張德溥，〈折戟沉沙（下）〉，《傳記文學》，第八〇卷第一期（臺北，二〇〇二），頁一〇一至一一四。

郭紀舟，《70年代臺灣左翼運動》，臺北：海峽學術，一九九九。

陳少廷，〈林獻堂先生與祖國事件〉，《大學雜誌》，第四三期（臺北，一九七一），頁四至八。

陳俊斌，〈雜誌創刊風景——雜誌中的臺灣史〉，《全國新書資訊月刊》，第九期（臺北，二〇〇七），頁二三至二九。

彭琳淞，〈自由．民主．本土．臺灣——看臺灣戒嚴時期的政論雜誌〉，《全國新書資訊月刊》，第九期（臺北，二〇〇七），頁三〇至四〇。

彭琳淞，〈政府遷臺後臺灣學生運動變遷之探討——以四個重要因素之互動關係來說明〉，臺中：東海大學社會學研究所，一九八九。

程家瑞主編，《釣魚臺列嶼之法律地位》，臺北：東吳大學法學院，一九九八。

楊雅玲、張建隆，《陳鼓應訪談抄本》（未出版），臺北：新臺灣研究文教基金會，一九九七。
蔡明學，〈我國大專校院學生素質之探究〉，《研習資訊》，第二十四卷第三期（臺北縣，二〇〇七），頁一三五至一四三。
鄭樹森，《結緣兩地：臺港文壇瑣憶》，臺北：洪範，二〇一三。
鄭樹森口述、熊志琴整理，〈另一種臺港交流 我與大學雜誌〉，《文訊》，第三二六期（臺北，二〇一二），頁六五至七五。
鄭鴻生，《青春之歌：追憶 1970 年代臺灣左翼青年的一段如火年華》，臺北：聯經，二〇〇一。
蕭阿勤，〈世代認同與歷史敘事：臺灣一九七〇年代「回歸現實」世代的形成〉，《臺灣社會學》，第九期（臺北，二〇〇五），頁一至五八。
薛化元、楊秀菁，〈臺灣戒嚴時期新聞管制體制之形成——以一九五〇、六〇年代為中心的探討〉，《戒嚴時期政治案件專題研討會論文暨口述歷史紀錄》，臺北：財團法人戒嚴時期不當叛亂暨匪諜審判案件補償基金會，二〇〇三。
薛化元編，《臺灣歷史年表 終戰篇 II（1966—1978）》，臺北：業強，一九九四。
薛月順、曾品滄、許瑞浩主編，《戰後臺灣民主運動史料彙編（一）從戒嚴到解嚴》，臺北：國史館，二〇〇〇。
謝小芩、劉容生、王智明主編，《啟蒙・狂飆・反思——保釣運動四十年》，新竹：國立清華大學，二〇一〇。

顏元叔與《大學雜誌》（一九六八至一九七〇）

——文學應該作為時代的一面鏡子。[1]

臺灣大學國家發展研究所博士候選人　張孝慧

一、序言

一九六八年元月《大學雜誌》創刊出版，延續《自由中國》與《文星》雜誌的公共關懷精神，提供知識分子一個為社會大小事發聲的場域。《大學雜誌》初期內容偏重思想與文化，不特別強調政治議題。一九七〇年期刊團隊計畫擴大改組，一九七一年五月因為出版保釣專號可能觸怒政府當局，內部同仁產生爭執，陳少廷（一九三二—二〇一二）、陳鼓應（一九三五—）等人遂邀請臺灣大學心理學系楊國樞教授（一九三三—）擔任總編輯。此後，《大學雜誌》政治色彩日益濃厚，充滿戰後世代的改革意識以及追求民主自由的熱情。今日學人每談及《大學雜誌》，多強調一九七一至一九七三年是該期刊對臺灣民主運動發展最積極有效力的階段。[2]相對於一九七一年改組以後，《大學雜誌》許多政治性質

1　莎士比亞筆下哈姆雷特口中的一句話，顏元叔中譯於〈我國當前的社會寫實主義小說〉一文中。參見顏元叔，《社會寫實文學及其他》（臺北：巨流，一九七八），頁七二。

2　鄭樹森，《結緣兩地》（臺北：洪範，二〇一二），頁十三至十四、二八至三〇。蕭阿勤，《回歸現實：臺灣一九七〇年代的戰後世代與文化政治變遷》（臺北：中研院社研所，二〇〇八），頁九三。吳泰豪，《《大學雜誌》政治主張之研究——以1971至1973年為中心》

濃厚的議題引發後人熱切討論，創刊初期許多關於文學與藝術的文章，則較少被公開探討。然而，細讀一九六八至一九七〇年本刊的「文學漫談」專欄，不難發現其中有許多強調文學功能性的論述，實已超越純文藝性質而進入關懷社會的層次，是為以多元視角認識六〇年代末期臺灣社會的重要史料，筆者將於後文逐篇剖析。

為了發現文學與政治的相容與互斥，我們必須先認識於三〇至四〇年代盛行於英美的「新批評」（New criticism）理論。當時文壇上的左翼作家要求文學為政治服務，因而侷限作者的書寫內容。為了保護作家的創作自由不被政治牽制，「新批評」學派異軍突起，強調文學美感的重要性。這群學者之所以會提出「新批評」理論，正是因為他們一直關注世界，發現政治干涉文學的危機之後，以實際行動解決問題。明乎此，我們可以理解新批評學者要求作者／讀者尊重文學本身的美學價值，並不代表他們將文學孤立於現實社會之外。[3]

五〇年代夏志清、余光中等學者陸續將此理論譯介至臺灣，六〇年代顏元叔（一九三三—二〇一二）則積極推行，使「新批評」成為臺大外文系教學主流，臺灣作家亦開始學習以文字技巧經營文學之美，不再走傳統的寫實路線。然而，提倡技巧之餘，顏元叔又要求作家仔細觀察社會，以文字指明社會病徵，擔當社會良醫的責任。對文學的藝術性與功能性的雙重要求讓初接觸「新批評」理論的臺灣作家有些摸不著頭緒——藝術性著重經營文字美感，功能性力求積極介入社會，兩者不一定能夠兼顧。特別是在威權政府提倡反共文藝政策的時代，許多作家不願讓自己的作品成為政府的宣傳品，因此專注於發展文學的藝術性。這也正是著重描摹人物內心情感的現代主義文學在六〇年代的臺灣文壇盛極一時的原因。藝術性與功能性之間到底有無矛盾？對於讀者與作家本身而言，孰輕孰重？我們將藉由顏元叔的作品去探索答案，進而發現顏自己從「文學批評」到「雜文」書寫的重大轉變，以及學術論文逐漸超越文學作品，成為學刊主流的原因。

二、《大學雜誌》總編輯與「文學漫談」專欄作家

《大學雜誌》的創刊宗旨是「依自己的專業提出批評與建議，作為改革的先導者，或歧途的提醒者」、「以言論昭亮人目和人心。」承接宋儒范仲淹「先天下之憂而憂，後天下之樂而樂」的責任，《大學雜誌》要求現代知識分子認真關懷與自己專長相關的國事，進而以正直與公正的態度針砭時弊。說得明白些，就是學工程的人負責關心國家工業建設有無疏失，學法律的人負責監督國家法律是否確實執行。[4]另一方面，編者特別對投稿人提出下述要求：「專業作家要考慮外行的讀者」、「高水準的讀物不是叫

（臺北：政治大學臺灣史研究所，二〇〇九），頁一至二。

3 Louis Menand, *Discovering Modernism: T. S. Eliot and His Context*, 2nd Ed. (Oxford: Oxford University Press, 1987), pp.166-7, 177-9. 顏元叔，〈新批評學派的文學理論與手法〉，《文學的玄思》（臺北：驚聲文庫，一九七〇），頁一六〇。陳芳明，〈新批評：從夏志清到顏元叔〉，《文訊》，第三〇九期（臺北，二〇一一年五月），頁十六至二〇。

4 編者，〈讓我們來做一個實驗〉，《大學雜誌》，第一卷第一期（臺北，一九六八一月），頁一。

多數讀者看不懂。」[5]一言以敝之，《大學雜誌》要請各領域的專業人才用一般社會大眾可理解的方式，說明自己察覺出的社會問題。

當時臺灣社會上有一群以文學藝術為專業的知識分子，因此《大學雜誌》第一期即開闢了一個名為「文學與藝術」的版面，第二期在此版面之下增設「文學漫談」專欄。此專欄由任教於國內外大學英美／外語文學系的教授執筆，負責譯介西方文學理論，並且對文本進行實評。依時間分割，首六期「文學漫談」專欄由顏元叔、余光中（一九二八—）輪流執筆。余光中當時任教於師範大學外文系，同時在臺灣大學、政治大學、淡江大學等校兼課[6]；顏則於臺大外文系執教。第七期至第十三期「文學漫談」專欄暫停，第十四期（一九五九年二月）恢復之後，編者特別說明「文學漫談」將由傅孝先（一九三四—）、劉紹銘（一九三四—）[7]與顏元叔三位先生輪流執筆，並且簡介他們的學經歷。不難發現，此三人的求學過程極為相似：臺灣大學外文系畢業後，赴美求學，傅、顏先後取得威斯康辛大學英美文學博士學位，劉則為印地安那大學比較文學博士。在《大學雜誌》執筆之時，三人分別在美國、臺灣與香港執教。余光中、顏元叔、傅孝先與劉紹銘的學經歷以及編者的特別介紹，透露《大學雜誌》對「文學漫談」專欄作家的學術專業要求頗為嚴格。

認識作者群之後，我們還必須探究編者陣容，即邀請作者的幕後人物。創刊之初，《大學雜誌》的總編輯是臺大經濟系一年級的香港僑生何步正，此外，郭正昭、陳少廷、王順等人也協助參與編輯工作。[8]文藝欄由何步正負責編撰，後因何步正在政治大學結識就讀於政大西洋語文學系的鄭樹森，鄭樹森遂於一九六九年開始接掌文藝欄主編。[9]循此，筆者推測一九六八年初至一九六九年底的「文學漫談」專欄由何步正開設並負責邀稿。顏元叔則是第一位執筆的專欄作家，也是唯一一位橫跨前後兩段「文學漫談」的主筆，其發表文章始於第二期（一九六八年二月），終於第十七期（一九六九年五月）。下文將集中剖析顏元叔在此專欄發表的五篇專文，進而發現《大學雜誌》持續刊登其文的原因以及顏元叔對當時學界、文壇與社會的影響力。[10]

顏元叔的首兩篇專文都在探討文學的功能與作者的責任。第一篇專文〈從「亂世佳人」談起〉（一九六八年二月）以美國小說《飄》（*Gone with the Wind*）[11]為對象，進行實評。顏元叔先批小說作

---

5 編者，〈讓我們來做一個實驗〉、〈我們的態度和見解〉。陳少廷，〈這一代中國知識分子的責任〉，《大學雜誌》，第一卷第一期（臺北，一九六八年一月），頁一至四。

6 陳芳明編，《余光中六十年詩選》（臺北：印刻，二〇〇八），頁三六〇至三六一。

7 一九六〇年劉紹銘畢業於臺大外文系，在學期間曾與白先勇、陳若曦、歐陽子、葉維廉、李歐梵等臺大同學合力創辦《現代文學》雜誌。參見陳芳明，《臺灣新文學史》（臺北：聯經，二〇一一），頁三六一。

8 張錦忠，〈一位小說家中的小說家——李永平側寫〉，《有人部落》部落格。http://www.got1mag.com/blogs/jinzhong.php/2011/10/08/，二〇一三年七月九日。王曉波，〈不要讓歷史批判我們是頹廢自私的一代——從自覺運動到保釣運動的歷史回顧〉，「一九七〇年代保釣運動文獻之編印與解讀」國際論壇，二〇〇九年四月九日。http://adage.lib.nthu.edu.tw/nthu/activity/diaoyun/pdf/2-1.pdf，二〇一三年七月九日。

9 鄭樹森，《結緣兩地》，頁九。

10 鄭樹森，《結緣兩地》，頁十六。顏元叔，〈颱風季〉，《中外文學》，第一卷第二期（臺北，一九七二年七月），頁四至五。胡耀恒，〈喝過湘水的好漢——悼念元叔兄〉，《文訊》，第三二八期（臺北，二〇一三年二月），頁五二。

11 《飄》被改編成電影《亂世佳人》，風靡臺灣影壇。《亂世佳人》於一九五二年四月二五日在臺北市上映，上映一天即查獲許多黃牛票，顯見其賣座程度。參見〈黃牛圖犯「亂世佳人」〉，《聯合報》第五版，一九五二年四月二五日。而後相關新聞報導層出不窮：一九六一年二度放映，再掀票房高潮（美聯社，《中央日報》第八版，一九六一年三月十二日）；一九六六年榮登最佳影片（《聯合報》第八版，一九六六年一月七日）；一九六七年改發行七十糎拷貝，又受各國普遍歡迎（《中央日報》第六版，一九六七年五月九日）；一九六八年

文學漫談

從「亂世佳人」談起

顏元叔

「亂世佳人」又譯爲「飄」，「飄」的原名叫 Gone With the Wind，直譯爲「隨風飄逝」或「隨風飄去」。我喜歡「隨風飄去」，因爲我希望這本書從中國文壇上隨風飄掉算了。郝思嘉的這陣脂粉氣，委實在我們的文壇上滯留得太久。至少，屬於我這一代三十多歲的男女，只要能識字，大概都研讀過傅東華的譯本吧。傅東華的譯筆這麼雅達，而那本書又厚得像一塊火磚；當你讀完傅譯之後，不禁覺得在你的文學生涯裏，留置了一塊里程碑——只是我希望這塊碑變成密契爾巨著的墓碑。

當我告訴北密西根大學美國文學教授希爾頓博士 (Dr. Earl Hilton)，「飄」這本書在中國文壇上非常流行，他皺起兩撇將白的眉毛，一時停止了呼吸，然後審慎地問了一聲："Why?" 我也不知道爲什麼。我只有重覆一遍事實，那就是中國文壇認爲「飄」是美國文學名著，世界文學名著。他搖了搖頭，他說他從來不教這本書，也沒有別的大學教授教這本書。他說，那是小學女教師的聖經。

我不願浪費時間，來分析這本書。一言以蔽之，這只是一部英雄美人的流俗作品。郝思嘉美麗而狡獪，白都德船長風流而倜儻，如是而已。至於其中的歷史背景，幾個人物的刻劃，任何能夠提筆寫書的人，大抵能之。畢竟密契爾女士只是一個庸俗的作家而已矣！一個作家如何才能避免庸俗呢？簡單的說，他必須有創作力。創作力可以分爲兩方面：題材上的創作力，形式上的創作力。題材上的創作力不外是作者對人生，應該有點獨到的見解；而獨到的見解泰半存在於深刻的見解裏。假使說，你的人生見解和左鄰右舍的見解，不相上下，那何必寫書呢？你何必重複人家已有的見解呢？當然，設使你的目的純粹在賺錢，那就不必向你浪費呼吸了。錢是香的，能賺錢是善良的，經濟起飛的動力就是這個，不是嗎？瑪格麗特密契爾女士因爲「飄」，賺了不少錢，只是她沒有爲美國文學增加任何財富。

我們可以這麼說，一個作家，尤其是一個現代作家，必須是一個人生哲學家。他必須敏於觀察人生，敏於思考人生；他必須與一般人看得不同一點，想得不同一點，經常總是深刻點，別緻點。否則，一般人爲什麼要聽你的話，讀你的書！我膽敢這麼說，一位優良的現代作家，是現代人的良心發掘者，是現代人的良知良能的喚醒者，是一隻公鷄——現代文壇上母鷄很多，不過母鷄是比人類醒得還遲的一種家禽，你不能依靠她來報曉吧。

像密契爾之流的作家，只顧重複一般人已有的思想與情操，一般人覺得他們親切，是自家人。家庭主婦與高中女學生最愛平易親切這種德性，是以如密契爾者最是她們之偶像了。不過，可愛的人並不經常愛好可愛的文學。眞正可愛的文學，引一位英國批評家的話，常常引起良心的不安。它不是你家客廳裏海綿四寸的沙發椅，它是針氈。所以，凡是消遣性的作品，大概都只是海綿文學。海綿自己沒有形狀，以你的屁股形狀爲形狀，它重複你的屁股。所以，海綿文學是個 Yes Man。諂諛之臣養成昏君。流俗的東西看來無害，實在却讓你的身心，癱瘓在它的海綿裏，在它的塑膠泡沫裏。

流俗作品重複一般人的思想與情操，還値得發揮一下。一般人的思想情操是庸俗的，是不是？假使他們的思想情操很高貴，豈不都是聖者了麼？無論你對衡陽街的熙熙攘攘充滿多少平價的人類愛，你總不致撲倒塵埃，尊他們爲聖者吧。所以，密契爾之流者既然只反映了這羣非聖者的內蘊，他們的作品是非聖者的。而好文學經常頗是爲聖者的——廣義的聖者。是以，流俗作品是鏡子，反映了一般人的思想與情操，一般人便在這類作品中窺見了自己的音容，好比太太小姐顧影自憐一樣。夏娃剛被上帝造好，第一件事便是以池水爲鏡，作自我陶醉；希臘有位美少年，居然愛上了自己的影子，在平靜如鏡的池水邊，單思而死去。所以流俗作品只足以培養讀者的自我沈溺，也就是麻醉。天眞的讀者們在這類書裏，看見自己的眼淚鼻涕，從書中人的五官裏流了出來，於是感動得如風中樹葉

者瑪格麗特・米切爾（Margaret Mitchell, 1900-1949）毫無「創造力」，才會寫出如此庸俗的「言情小說」，再批喜愛本書的讀者必然是些流俗的「家庭主婦」或「高中女學生」。批評作者與讀者之後，顏再分別從題材與形式兩方面論述何謂「創造力」。據顏之見，題材的創造力來自作者對人生獨到而深刻的見解，作者能夠敏於觀察與思考人生，進而用作品喚醒讀者的良知良能。形式的創造力則是作者能夠掌握語言與變換技巧，因為「新的題材需要新的技巧，新的技巧能發掘新的題材。」顏元叔要求作者不但要將新觀念寫入文章，在書寫時還要構思新措辭，甚至創造新文體，以利清楚表達新穎思想。[12]

在〈反映與批評〉（一九六八年四月）一文中，顏元叔先質疑亞里斯多德（Aristotle, 384-322 B. C.）與莎士比亞（William Shakespeare, 1564-1616）對文學的解釋，再批評全然接受此二先哲之論的學人，只會照單全收，缺乏思辨能力。相繼否定亞氏「文學模倣人生」與沙翁「文學反映人生」的論述之後，顏元叔援引英國文學批評家阿諾德（Matthew Arnold, 1922-1888）的名言：「文學批評人生以擴大與加深讀者對生命的了解」，略加刪改之後，顏提出自己賦予文學的使命：「文學批評人生。」顏元叔認為作家就是現實人生的批評者，因此，作家當截取生活片斷做為故事情節，對每個情節進行邏輯排列，使所有情節合理的串連成一個足以啟發讀者的故事。例如，在《哈姆雷特》中，莎士比亞藉由善良的王子被毀

成為坎城影展揭幕片（《經濟日報》第八版，一九六八年五月十二日）等等，直至八〇年代仍新聞不斷。可見顏元叔為文當時，「亂世佳人」這個標題對許多讀者都極大的吸引力。

12 顏元叔，〈從「亂世佳人」談起〉，《大學雜誌》，第一卷第二期（臺北，一九六八），頁二三至二四。

滅、純真的愛情逝去等情節，批評世界充斥敗壞。告訴作家如何以文學批評人生之後，顏元叔再仔細分析文學內容與實際人生的差別：前者是有邏輯的排列組合，後者則是無邏輯的排列組合；有無邏輯的關鍵在於其中是否有作家賦予的創造力。顏元叔以原料和產品的關係說明此理：

> 文學中的人生與實際的人生是不同的；從後者到前者，必須經過想像力的轉化。……實際人生好比礦砂，文學成品好比鐘錶。鐘錶固然是礦砂提鍊後的鋼鐵造成的，但是，你能說鐘錶「模倣」礦砂嗎?!「反映」了礦砂嗎?![13]

此段論述直接否定許多文學批評家對文學的看法——「文學模倣人生」、「文學反映人生」。顏元叔非常在意日常生活的一件瑣事如何被轉變成文學作品的的一段情節，因為這個變化足以讓一篇看似虛構的小說擁有傳達真理與教化人心的功能。由於顏對文學的功能性有頗高的要求，他非常厭惡抒情閒談式的庸俗文學，上文他將《飄》定義為「言情小說」，並且對之提出強烈批判就是清楚的實例。另一方面，顏也貶抑艱深到讓讀者無法領略其「功能」的晦澀文章。[14]對顏元叔而言，沒有功能或功能難以被發現的作品都不是好作品。

配合刊登顏元叔的〈反映與批評〉，當期《大學雜誌》「編者的信」即以〈文學批評生命〉為題，建議文學作家仔細觀察自己身處的現代社會，不要眷戀過往的雅詞美文，而要使用新的辭彙和表達方式，寫出足以啟發現代人思想的文章。另一方面，編者也提醒作家不要太過自信的寫些自己都還不清楚的新觀念，以免面臨作品根本沒有內容的窘境。[15]

相較於首兩篇的猛烈批評，顏元叔在第六期發表的〈歐立德與艾略特〉（一九六八年六月）一文中顯得溫和許多，但仍保有顏氏一貫的譏諷語調。在此文中，顏元叔主要探討如何兼顧音譯與義譯的問題。顏首先指出翻譯人名與地名的兩大準則：一、發音相似，二、表情達意，並以當時在臺灣文學界極負盛名的英國詩人暨文學評論者 T. S. Eliot（1888-1965）為例，說明「歐立德」比「艾略特」更適合當作其中文譯名。顏元叔認為「歐立德」與「艾略特」的發音差異不大，但若多面向考量 T. S. Eliot 的人格特質、學術理念、歷史意識、宗教信仰與作品內容之後，會發現「歐立德」可以展現出此人重視「歐」洲文化傳統以及道「德」的特質，足以讓音譯兼具義譯的功能。循此，顏指出「歐立德」比「艾略特」更適合當作 Eliot 的中文譯名。回顧六〇年代，大量西方思想進入臺灣，因而產生許多翻譯問題。人名往往只重發音，無義可循，故一直無法「書同文」，造成許多混亂誤謬。為了解決這個問題，顏元叔寫了這篇為 T. S. Eliot「正名」的文章。文末以疑問句作結，給予讀者自由選擇的權力，可算是顏元叔壯年時期難得的溫柔敦厚。[16]

在第十四期〈「情深萬斛」談「快樂」〉（一九六九年二月）一文中，顏元叔先大略介紹一九六八

13 顏元叔，〈反映與批評〉，《大學雜誌》，第一卷第四期（臺北，一九六八），頁二六。

14 顏元叔，〈林黛玉可以休矣〉，《玉生煙》（臺北：皇冠，一九七五），頁三五至四〇。張瑞芬，〈七〇年代顏元叔與吳魯芹的散文〉，《臺灣文學研究學報》，第四期（臺南，二〇〇七），頁一〇一、一〇七。

15 編者，〈文學批評生命〉，《大學雜誌》，第一卷第四期（臺北，一九六八年四月），頁三。

16 顏元叔，〈歐立德與艾略特〉，《大學雜誌》，第一卷第六期（臺北，一九六八年六月），頁十九至二〇。

年出版的臺灣當代作家短篇小說集《新刻的石像》，接著聚焦批評其中的一篇小說——水晶所著的〈快樂的一天〉。顏以此文為範本，介紹當時流行的「獨白體」（Monologue）書寫技巧，並且提醒作者在使用此技巧時必須避免犯下兩種錯誤。第一、「保持敘事觀點的統一性」：從敘事者切換至某角色的內心時，必須注意從第三人稱轉至第一人稱的流暢性，以免造成讀者的誤解。第二、獨白內容要與主角的身份、知識程度、處世態度相襯。例如，一位少婦的獨白中不應出現「情深萬斛」這類「文謅謅」的字眼。作者可以使用精煉的修辭，但是，一旦將之用於主角的獨白或對話中時，必須考慮這樣的字句是否適合藉由主角的口說出來。顏元叔嚴格要求敘事者／主角的背景經歷與其談吐要能相互配合，以避免造成角色與措辭格格不入的問題。在現代主義風行的六〇年代，臺灣作家樂於嘗試以獨白體呈現主角的內心世界，也勇於嘗試創新字詞。顏元叔特別於此時指出使用獨白體易犯的錯誤，對於新手作家而言，是很實用的提醒。可惜的是，顏的部份批評過於武斷，例如，一個少婦完全沒有使用「情深萬斛」這個詞句的可能嗎？所有少婦的教育程度都一模一樣嗎？類似的「武斷」還有很多，例如，針對白先勇的〈謫仙記〉，顏元叔指出男性不會仔細觀察女性的衣著，因此批評白先勇讓慧芬的老公描繪李彤的衣著是不合理的，再次顯出顏男性沙文主義的專斷。[17] 此外，顏直批《飄》的讀者必然是些「家庭主婦」或「高中女學生」也是一個實例。畢竟，家庭主婦與女學生有千千萬萬種，不能一概而論。由上述三例可見，只要有一位年輕女性有「情深萬斛」的造詣、有一位男性會觀察女性衣著或欣賞《飄》這部小說，就足以推翻顏元叔的部分批評。由於顏常常霸道的以自己的價值判斷為標準答案，甚至帶有性別歧視，許多作家、學者、讀者遂開始對他產生反感，不時以負面的「再批評」加以韃伐，讓顏提出一些對文壇、學界與社會頗有助益的創見反倒被淹蓋於一片罵聲之中。

〈人類工程學——兼談「超人列傳」與「潘渡娜」〉（一九六九年五月）是顏元叔在「文學漫談」專欄的最後一篇文章，主要討論當時震驚世界的複製人問題。臺灣作家張系國（一九四四—）、張曉風（一九四一—）在六〇年代末期注意到人類欲扮演上帝的問題，並且將他們預想的危機寫成小說，讓世人透過閱讀文學，省思先進的生物科技可能帶來無法挽救的社會失序，甚至使人類滅亡。顏元叔肯定兩部小說的「功能性」，至於「藝術性」的部分，顏元叔只大略指出張曉風當增加其作品的戲劇性，張系國則要「完全擺出一副實事求是的客觀姿態」，並且要求兩人都當更精鍊文字。[18]事實上，顏元叔的這篇文章有一半以上的篇幅都在介紹生物學家的研究，並論及宗教與人性問題，文學實評的部份相對而言占最小宗。依照《大學雜誌》的文類區分，本文較像「知識與思想」版面之下的文章，而非「文學漫談」專文。

上述五篇是顏元叔於一九六八至一九六九兩年間在《大學雜誌》「文學漫談」專欄發表的文章（表一）。由主題內容可以看出，在臺灣大學積極投入教學工作的顏元叔也同步以己之長關心學院之外的時

17 顏元叔，〈白先勇的語言〉，《文學批評散論》（臺北：驚聲文庫，一九七〇），頁一六六至一六七。
18 顏元叔，〈人類工程學——兼談「超人列傳」與「潘渡娜」〉，《大學雜誌》，第三卷第十七期（臺北，一九六九年五月），頁四二至四三。

表一　「文學漫談」專欄目錄（1968 至 1970）

期數	發行年月	作者	篇名	註
2	1968.2	顏元叔	從「亂世佳人」談起	
3	1968.3	余光中	蓋棺不定論	
4	1968.4	顏元叔	反映與批評	
5	1968.5	余光中	靈魂的富貴病	
6	1968.6	顏元叔	歐立德與艾略特	
14	1969.2	顏元叔	「情深萬斛」談「快樂」	編者說明本期恢復「文學漫談」專欄，由顏、劉、傅三人輪流執筆
15	1969.3	劉紹銘	馬料水書簡	編者說明「文學漫談」專欄由顏、劉、傅三人輪流執筆
16	1969.4	傅孝先	英美詩之「風花雪月」	同上
17	1969.5	顏元叔	人類工程學——兼談「超人列傳」與「潘渡娜」	1. 不再特別介紹專欄作者 2. 出版社由野人出版社（苗栗）變成大學雜誌社（臺北）
18	1969.6	劉紹銘	馬料水書簡	
20	1969.8	傅孝先	漫談紅樓夢及其詩詞	
22	1969.10	吳震鳴	談喬哀斯的語言	作家團隊不再限於顏劉傅
23	1969.11	傅孝先	從天鵝到白燕	
24	1969.12	吳昊	美國的黑人文學	副總編輯：鄭樹森
25	1970.1	無		副總編輯：鄭臻 （鄭臻為鄭樹森筆名）
26	1970.2	傅孝先	詩人與樹	
27	1970.3	無		副總編輯：鄭臻 藝術編輯：阮義忠
30	1970.6	無		編輯：何步正、鄭臻、劉君燦、錢永祥 藝術編輯：阮義忠
31	1970.7	傅孝先	失去的世界——從登陸月球說起	
32	1970.8	梁秉鈞	小說的危機與生機	
33	1970.9	翱翱	大放異彩的「投射詩」	本期起由翱翱執筆「文學漫談」專欄

註：1 至 36 期（1968 年 1 月至 1970 年 12 月）無「文學漫談」專欄的期數：7 至 13、19 至 21、25、27 至 30、34 至 36。三年來共 19 篇「文學漫談」專文。

事，因此往往針對時下輿論潮流提出批評，或是以之為實例，吸引一般讀者認識文學理論。例如，以風靡臺灣的電影《亂世佳人》為題，吸引讀者思考何謂文學的功能性，進而指出文學當承載的時代意義。又如在〈「情深萬斛」談「快樂」〉中，顏以當時活躍於臺灣文壇的作家為例，讓作者／讀者同時發現在使用創新技巧書寫作品的初學階段，容易犯的錯誤。此外，顏元叔也是少數會指責讀者的文學批評家。一般文學批評家只深入分析文本本身，唯顏在指出作品的誤謬之後，還會更進一步質疑讀者難道沒有發現問題，竟然讓這部作品叫好叫座！主動做「批評讀者」這般吃力不討好的工作，顯出顏元叔誠然擔當自己要求文學家負起的社會責任以及《大學雜誌》賦予知識分子的責任——為生民大眾指明社會病徵。他以自己的文學專業，給予尚有改進空間的作家建議，同時教導讀者建立細讀文本的態度以及培養思辨真理的能力，並且提醒大眾不要一頭熱去支持暗藏許多錯誤的消費文化。在文章難易度上，顏不賣弄專業詞藻，讓外行讀者不致因不了解學術「行話」而放棄閱讀，稱得上達成《大學雜誌》對投稿人的要求——讓多數人看得懂。

三、文以載道：顏元叔論文學的功能性和社會意義

除了刊登在「文學漫談」專欄的五篇專文，顏元叔尚有八篇發表在《大學雜誌》的文章，分別被編入「知識與思想」、「文學與藝術」兩個版面之中（表二）。循此，除了以文學批評家的身份擔任專欄

主筆之外，顏另以一般知識分子與文學作家的身份在《大學雜誌》發表文章。這些作品的主題仍與文學緊密相關，並且帶有顏元叔一貫的「文以載道」精神。

在〈譯釋漢明威的「暴風雨後」〉一文中，顏元叔於〈暴風雨後〉中文譯文之後，說明漢明威用自然界的大變動（暴風雨）比喻人世間的動亂（戰爭），而暴風雨和戰爭的共通性就是造成人類傷亡。小說中貪婪的男主角在暴風雨後無視屍體的存在，干冒生命危險去奪取船中財物的情節，象徵真實世界中有人願意為了追求金錢而死，卻不會為他人傷亡感到絲毫悲傷。顏元叔認為小說中人類喪失良知、失卻人性是廿世紀戰禍不斷、工業化與商業化高度發展的真實寫照。呈現人生實況是顏給〈暴風雨後〉正面評價的主要原因，因為「好文學是時代的縮影」。[19] 除了西洋文學的見證，顏元叔亦在中國文學傳統中找到了他認同的文學公式：

> 我只願在此指明「文以載道」是一個正確的文學公式。要問的是「文」載的什麼「道」，此外也要問「道」是如何的被載？其實，「載」便是形式，「道」便是「內容」，西洋文學不是旋轉在這個兩個問題之上的麼？……文學才能變成探討人生真相的學問，而不僅是休閑的活動而已。[20]

以「文以載道」為立論基礎，顏元叔再次賦予文學家揭示人生真相以及指明社會病徵的責任。顏撰著的短篇小說〈獨臂童〉（一九六八年十月）可算是其立論的實踐。在〈獨臂童〉中，顏以一個在戰爭中失去手臂的小男孩為故事主角，分而敘述其父因戰爭失去謀生能力，其母為了家庭身心俱創，以及軍人的辛苦生活，顯示戰爭對不同性別／年齡／職業的人民之各式傷害。顏讓敘事者平靜說出：「大陸飛來的炮彈」、「地毯式的轟炸」、「每天按時的砲擊」；這些詞句讓讀者聯想到持續二十年的八二三炮戰（一九五八至一九七九）。身為作家，顏將前線人民連青菜都吃不到的慘況化為文字，讓有幸不受戰爭波及的人民不再只將戰爭視為一則無關痛癢的新聞——這就是顏所謂「為當代指出病徵」的體現。[21]

除了親自投入作家行列，顏元叔持續關懷文壇新作並給予批評。《大學雜誌》總編輯何步正於一九六八年請顏過目當時臺大外文系僑生李永平的短篇小說〈拉子婦〉。讀完之後，顏二話不說為此小說寫評論。顏指出〈拉子婦〉是一篇關懷族群問題的小說，作者的佈局與安排讓本文極富真實感，是很好的創作方式。即便沒有漢明威那般高明的創作技巧，但因筆觸含蓄以及前後呼應，本文不失為一篇佳作。由此篇文評可見，對於顏元叔而言，貼近社會關懷人民的文學內容可補文學技巧之不足。「文學家在本質上是社會批評者，他的任務是以超然而又介入的身份，以文學的良心與公眾的道德，為社會指明病症」是顏元叔不斷對作家發出的要求。[22]除了親自寫小說與文評，顏元叔還有一系列的雜文創作，皆可證明他對「文以載道」的實踐。[23]

19 顏元叔，〈譯釋漢明威的「暴風雨後」〉，《大學雜誌》，第六卷第二十五期（臺北，一九七〇年一月），頁五〇至五四。

20 顏元叔，〈朝向一個文學理論的建立〉，《文學的玄思》（臺北：驚聲文庫，一九七〇），頁一六八至一六九。顏元叔，《談民族文學》（臺北：臺灣學生，一九七五），頁二五。

21 顏元叔，〈獨臂童〉，《大學雜誌》，第二卷第十期（臺北，一九六八年十月），頁三二至三三。《大學雜誌》編者在當期〈編者的信〉中有指出〈獨臂童〉中各個角色或物質象徵的概念，參見編者，〈編者的信〉，《大學雜誌》，第二卷第十期（臺北，一九六八年十月），頁四。

22 顏元叔，〈文學在現代社會能做些什麼？〉，《社會寫實文學及其他》（臺北：巨流，一九七八），頁一一三。

23 張瑞芬，〈七〇年代顏元叔與吳魯芹的散文〉，頁一一五。

六〇年代末期，時任臺大客座教授的成中英曾與顏元叔對談文學與哲學的關聯，成中英質疑顏元叔提出文學需以道德價值為基礎的理論，並且堅持文學只能「透露」生命，無法「批評」生命。成中英直言道德價值判斷是哲學家的工作，文學家只是生活經驗的感受者，根本無資格判斷一個人或一件事道不道德。顏元叔的答辯是：文學可分為兩個層面——內容與技巧，其中主題內容又遠比形式技巧來的重要。相對於內容，文采和韻律之美只是雕蟲小技，未承載人生真理的文學不可能是好的文學，脫離了道德觀念根本無法欣賞文學。循此，文學絕對承載道價值；此外，對顏元叔而言，文學的功能性遠重於藝術性。[24]

繼與成中英的論辯之後，大學雜誌社安排了一場中國詩歌與小說的座談會，顏元叔接下了類似主持人的工作，當天還有洛夫、朱西甯、司馬中原、葉嘉瑩、大荒、羅門、尉天驄、段彩華、周鼎、商禽等作家／學者參與論談。詩人大荒指出作家的使命是「關懷整個國家，甚至世界」，特別是在混亂的世代，作家必須擔負批評社會的任務。此論支持前述顏元叔對作家的要求以及文學當有的功能。另一方面，羅門認同「倫理道德」與「藝術美學」是文學的兩個面向，然而，為了確保作家能夠自由創作，後者不當被前者制約。羅門以《老人與海》為例，說明海明威筆下沈浸於酒精的流浪漢在「道德」層面雖不健康，但是足以真實表現角色的心理，故在「藝術」上的使用價值應當被肯定。[25]事實上，顏元叔在《大學雜誌》第七期發表的〈從文學看科學〉一文中，已經指出每個人有不同的價值標準，因此以人生價值觀為主題的文學可以呈現各式各樣的價值觀。例如，孔孟名言重倫理，陶淵明詩記重與自然和諧相處。簡言之，顏元叔認為作家一定會將自己的價值觀寫入文學，但並非要求作家要有全體一致的價值觀。[26]然而，羅門誤以為顏要求作者賦予作品的價值一定要是道德的，因而要求顏尊重「作家使用情感的自由。」由此可見，顏元叔對人生價值觀的論述與羅門討論的道德範圍已無交集。除了成中英、羅門相繼從哲學理論、創作自由提出反對顏元叔「文以載道」的理論之外，在臺大鑽研羅素的劉福增教授曾寫一篇專評顏元叔〈從文學看科學〉的評論文字——〈評顏著「從文學看科學」〉，發表在《大學雜誌》第九期，運用心理學、邏輯學、社會價值觀等專業理論，逐字逐句細評顏的論述。此作顯出劉將顏的一個簡單概念——作品中難以避免出現作者的主觀價值——複雜化，以致兩人切入問題的視角存在極大的差異，因而產生完全不對盤的詰問。[27]

顏元叔與成中英、羅門等人的一系列論辯，顯示從鑽研英美文學理論到實際批評臺灣文學的過程中，顏元叔分析文學作品的切點逐漸從「新批評」轉向「實用批評」。之所以產生此轉變，是因為當自己推廣的西洋文學理論開始引導本國創作風氣時，顏元叔赫然發現文學內容本身不可忽視的重要性。顏仍然鼓勵作家在語言技巧上求進步，仍然要求文學批評家對文本做結構分析，但更加重視文學的寫實功能，

24 顏元叔、成中英，〈文學、哲學與人生〉，《大學雜誌》，第二卷第八期（臺北，一九六八年八月），頁二二至二六。

25 顏元叔等，〈中國的詩和小說〉，《大學雜誌》，第三卷第十三期（臺北，一九六九年一月），頁十七至十九。

26 顏元叔，〈從文學看科學〉，《大學雜誌》，第二卷第七期（臺北，一九六八年七月），頁七至八。

27 劉福增，〈評顏著「從文學看科學」〉，《大學雜誌》，第二卷第九期（臺北，一九六八年九月），頁十一至十四。顏元叔的〈從文學看科學〉一文引發讀者熱烈反應，在第九期登出劉福增的評文之後，顏元叔自己於第十期提出答辯——〈外行人的邏輯：答劉福增先生〉，參見，《大學雜誌》，第二卷第十期（臺北，一九六八年十月），頁十四至十八。

因為對顏而言，把握住人生真理（內容）是美（技巧）的前題。[28] 呂正惠指出顏元叔於七〇年代初期即開始提倡社會寫實文學，因此顏稱得上是鄉土文學的開路先鋒。然而，因為美學技巧仍然是顏元叔批評作品時會顧及的面向，使顏在鄉土文學運動裡落入兩面不是人的困境，因而飽受雙方人馬的攻擊。[29]

綜整而論，顏元叔在譯介新批評這項西洋文學風潮時，即已指出西洋文學之所以有價值，是因為它捕捉住現代人生。反過來說，是現代人生賦予現代文學價值。將此理延伸至全世界，顏對所有文學家的基本要求就是：對自己身處的社會有強烈的責任感和影響慾。[30] 身為實踐者，顏元叔自信的說出：「五十年或一百年後，若有人想研究一九六〇年代或一九七〇年代自由中國的社會文化，他斷斷不會忽略我的雜文，因為我的雜文記錄了一部份社會大眾的心聲，以及一個敏銳知識份〔分〕子對這個社會的反應。」[31] 二〇一二年底顏元叔病逝，在一系列同仁、學生、後進學者的懷念文章中，其研究與教學的成就不在話下，其雜文風格則在每個人的腦海中留下特別深刻的印象——慷慨激昂、詼諧諷刺、嬉笑怒罵、不講情面……，而其文章內容確實成為「時代的一面鏡子」，足以反映顏元叔當時所處的臺灣文學界與學術界的許多重大革新與成就。

28　顏元叔、成中英，〈文學、哲學與人生〉，頁二四。

29　呂正惠，〈做了很多別人沒有做過的工作——懷念顏元叔教授〉，《文訊》，第三二八期（臺北，二〇一三年二月），頁五九。盧瑋雯，《顏元叔與其狂飆的文學批評年代》，中興大學中國文學研究所碩士論文，二〇〇八年一月，頁八五至八六。

30　顏元叔，〈詩人的問題在哪裏？〉，《社會寫實文學及其他》，頁一六六。顏元叔，〈新批評學派的文學理論與手法〉，《文學的玄思》，頁一三六、一三九、一五一。

31　顏元叔，〈草木深〉，《草木深》（臺北，一九七八），頁二五一。

表二　顏元叔在《大學雜誌》的文章目錄（1968 至 1970）

期數	發行年月	專欄名稱	篇名
2	1968.2	文學漫談	從「亂世佳人」談起
4	1968.4	文學漫談	反映與批評
6	1968.6	文學漫談	歐立德與艾略特
7	1968.7	知識與思想	從文學看科學
8	1968.8	知識與思想	文學、哲學與人生
10	1968.10	知識與思想	外行人的邏輯：答劉福增先生
10	1968.10	文學與藝術	獨臂童
11	1968.11	文學與藝術	評拉子婦
12	1968.12	文學與藝術	亞里斯多德「詩學」中的哲學、詩與歷史的關係
13	1969.1	文學與藝術	中國的詩和小說
14	1969.2	文學漫談	「情深萬斛」談「快樂」
17	1969.5	文學漫談	人類工程學
25	1970.1	文學與藝術	譯釋漢明威的「暴風雨後」

四、從《大學雜誌》到《中外文學》

〈人類工程學——兼談「超人列傳」與「潘渡娜」〉（一九六九年五月）是顏元叔在「文學漫談」專欄的最後一篇專文，〈譯釋漢明威的「暴風雨後」〉（一九七〇年一月）則是顏在《大學雜誌》的最後一篇文章。除了傅孝先以外，顏元叔、劉紹銘於一九六九年中即退出「文學漫談」專欄；此專欄執筆則多了幾位來自香港的後起之秀：吳震鳴、吳昊、梁秉鈞[32]、翺翺[33]等人。作家陣容的轉變與兩個事件有重大關聯：首先、一九六九年十二月鄭樹森開始擔任《大學雜誌》文藝欄主編以及接踵而至的期刊擴大改組。第二、一九七二年六月臺大外文系創刊出版《中外文學》。關於《大學雜誌》內部的改變，鄭樹森本人於二〇一三年年初出版的新書《結緣兩地：臺港文壇瑣憶》已清楚說明，筆者於此不再贅述。[34]

我們要繼續探究的是一九七二年《中外文學》創刊這一外部因素。同年，顏元叔、劉紹銘與傅孝先三人的文學專論先後刊載於《中外文學》。《中外文學》主編胡耀恒（一九三六—）在發刊辭中介紹該期刊有三個重要專欄：「文藝創作」、「文學論評」與「文學譯介」。[35]事實上，《大學雜誌》文藝欄也涵蓋上述三類文章。兩相比對，《中外文學》的「文學論評」與《大學雜誌》的「文學漫談」頗為相似，兩欄的文章性質皆偏向論文，內容都涉及文學史、文學批評與文學理論。唯《大學雜誌》非以學術文章起家，希望各行各業的人都能讀懂；《中外文學》則由臺大外文系創辦，有計畫的推展譯介西洋文學理論，並以理論為批評文本的基礎。《中外文學》對投稿論文的要求是「能反映我國現階段文學研究的最高水準和最新成就」。此外，為了深入分析文本以及穩固立論基礎，「不避艱辟」、「講究旁徵博引」是其著述原則。《中外文學》主編所言的「不避艱辟」與《大學雜誌》主編要求「讓大眾能看懂」的對比，足以顯明此二刊之文章難易度的差別。對於原本在《大學雜誌》發文的教授而言，《中外文學》無疑是更適合他們發表專業學術論文的場域。《中外文學》也確實收到許多「非常有份量的論文」，一時之間，「文學論評」的原有版面甚至不夠刊載不斷投入的學術論文。[36]

就作者群而言，《大學雜誌》「文學漫談」專欄可說是《中外文學》「文學論評」專欄的前身。六〇年代末期臺灣讀者藉由《大學雜誌》認識留美學者帶回的西洋文學理論，體驗藝術之美（技巧），同時發現文學與社會足以產生的相互影響（內容）。七〇年代初期，《大學雜誌》的改組計畫帶動政論文字的篇幅日增，甚至為重要國事出版專刊，文藝類文章相對減少。對於原本在《大學雜誌》文藝欄的作家而言，《中外文學》正好是他們轉而投稿的期刊。不少作家同時在《大學雜誌》與《中外文學》發表

32 梁秉鈞，筆名也斯，一九七〇年畢業於香港浸會學院英文系，從事創作與翻譯，在臺灣的《文學季刊》、《大學雜誌》和《幼獅文藝》都曾發表過作品。參見陳智德，〈一生奮進——紀念梁秉鈞（也斯）生先〉，《文訊》，第三二八期（臺北，二〇一三年二月），頁七四至七五。

33 本名張振翱，中年後改筆名為張錯。參見鄭樹森，《結緣兩地》，頁十三。

34 鄭樹森，《結緣兩地》，頁八至十、十三、十七。

35 胡耀恒，〈發刊辭〉，《中外文學》，第一卷第一期（臺北，一九七二年六月），頁四至五。

36 胡耀恒，〈中外編讀二十年〉，《中外文學》，第二十一卷第一期（臺北，一九九二年六月），頁十四。胡耀恒，〈發刊辭〉，頁五。〈編後記〉，《中外文學》，第一卷第一期，頁一九九。張瑞芬，〈七〇年代顏元叔與吳魯芹的散文〉，頁一〇二。

新作。[37]這不代表兩部期刊在「搶人」，而是以合作的關係，讓文學作家／批評家找到最適合自己發聲的場域。當時幾部為文學而創刊出版的期刊——《大學雜誌》、《中外文學》、《文學季刊》、《創世紀》、《現代文學》（圖一）——都互登廣告，彼此幫助。《大學雜誌》與《中外文學》還有一段合作的緣份：鄭樹森著手編排王文興的《家變》，以將之刊載於《大學雜誌》時，因為擔心無力承擔作者「校對精細和不斷推敲改動」的要求，遂交由《中外文學》幫忙連載。顏元叔還親自操刀，在《中外文學》為《家變》寫書評——〈苦讀細評談「家變」〉，《大學雜誌》也同步有支援文章。[38]

由此可見，改組之前的《大學雜誌》文藝欄是承接《文學雜誌》到《中外文學》的文學橋樑。[39]這三部期刊的許多同仁都在臺灣大學服務，內容皆顧及文學，是它們之所以可以有此聯集的二個重要原因。顏元叔則可謂貫串三部期刊的關鍵人物：身為臺大外文系系主任，為了承繼外文系教授夏志清主編《文學雜誌》的精神，顏元叔登高一呼創辦《中外文學》。[40]顏積極在《大學雜誌》與《中外文學》發表文章，給予文學嶄新解讀，也意外挑起一些論戰。因為顏元叔始終嚴格要求文學的社會功能，我們不難發現他的文章實已超越一般「文藝欄」論述的範圍，到達社會關懷與糾正世道的層次，此即顏「戮力於文學之

37　水晶、葉維廉、洛夫、羅門、梅新、余光中、尉天驄、朱西甯、李達三、傅孝先、李永平等人都曾在此二期刊發表文章。

38　鄭樹森，《結緣兩地》，頁二三至二四。孫萬國，〈追念「一個不平衡的人」〉，《印刻文學生活誌》，第九卷第七期（臺北，二〇一三年三月），頁九四。顏元叔，〈苦讀細評談「家變」〉，《中外文學》，第一卷第十一期（臺北，一九七三年四月），頁六一至八五。

39　鄭樹森，《結緣兩地》，頁二二。

40　胡耀恒，〈喝過湘水的好漢——悼念元叔兄〉，《文訊》，第三二八期，頁五三。

圖一　各期刊的發刊目標與走向

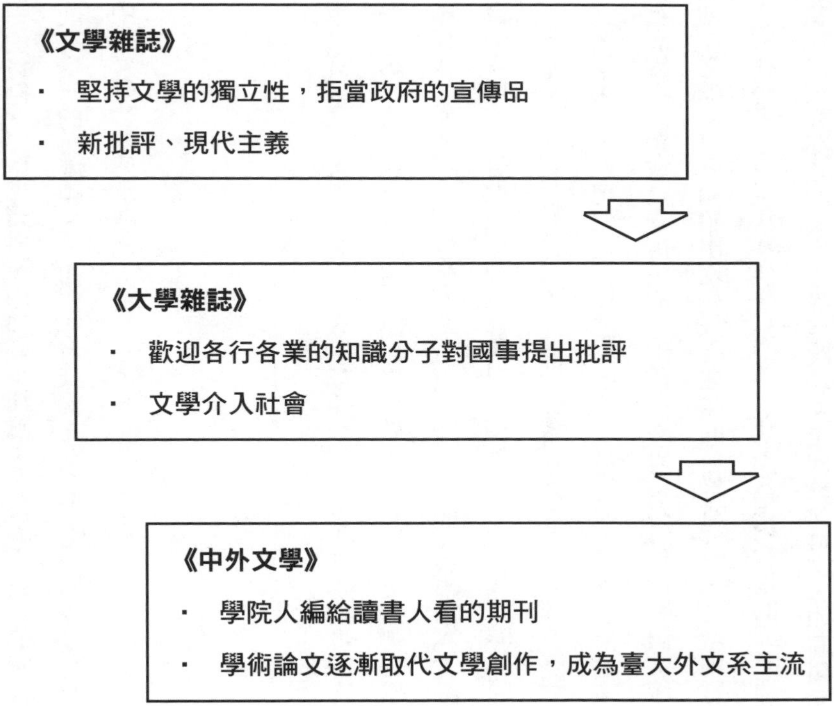
《文學雜誌》
· 堅持文學的獨立性，拒當政府的宣傳品
· 新批評、現代主義
《大學雜誌》
· 歡迎各行各業的知識分子對國事提出批評
· 文學介入社會
《中外文學》
· 學院人編給讀書人看的期刊
· 學術論文逐漸取代文學創作，成為臺大外文系主流

真，以攤破人生之偽」的貫徹。[41]後世讀者也因而必須注意：在言論不自由的時代，從文學作品及至文學批評，實不能以「純文學」的角度視之，而要努力探索文本之中隱含的時代問題。明乎此，就更能明白《大學雜誌》與《中外文學》的傳承關係。

五、結語

顏元叔與其他文學批評家在《大學雜誌》帶入了以學術理論分析文本的批評方式，擺脫作家人格、社會環境等文本之外的束縛，力求對文本結構、語言修辭做內部分析。這種經過學院鑑定的批評方式講究技巧美感，大異於過往人品先於文品的外緣考察。[42]另一方面，顏元叔提出「文學批評人生」的概念，要求作家擔當關懷社會的責任，帶著批判精神將社會現實化為文字，這是功能性超過藝術性的思辯。

顏元叔在臺灣大學領軍推動的新批評教學，造就許多卓越學者。王文興（一九三九—）、白先勇（一九三七—）等外文系學弟妹則以現代主義技法寫成的豐富作品，提供學術論文充分的批評對象，讓理論與實評俱足。新批評因而一躍成為學術主流，現代主義更是六〇年代臺灣文壇最活躍的創作方式。當研究理論超越實體創作之際，學界開始出現「只有理論的文學研究」，文壇則冒出「沒有內容的技術書寫」。[43]震驚之餘，顏元叔重思自己在異地認真學習、在家鄉積極教授的文學理論到底有什麼問題。省思之後，顏元叔的論述形式亦開始改組——從學院論文走向社會雜文。如同顏元叔的學生伍軒宏[44]回憶老師授課時所言：「文學研究裡的魔鬼代言人，知道學術規模與理論架構的重要，但站在文學作品的角度，質疑學術與理論，求的是文學的力量。」

綜整而論，顏元叔對文學家的要求類似《大學雜誌》的改組行動，對批評家的要求則是《中外文學》終於走向學術論文為重的導因。前者重視現實問題的呈現，後者重視學術專業的精進。功能性與藝術性這兩個看似背道而馳的發展方向，實則為顏元叔始終重視的兩個文學面向，缺一不可。顏元叔不斷努力兼顧二者，唯事實證明優秀作家往往難兼卓越學者，因為學院內的頭腦往往被訓練成理性分析，理論成為其標準作業模式；文學家的思緒則是自由流動，超越前人識見，打破既有格局。這是顏元叔分別對學者與作家的要求，身兼二職讓他活在兩者的矛盾張力之中，後因與葉嘉瑩、夏志清等學人的論戰，終於被迫淡出論文陣營，以雜文為創作主力。如今回顧顏元叔的作品，我們發現顏元叔犀利諷刺的文字，不只載道，也承載了不願完全放下的藝術美學。

41　顏元叔，〈糞堆上的公雞〉，《走入那一片蓊鬱》（臺北：皇冠，一九八一），頁一四四。

42　孫萬國，〈追念「一個不平衡的人」〉，《印刻文化生活誌》，第九卷第七期，頁九九至一〇〇。楊照，《霧與畫：戰後臺灣文學史散論》（臺北：麥田，二〇一〇），頁五五一至五五二、五四八。

43　於七〇年代就讀於臺大外文系的王德威（一九五四—）受訪時指出，當時外文系重視理論訓練，並以新批評為主。Christopher G. Rea, "Opening Up "Modern Chinese Literature": A Conversation with David Der-wei Wang," *Chinese Literature Today*, 1:1 (Norman: University of Oklahoma, Summer 2010), pp.88-9. 彭鏡禧，〈開風氣之先——懷念恩師顏元叔教授〉，《文訊》，第三二八期（臺北，二〇一三年二月），頁五五。

44　伍軒宏，〈魔鬼代言人：紀念顏元叔老師〉，《中外文學》，第四十二卷第一期（臺北，二〇一三年三月），頁一九七。

參考書目

《大學雜誌》第一期至三十六期，臺北：大學雜誌社，一九六八至一九七〇。

王曉波，〈不要讓歷史批判我們是頹廢自私的一代——從自覺運動到保釣運動的歷史回顧〉，「一九七〇年代保釣運動文獻之編印與解讀」國際論壇，二〇〇九年四月九日。http://adage.lib.nthu.edu.tw/nthu/activity/diaoyun/pdf/2-1.pdf，二〇一三年七月九日。

伍軒宏，〈魔鬼代言人：紀念顏元叔老師〉，《中外文學》，第四十二卷第一期（臺北，二〇一三），頁一九三至一九七。

吳泰豪，《《大學雜誌》政治主張之研究——以 1971 至 1973 年為中心》，臺北：政治大學臺灣史研究所碩士論文，二〇〇九。

呂正惠，〈做了很多別人沒有做過的工作——懷念顏元叔教授〉，《文訊》，第三二八期（臺北，二〇一三），頁五七至六〇。

胡耀恒，〈中外編讀二十年〉，《中外文學》，第二十一卷第一期（臺北，一九九二），頁十二至十四。

胡耀恒，〈喝過湘水的好漢——悼念元叔兄〉，《文訊》，第三二八期（臺北，二〇一三），頁五二至五三。

胡耀恒，〈發刊辭〉，《中外文學》，第一卷第一期（臺北，一九七二），頁四至五。

孫萬國，〈追念「一個不平衡的人」〉，《印刻文學生活誌》，第一一五期（臺北，二〇一三），頁九二至一一三。

張瑞芬，〈七〇年代顏元叔與吳魯芹的散文〉，《臺灣文學研究學報》，第四期（臺南，二〇〇七），頁九五至一三八。

張錦忠，〈一位小說家中的小說家——李永平側寫〉，《有人部落》部落格。http://www.got1mag.com/blogs/jinzhong.php/2011/10/08/，二〇一三年七月九日。

陳芳明編，《余光中六十年詩選》，臺北：印刻，二〇〇八。

陳芳明，〈新批評：從夏志清到顏元叔〉，《文訊》，第三〇七期（臺北，二〇一一），頁一六至二〇。

陳芳明，《臺灣新文學史》，臺北：聯經，二〇一一。

陳芳明編，《余光中六十年詩選》，臺北：印刻，二〇〇八。

陳智德，〈一生奮進——紀念梁秉鈞（也斯）生先〉，《文訊》，第三二八期（臺北，二〇一三），頁七四至七六。

彭鏡禧，〈開風氣之先——懷念恩師顏元叔教授〉，《文訊》，第三二八期（臺北，二〇一三），頁五四至五六。

楊照，《霧與畫：戰後臺灣文學史散論》，臺北：麥田，二〇一〇。

鄭樹森，《結緣兩地》，臺北：洪範，二〇一三。

盧瑋雯，《顏元叔與其狂飆的文學批評年代》，臺中：中興大學中國文學研究所碩士論文，二〇〇八。

蕭阿勤，《回歸現實：臺灣一九七〇年代的戰後世代與文化政治變遷》，臺北：中研院社研所，二〇〇八。

顏元叔，〈苦讀細評談「家變」〉，《中外文學》，第一卷第十一期（臺北，一九七三），頁六〇至八五。

顏元叔，〈颱風季〉，《中外文學》，第一卷第二期（臺北，一九七二），頁四至五。

顏元叔，《文學批評散論》，臺北：驚聲文庫，一九七〇。

顏元叔，《文學的玄思》，臺北：驚聲文庫，一九七〇。

顏元叔，《玉生煙》，臺北：皇冠，一九七五。

顏元叔，《走入那一片蓊鬱》，臺北：皇冠，一九八一。
顏元叔，《社會寫實文學及其他》，臺北：巨流，一九七八。
顏元叔，《草木深》，臺北：皇冠，一九七八。
顏元叔，《談民族文學》，臺北：臺灣學生，一九七五。
Menand, Louis. *Discovering Modernism: T.S. Eliot and His Context, 2nd Ed.* Oxford: Oxford University Press, 1987.

文獻選輯說明

對於一九六八年創辦、結束於一九八七年的《大學雜誌》來說，一九七一到一九七三年可說是它的黃金時期。其在臺灣民眾腦海中的形象，也幾乎是在這個階段所確立。為能讓讀者們進入當時脈絡，本書選輯了一九七一年以後，三篇具有代表性的文章，以利讀者親自體認與感受過往脈動的熱情餘溫。

大體來說，自一九四八年國、共內戰失利，中華民國政府便一路敗退，一九四九年五月二十日，臺灣省政府暨陳誠省主席頒布《臺灣省戒嚴令》，試圖控制戰況，但局勢已然形成。十二月，國民政府由成都遷至臺北，臺灣社會開始進入了漫長的白色恐怖階段（一九四九至一九八七），而戒嚴令也成為國民政府在臺穩固統治的法律基礎。在這段歷程中，任何關於政治改革、興利除弊的不同意見，往往都變成執政者整肅異己的操作工具。高呼民主之聲、期待建立憲政的《自由中國》（一九四九至一九六〇），在創辦人雷震入獄之後便消聲匿跡；而為自由思想啟蒙、盡力文化建設的《文星》（一九五七至一九六五）雜誌，也在李敖筆戰多方、備受爭議下被查禁停刊。此時，整個臺灣社會都陷入了沉默、蒼白的一段文化歷程；當然，知識份子並非全然的偃旗息鼓，只是轉而等待與尋求出路，譬如發起於臺大校園等的自覺運動（一九六三至一九七〇），與發生於這段時間中的白色恐怖案件，如臺灣自救運動宣言案（一九六四）。但真正帶來社會衝擊的便是一九七〇年底開始改組，並於翌年擴大發行的《大學雜誌》。

選輯中的第一篇文章是刊於一九七一年元月特大號，改組之後首期的〈給蔣經國先生的信〉（第七卷第三十七期），署名作者是當時臺灣大學副教授與講師的劉福增、陳鼓應，與國際青年商會中華民國總會秘書長張紹文。第二篇文章則是一九七一年十月的〈國是諍言〉（第八卷第四十六期），署名作者有十五位，分別是張景涵、楊國樞、孫震、高準、丘宏達、陳少廷、陳鼓應、呂俊甫、張尚德、許仁真、吳大中、張紹文、包青天、金神保、蘇俊雄等十五位，值得一提的是在原版雜誌中，該文末尾還附有讀者意見調查，這形式有助於我們了解當時編輯委員們的心理狀態。第三篇文章則是一九七二年一月的〈開放學生運動〉（第九卷第四十九）期，作者為陳鼓應。

在一九七一年初至一九七二年底的《大學雜誌》，選出這三篇文章有著獨特的意涵。〈給蔣經國先生的信〉揭示出《大學雜誌》之所以會有改組可能的風雲際會，是和當時為行政院副院長的蔣經國息息相關，而他作為未來國民政府的接班人選，也確實在派系鬥爭中承擔著很多期待；文中直陳當時社會風氣的虛偽、矯情，以及特務機關安全記錄的強大影響。至於〈國是諍言〉發表的十月號，乃是在一九七一年六月保衛釣魚臺運動激盪出社會參與熱潮，卻又迅速沈寂的同時，再次將之前雜誌上連載的〈臺灣社會力分析〉（第八卷第四十三期至第四十五期）所召喚出來的目光聚焦起來；該期是由陳鼓應擔任輪值主編，本文則是從外交上的國際困境講到內政上的革新保臺，其目的在於建立「公平的、自由的、民主的、合理的、開放的、富有的、無恐懼的、無壟斷的、而且無暴力的社會」，以期臺灣成為「七億中國人」的希望樂土。全文討論的面向涵蓋了人權、經濟、司法、立法，與監察等各方面。而〈開放學生運動〉一文，則是下一波社會變革的開端。本文乃是陳鼓應於一九七一年十一月二十五日在臺灣大學法學院圖書館三樓參加「民主生活在臺大」座談會的發言文稿，題目原為〈培養參與感及開放學生運動〉。這篇文章影響極大，也觸碰到當時執政者的禁忌紅線，這可從三個月以後，國民黨《中央日報》以連續六天的方式連載筆名「孤影」的〈一個小市民的心聲〉中觀察出來，而這也成為後來臺灣大學哲學系事件的一個重要背景。

最後，也請讀者們注意在這幾篇選輯文章中，有個聯合署名的情況，唯有一篇單獨作者的文章，也是在座談會共同發言的集體形式下達成。這可說是當時一個普遍現象的具體縮影：以相濡以沫的集體訴求摸索威權體制改變的社會空間，以有別於過往在《自由中國》與《文星》時期輕易被控制與瓦解的單獨發聲。（夏春祥）

給　蔣經國先生的信

劉福增　臺灣大學副教授
陳鼓應　臺灣大學講師
張紹文　萬春企業公司董事長　國際青年商會中華民國總會秘書長

經國先生

報載　先生在六十年度冬令青年育樂工作研討會中，指出青年人有希望，國家才有希望；青年人有前途，國家才有前途。並勉勵青年們：多講、多說、多發表意見。　先生說：「真理是經過辯論才產生的。」這話很對，我們願在這裡，提供一點小意見，供　先生參考。

在當前社會中，有不少青年人不願說話，主要的原因可能是不敢說，或覺得說了也沒用。現在在相當多的情形下，民間或基層人員的意見難以上達。如果說話多不能影響上面的決策，自然不想說。另一個更可能的重要原因是只能說好聽的話，認為若對政府提出批評，即使是善意的建設性的意見，也有可能被誤解為「有問題」。這種現象的造成，使一些青年人，因說了幾句被認為「激烈」的話，就被認為「有問題」。結果，有的工作受阻，有的不能出國。這種特殊情況，由於政府處理欠當，尤其是不給以「有問題」人士合理申訴的機會，使一般社會人士認為採取不說話的態度，最合乎「明哲保身」之道，以免自找麻煩。

其次，有不少青年人感到政府不信賴自己，我們這一代青年都是此地教育環境培養出來的。自己培養成長的子弟都不信任，還信任誰呢？有感於先生對青年的關切，因而作如下幾點建議：

一、**多接觸想講真心話的人**。許多知識份子，見了大官就矮了半截，或怯於表露，或礙於情面，甚至有得更視為攀龍附鳳的大好機會，於是到處洋溢著一片美言。請容我冒昧的說，自古美言大都是不實的。我們希望　先生能抽空接觸更多真正的知識份子——講真話而又愛國的知識份子。

二、**提供一個說話的場所**。即使環境許可青年講話，卻沒有適當的表達機會。因而，如何傳達，透過什麼來傳達，應提供一個具體可行的方式。我們很希望　先生或其他政府要員，在適當機會到各個大專學校及社會青年團體，跟青年學生和社會青年舉行「茶會」，細細的談，懇切的談，讓大家講出心裡的話。

三、**若有青年人被列入「安全紀錄」而影響到他的工作或出國時，請給予申辯和解釋的機會**。有許多人在一、二十年前因言論被做了「紀錄」，以後雖然「行為良好」並熱愛國家，卻仍然無補於事。我們希望在這方面能放寬一些，這樣大家自然就肯說話了。

敬祝

健康

劉福增、陳鼓應、張紹文　敬上　民國六十年元旦

建國六十週年紀念　國是諍言

張景涵　高　準　陳鼓應　許仁真　包青天
楊國樞　丘宏達　呂俊甫　吳大中　金神保
孫　震　陳少廷　張尚德　張紹文　蘇俊雄

前言：危機與自強之道

在中國人的習慣上，無論是個人或國家，到了六十生日都要大大地慶祝一番。孔子說：「六十而耳順」。「耳順」的意義，乃在於心智的成熟已能採聽違意的言論，心量的開闊已能涵容逆己的意見。對於人來說，最好的祝壽詞是美言一番，使壽星得到情緒上的快慰；對於國家而說，最好的祝賀詞是提出理智的批評建議，以供政府作為改進大眾事務的參考。

我們都是在此地成長的一羣青年（雖然彼此的省籍不盡同），此地的命運決定我們個人的前途。基於此，我們有權利來為自己的生存命運發言。

首先，我們應該看清楚自己。處在國際間只講求權勢的時代，以國力而論，我們只是三等的國家。

在不久的未來，假若國際間的態勢有極不利的情況發生的話，我們所面臨的危機將是如何尋求自保的問題。因而，目前所應努力的事，便是自保圖強。

同時，不必因為我們是個三等的國家而自餒，要緊的是我們要如何站得起挺得硬。做一個人，要做得讓人看得起；一個國家的存在，也要使它讓人有一份尊敬感。世界上有許多小國，因著他們在某方面表現與成就而贏得世人的敬慕。例如瑞士的輕工業技藝，瑞典的社會福利，新加坡的行政效率，以色列的生存意志……。它們的表現與成就令人刮目相看。今後，圖強當是我們要努力的一個大目標；促進政治的清明，提高文化的水準，培養學術的成就，加強經濟的發展，以我們的成就與表現，爽朗地站在世界上。

我們不必為目前能力所不能達到的事投擲過多的時間與心思，實現中國的統一是我們最大的理想與奮鬥的目標，然而目前我們所急切要做得是：如何把臺灣搞好。我們必須把一個小地方搞好，然後才能搞好一個大三百倍的地方。因而，如何把臺灣建設成一個可讓中國人嚮往的樂土，這是大家目前所可以做，而且應以全部精力作投注的大目標——建立一個開放的社會，使政風清廉，行政效率提高，人民的衣食住行育樂得到充分的照顧，這些都是大家今後應當全力以赴而求其實現的方向，那末對於大陸的人民自然形成一股莫大的向心力。如果不圖自強，我們對大陸就永遠只能情緒上的擁有，甚至於我們將無以自存！

眼前，外交問題成為舉國一致議論和憂慮的焦點。由於外交上的失利，使國人的信心普遍地發生動搖。二十年來我們在內部問題上不夠面對現實，因而一旦外在情勢有所轉變，難免就會影響到內部的安危。多年來，由於因循苟安、得過且過的結果，已在內部積累了龐雜的問題。漫長的時光，始終未能在內部建立相當鞏固的社會基礎：農民及勞工問題的日益嚴重，缺乏人口政策，導致人口的大量增加，知識分子的苦悶，這些都還只是危機的現象，領導階層觀念智識的閉塞，新陳代謝的呆滯，在革新上造成嚴重的障礙，這才是危機的核心。這些因素的不斷累積將可能形成社會的亂源。

今日的內在形式已經有異於廿年前的社會。廿年前由於政局動盪，社會紊亂，內部潛伏了種種不安，政府自應借重軍警的力量來維持安定。但是，廿年後的今天，當年的種種危機已大幅消減，而急速的經濟成長已使我們自農業社會進入了初期工業化的社會，再加上教育的普及與提高，在社會上業已產生了種種新的問題與隱憂。面對這種新的社會情勢，我們顯然已經不能完全依靠軍警的力量來維持安定了。

解決之道必須從根本上建設現代化的國家。只有健全的現代社會，才是經得起風暴襲擊的社會，現階段我們所需要致力建設的乃是人人裕足的富民經濟，尊重人權的法治政治，以及多元價值的開放社會。這些將是引導國家進入理想的現代社會所必須遵循的途徑。

一、治理階層必須革新

建設一個理想的現代社會，首先必須從建設一個現代化的治理階層上著手，治理階層的健全乃是建設現代化社會不可或缺的基礎，尤其是面臨國家遭逢變難的時刻。我們認為健全上層的治理結構，必須遵循下列的措施：

（一）容納社會主流以開創新機

執政黨的創建已經有七十多年的歷史，在前五十年間，每當遭逢重大困境的時候，為了適應新的形勢，都能調整自己，容納社會主流而開創新的機運。同盟會時期為了推翻滿清，革命動力第一次融會各方的主流，凝聚而為一股龐大的力量；民國十三年的改組，則是革命過程中第二度的吸收新血而開拓新局面；抗戰時期，為了抵禦外侮，又做了第三度的大融合。

如今面對國際風雲及內部問題所帶來的難局，這該是另一次改造自己，容納菁英的時候了。執政黨是在艱難困苦中締創的，同時無可否認的，開創者都是一時的精英，具有恢宏的氣魄，富有理想主義的色彩。然而，時過境遷，如今老成凋謝。繼起成員，無論氣度或知識都已遠遜於早期先進。近二十年來，或由於臺省地小人稠、空氣鬱悶，因而心胸格局大異於往昔。今後要如何避免繼續以狹窄的心胸將優秀人才列入考管，如何使曠野遺賢不致凝聚成疏離分歧的力量，如何更新內部而吸收新血輪，這該是慎重考慮的時候了。

（二）給大家一個新印象

政治的革新，如果只是整飭基層政風是不夠的，治理階層的健全才是關鍵所在。而要建立健全的治理階層，有二條途徑可循：

一、決策層的吸收新血：所謂「起用新人」，假如只是明星式的點綴一下或只在基層行政職位中實施，不可能使政治沉痾有任何的起色。假如不能在決策層注入新血，那麼要期待國家出現新局面，恐怕是不太可能的事。決策層吸收新血的主要目的除了吸收新智慧、新營養之外，更重要的是需要運用一批新人來改變舊有的決策作業。

傳統的政治決策作業一向都是由上而下的，決策者常根據抽象的主義或者經書上的格言，以個人的想法，來決定治國大計。當時社會簡單，人民智識水準低落，這種作法或可行得通。今天，現代社會的統治者，所面對的是一群受過相當教育的國民，所面對的社會又是瞬息萬變的社會。決策層不可能再堅守以不變應萬變的哲學而憑個人的想法來決定大政方針。追求高度效率及迫切講求實際的現代社會，不可能長久忍受一個與現實脫節的大政方針。

決策層的吸收新血，將可以會合一批最卓越的頭腦，組織成國家最高決策的智囊群，採取由下而上的歸納方式，以調查、分析、比較的方法，根據客觀現實的需要，為國家制定長遠的發展方向，並隨時為決策者規劃和提供最健全的幕僚作業，以作為決策的根據。像這類的作業，並非一定要委之於為國家積累汗馬功勞的革命元勳，假如將這種作業的任務委之於受過完整的現代教育的人才，應是適當而更能勝任的。

二、更新印象：決策層健全之後，最迫切的是拿出新面貌、新作風來。一個政權要完成大業，不能光靠本身的作為，還需要能激發大眾的熱情。執政黨在它過去的奮鬥史中，每當重要的時刻到臨之際，往往皆能深切體察羣眾的需要而妥善地激發這種情緒。任何重大的政治行動，唯有贏得大眾一致的共鳴，才能匯聚一股龐大的巨流。

如今由於我們久已疏於體察潮流之所需，無可諱言的，政府在群眾中所展示的印象已漸陳舊。不僅已經在國際上讓人留下疲憊的印象，二十多年來，在國人的心目中也留下了**空喊口號**的感覺，而在若干重大的措施上也未能實事求是，甚至於連**「實事求是」這句話也變成了口號**。所謂「全面政治革新」，理應成為一項嶄新的政治號召，然而，由於始終沒有具體的作為來支持這項號召，因而在國人的心中已少有人矚目。

要想挽回這種頹勢，以刷新國人對政府的印象而重建政府的威望，唯有在人事的變動及政策的根本改革上使出最大的氣魄拿出最大的作為來。在人事的變動上，譬如決策層可以大量引進新人，並**將二十年來所維持的老大而終身化的高民意代表羣**，**作一項徹底的變動**。雖然任何一種大的變革，勢必使政府受到來自特權者的傷害，但是因此而獲得的新興力量與廣大羣眾的支持，將使政府獲得無以倫比的力量。只要敢拿出大的魄力，一個陳舊的印象一旦刷新之後，便可重新樹立政府的號召力。

堅強治理階層的陣容及刷新政治面貌，乃是為了建立一個高度效率的治理階層，以作為建設現代國家的力量。至於，如何才能建設一個健全的現代國家？現階段我們極須遵循者如何？尚須分述如下：

二、富民的經濟建設

近代以來，開發中國家多數都依賴已開發強權的外援以從事國內建設。只有少數國家能在短時間內迅速地排除外援而茁長壯大，多數國家則非長久仰仗外力無以維持其政權及國內的安定，這一類型的國家很容易淪為次殖民地的命運，一旦為外力所揚棄，便陷於癱瘓的境地，其原因在於無法為自己建立一個充實的經濟力量，而充實的經濟力量實為推展一切現代化的根本動力！

近廿年來，我國的經濟發展在近代史上委實是個奇蹟，多年來始終維持著全球第二位的成長率。然而，我國以如此之高的成長率，何以在經濟上依然處處捉襟見肘？廿年來全民一致奮鬥的經濟成果，究竟到那裏去了？這是必須徹底檢討的事。

我們今日的經濟情形之所以仍然如此拮据，其癥結似乎是因為我們不善節流。因此，在經濟建設的大業中，我們除了要繼續維持或提高經濟成長率之外，還應該趕快在節流上設法，否則再高度的成長率恐怕也經不起無止境的浪費。

（一）國防軍事的節流

首先我們所想探討的是我們的國防軍事：我們的國防預算數字到底是多？二十年來政府始終都以非常時期為原因，而未能公之於國人。固然我們願意相信政府一定做了妥善的運用，但是一個妥善運用的預算，應該可以磊落無私地告訴國人。要知道讓國民共同來參與監督是可以幫助政府來防奸止弊和杜絕浪費的。或者有人會認為國防預算乃最高軍事機密，不可洩露，事實上今天的戰爭，已絕非單純的軍事問題，今天即連參加軍備競賽的大國家，都敢向國人公布預算數字，何況我們又是一個必須以經濟、政治、思想為主要作戰手段的國家，因而，要防止預算的浪費應該可考慮預算的開誠佈公。何況納稅的公民是國家的主人，本有瞭解國家經費如何支配的權利。

其次，面對著這樣的一個形勢，實在已到了必須認真地考慮實行精兵主義的時候了。例如如何根據現代軍事學和臺灣的戰略情況，釐定出一套合理的建軍方案；轉移部份人員在東部或其他地區組成幾個「上山下海」的生產兵團（在有計劃的不與民爭利的原則下）；縮短徵兵役為一年；從優輔助退役官兵生活福利等。六十萬大軍雖然裝備精良，但二十年來從無用武之地，一方面坐使眾多有用之才隨歲月而成為伏櫪之老驥，另方面新武器的日新月異，也坐使龐大的武備經常淘汰為廢鐵，這是何等可惜的耗費！所謂「養兵千日用在一時」，原已是農業時代的落伍的軍事觀念，維持龐大的軍力，在今天總體戰中，不僅不是安全的保證，反而是件沉重的負累。有人認為目前的兵役制度維持眾多兵員，還可解決部份的失業問題，實則兵役制度絕不能當作解決失業的辦法，尤其時間過長的徵兵制度的繼續實施，目前已影響了正當的生產秩序，現代化的國家只有發展實業促進生產以包容失業，而從未聽說能以發展純消耗的兵役事業來解決失業，這畢竟是飲鴆止渴的辦法。像美國的參加越戰，雖然解決了部分人的失業，但以美國今日之強大國力，都難免因為負擔百分之卅的軍事經費而影響了國內的經濟危機，更何況一個地狹人稠的臺灣呢？

對於國防軍事的問題，我們已急切地需要調整以往的安全觀念：只有建立起雄厚經濟力為後盾的國防，才是真正有泉源的強大國防力量。而且也只有讓國民普遍富有的社會，才是「心防」最鞏固的社會。一個具有鞏固「心防」的社會是無匱乏無恐懼而且無須維持數目龐大的重兵的。

（二）外交經費的節流

其次一般所了解的，外交經費乃是另一宗消耗國力的主要項目。通常所指的外交經費主要乃是外交部費用及聯合國會費。至於每年維持席次所做之必要的國際應酬，和其他相關的龐大支出，究竟花費如何，則政府也和軍事預算一樣地採取迷霧式的處理方式。再來，國際貿易本來的作用應該是很單純地為了「賺錢」，以厚植國家的經濟力量，但每當經濟利益與外交利益發生「糾葛」時，尤其當「聯合國季節」到來之際，沒有不是大力地犧牲貿易利益的。迫切渴求外交勝利的弱點，假如被多數國家所洞悉而紛紛加以利用的話，不僅將無止境地耗損國家元氣，而且在國際上將留為笑談。

誠然，在目前的國際局勢下，努力維繫我國與其他友邦的良好關係是有其重要性的。但是，假如因此而在財經上付出太大的代價，甚至因此而損耗了過多的國力，便不能算是智者之舉了。在這一點上，我們很有向南韓學習的必要。南韓近年來全力發展經濟，甚至於外交使節最重要的工作都用在發展貿易，那種掌握關鍵面對現實而且實事求是的作風，已經贏得全方面的喝采，雖然始終未曾進入聯合國，但從未影響國際間對他的敬佩和同情，這是很值得我們猛省的事。

（三）行政機構及公營事業的節流

目前的行政機構在一般工商界人士的眼光中，不僅不能發揮推動經濟發展的功能，而且甚至於已造成了嚴重的發展障礙，今天的公務機構最主要的弊病是行政系統的重疊（包括中央及地方與黨及政的重複）；駢枝機構的林立；酬庸與貪污腐化之普遍，以及多數公務人員觀念之弊陋，這些都是由於沒有建立統一的行政系統和缺乏健全預算制度及缺乏合理考選所造成的結果。維持一個缺乏效率的公務機構，不僅浪費公帑，而且造成國家經濟發展的阻力。

至於公營事業，本來目的在於發達國家資本，但以其具有壟斷性的事業，到目前為止，多數皆虧欠累累（即使盈餘亦無法與其優越的先天條件成比例），國家資本不僅不能從而加速累積，反而成為包袱，主要的原因是公營事業也受到官場習氣的感染，惡習已積重難返。假如不能建立有效的管理制度，雖繼續作巨額的投資，事實上卻促成了國家資源更大的浪費。

（四）專家的授權

以上所探討的，主要乃側重在如何節流的問題，至於如何發展社會化的富民經濟，我們認為規劃國家全盤經濟計畫及制定有關各項決策的大權，必須委諸財經界的負責人士，并使他們擁有控制及調配國家全盤經濟發展趨勢的權力。在現代社會中，尤其像我們這種急待發展的國家，經濟瓦解可以造成急速的全面崩潰。目前我們也了解經濟的重要性，但只知發展經濟而不敢授予經濟的負責人士全權排除各種阻力及調配各種資源的權力。現代國家的財經大員假如沒有這種權力，那麼這個國家也就絕無能力從事現代社會中極激烈的經濟戰。一個不能建立堅強經濟力的國家，是無法談任何現代化建設的。

三、法制政治的確立

(一)法治的基本觀念

由於工商業化及教育的普及，今天已經產生了大批的智識份子和中產階級，這是今日新興社會的進步力量，他們自然對於政治法制化具有極強烈的欲求。然而，政府的步調却是如此的緩慢。政府要適存於新的社會，目前已經沒有選擇地必須將政府與人民間的關係重新調整在一個新的法治基礎上。

法治觀念，乃是指政府內部管理的「法制」化，將政府的行政管理建立在法制的組織和健全的制度上。所謂健全的制度，最重要的是人事管理的制度。所謂法治的組織，最重要的是法令之不可疊床架屋，必須以利民為目的而不可以羈絆人民為目的。

一般而言，我國自古以來的政府機構長久以來都脫不了濃厚的幫會組織的色彩，從未能用嚴格的「法治」觀念來安排行政體系和行政管理。儒家的行政管理是要靠個人修身齊家之後推展來治國的，以人與人之間的感情來替代制度與法律的規範。這種幫會式的管理在農業社會中用於組織一小撮人，可收效一時，但以之應用現代社會中龐雜的行政事務，便會弊端叢生。

全面革新須從政治革新着手，政治革新須依賴人來推動，如何使人發揮其有效的推動力，則不能再用古典幫會式的方式，那麼今後非在制度化及法制化的基礎上建立健全的人事制度不可，所謂健全的人事制度也就是人盡其才的人事制度，必須使每個人都能站在最適合其才能與個性的工作崗位上，使之充分發揮其才能而達到高度的效能，否則人與事不能相應，則人既無法發揮，事亦無法推動，全面革新終究將成泡影。

（二）行政權的約制和制度的建立

目前國民所最詬病的是人權缺乏保障，人身自由權益隨時都可能因公務員的違法濫權而遭受嚴重的損傷，更由於「法令」、「條款」的氾濫滋彰，使人民有動輒受縛之感。

現代國民所要求於政府的只是消極的不侵犯和傷害，換言之即希望政府不在侵犯人民人身自由權益上有所作為即已滿足。然而這方面政府的權力似乎伸展太多。另方面，在解決問題，謀求大眾福利上，人民所要求於政府的却是積極而有作為的政府，然而政府在這方面却做得太少。

政府至今尚不能建立一套完整而有效率的行政體系與法令體系，公務員的任用、升遷、考核、銓敘制度的落伍也使行政制度癱瘓失靈，已告癱瘓狀態的公務系統，假如不能從人事制度上徹底革新，想期待它產生積極的作為和高度的效率是不可能的。至於法令的重疊滋繁，相互牽制，使人民向政府中辦任何事項時多會搞得頭昏腦脹，困難重重，而這也就是造成紅包亂飛，風氣糜爛的一大原因。時至今日，我們必須拿出勇氣來，確認凡是不能利民便民的法令，都是不合憲法精神的惡法，應該亟謀廢止，才是真正的法治。

多年來政府也悉心想建立健全的制度，奈何所建立的制度都不能發揮有效的管理，關鍵乃在於制度的設計根本違反了法治的精神，幾千年來深入人心的人治主義至今仍然在政治管理上被深深地重用着，這是政治機能無法發揮的基本原因。

現代政治家推動一部複雜的行政機器，使它發揮高度的服務效能，既不能寄託在緩不濟急的「訓練」和「訓話」政治上，那種藉訓話和耳提面命才能推動的行政，乃是手工業化的政治。不能再抱著「教民、養民」的觀念而把人民當作羊羣，而必須要有使行政者確實為民服務的方法，這種方法乃是根據人性之自然傾向。以人性為動力所設計的管理制度，在這種制度下無須勞動在上者朝夕辛勞地監督面命，政治機器即能順利地自行運作。這就是現代的企業管理的方法，政治欲圖革新，制度要使其有效的發揮作用，如不採取現代企業的管理方法，是不會有起色的。

以上是有關行政制度的法治化問題。其次要討論的是治理當局的法治觀念的問題。二十年來，治理當局在單元化的政治環境中，缺乏強有力在野黨的刺激和監督，自然很容易養成濫權的習慣。除非有客觀環境上的變化，否則很難有建立法治政治的決心。今天面對著工商業從業者及智識份子的迫切需求，假如再不決心建立法治，那恐怕既得的利益都難以維持。今日少數當權者率先的貪贓枉法，事實上已使目前既有的權力體系破壞無遺。法治觀念及風氣的培養，非從上至下率先厲行不可，制法者本身的違法，勢將自搖其根本。

許多官吏的腦子裡還遺留著為民父母，要人民聽話那套陳舊的牧民觀念，這是人權受損的另一個因素。一方面這是因為執政過久，自然養成一種老大的心理，一方面由於其對現代政治知識水準之低落所致，今天人民智識水準都已普遍增高，甚至還超過公務人員。權力可以壟斷真理的觀念，很容易引起大眾的反感，這是政府無謂的損失。

總之今天要使公務階層率先厲行法治化，須從最上層開始深切地體認法治政治，這在現階段的環境中已有迫切的需要。而要建設一個高度效率的統治組織，則必須徹底放棄手工業政治的統馭觀念，來建立以法治為基礎的高效能的政治組織。

（三）司法的獨立

以上所討論的主要乃是行政權本身的法治化，其次所要討論的是政府與人民間的關係。至於政府與人民間法治關係的建立，最重要的乃是司法權威的建立。今日司法的不能獨立，已經在不自覺間使法治的根基受到嚴重的腐蝕。司法權威的不能建立，代表國家仲裁權的瓦解，也代表道德統治力量的崩潰。

以政權成立的過程而言，早期的統治權可以純靠武力，但是，局面粗定之後，必須立即樹立上下一體共同遵守的法治。換言之要建設一個長久安定的社會，則必須迅速捨棄武力，以建立共同遵循的道德統治力量。這種國家道德力量的來源便是嚴明獨立的司法。司法威信的樹立對於社會安定及政權的長久鞏固具有極為重要的價值，二十年來我們最大的缺陷便是始終不能充分建立這種力量。維持一種能讓人民尊崇和信賴的司法，應該是立國的第一件大事。「王子犯法與庶民同罪」，古來政治家早已明瞭其重要性，何況二十世紀七十年代的今日，豈能縱容親貴功臣而破壞司法威信。

目前司法問題的癥結，在於特權干涉及內部腐化，這兩種因素使司法威信難以確立。獨立的司法固然一定會使統治者的既得利益受到某種程度的妨害，但也只有忍受部分利益的損害才能維持久遠的利益。行政力量不僅不應干涉，反而應該主動鼓勵司法權對於犯紀的高官貴吏作最嚴明的處理，以建立威望，否則「刑不上大夫」的風氣一旦形成，司法威信便永無樹立的可能。目前未整飭司法風氣，遂採用調查局的力量來牽制司法官的濫權，用意原為防止其腐化，然而這種制度實行的結果卻造成對司法權的另一種類型的干涉。防止腐敗之不足，却已明顯地造成司法官的消極和因循。以行政力量來牽制司法，從各種觀點上看，都是不智的。今後要求有效整飭司法風氣，首先應該做的是却除一切對司法權的干涉力量，恢復司法權完整的獨立性。

消除外力干涉之後，並不能保證司法威信能自動形成，無外力干涉的司法，怎樣防止它內部自行腐化，這是一個極重要的課題。關於司法風氣的維繫，除了應給司法官足以養廉的俸給之外，英國所採取的司法官自律制度，頗值得借鑑：

英國對於司法官的挑選、培養及任用已經形成一套牢不可破的社會制度。首先，他們的挑選工作就極為嚴格，大學畢業後經過三年的訓練，最優秀的人才才能擔任律師，一旦擔任律師，則終身的品德都必須接受律師協會嚴密的監視，數十年不被律師協會開除者，才得以經由協會鄭重的推荐而榮任法官，其產生過程的艱難，已經使法官確立了極崇高的社會地位，再加上獨立的教育、任用、考核系統使他們確立了極高度的職業尊嚴。這種崇高的社會地位及不可輕侮的職業尊嚴，對於法官品德的拘束力是遠超過任何行政牽制力的，而且他們產生的過程完全由獨立超然的職業團體擔任，使英國的法官得以超乎一切黨派恩怨之上，而形成一種凜然不可侵犯的道德力量。這種國家最高的道德統治力一旦成熟，那麼國家長遠的安定便已奠定了鞏固的根基。

（四）立法的健全

法治政治的建立，除了行政功能的提高，司法獨立的維持之外，還須立法機關的健全。今天我國最高民意機構，在當時確是濟濟多士，不少英彥，然而由於二十餘年的未曾確實改選，使他們無需再去體驗新時代主流的心音和基層民眾的聲息，由於終身居於廟堂之中，迴旋於上層權貴之間，老邁交疲的身心再也無暇去觀察社會的變遷。一旦形成特權之後，也很自然地對於身外的廣大蒼生不再具有同情的了解。民意代表在現代的政治體系中仍居於極為重要的角色，制定國家最高的法律，決定國家最高的發展方針，文明國家所以必須規定定期改選，乃是希望使這個決定國家大政的團體，能不斷地與國家新興的社會主流銜接；否則廣大的羣眾失去了上達的牽絡，決策中樞與民眾脫節過久，自然是危險的事。

一個不能與社會大眾緊密銜接的中央民意代表羣，絕不能組成健全的民意機構；一個不能與社會主流和大眾聲息相通的特權化的民意機構，對於法治的推行和民眾權益的保障也不會具有奉獻的熱忱。簡潔的說，他與民意業已無關，二十幾年來，我們始終在維持著一個龐大、衰老而且與廣泛大眾完全脫節却以民意為名的特權團體，雖然他在表面上維持了形式上的法統，而即使在形式上，它也完全無法代表那些在二十三年前未滿二十歲，也就是現在四十三歲以下的青年的一代，這些約佔我國現在人口三分之二的四十三歲以下的人民，從來也沒有獲得過投票選舉中央民意代表的機會。即使是四十三歲以上的人，也不能一票而定終身。而政府也同樣付出了極大的代價，背負著此一累贅的包袱，不但在國際聲譽上始終留下了無法消除的陰影，更使得國內廣大的民眾長久地失去關懷他們和代表他們的最高民意機構，這也是法治政治不能圓滿達成的另一個重要關鍵。

（五）監察與諫察

監察制度的作用，在於使有權者不能濫用權力。現代民主國家實施有效而且適當的監察制度不是設立一個按月支薪的機關，而通常事安排一組勢均力敵而能在人民自由投票下輪流交替執政的兩大政黨的制度，以有效地執行監察工作。沒有比一個能與執政黨勢均力敵而和平競爭的在野黨，能成為對當權者更好的監督。在一大黨長期執政，而國內無競爭對手的情況下，常常不容易從互比中求進步，而黨的內部也易於因血脈不通而老化。為了希望國家走上現代化的坦途，今天我們不能不深盼政府當局能考慮主動建樹起兩黨制度。假如因為情勢的特殊，不宜有反對黨，則似乎也可以考慮由執政黨黨內分成兩支力量，在公民投票下輪流當政，而共同遵奉國家元首，努力競賽，以使國民觀其成績，發揮為民服務的最大功效。這種辦法在目前當不失為既合國情又能趕上時代的辦法。

如果這種改革一時還無法做到，那末，退而求其次，我們認為還有一項辦法亟應採擇，那就是對現行監察機關的徹底改善。我們知道　國父所以主張設立監察院成為五院之一，乃是鑑於中國古代監察權之獨立有其良好的效果，但中國古代的監察制度時有兩個系統：一是御史，一是諫官。這兩者的性質與職責並不相同。御史是為皇帝來監察百官，目的在整肅官常。假如把「政」與「治」的範疇分開的話，御史的功能是一種「治」務監察。諫官則是為國民、為道義而諍諫皇帝和特任官，目的在約束專制，這是一種更超然的「政」務監察。治務監察目的既在監察百官，則要了解政治體系內各種弊端，則掌理治務監察者非得與行政體系密切結合不可，所以漢代的御史常常安排為機構的副主管，一方面因為本身可以進而取代主管，另一方面因業務的結合使他能洞悉機構分立，不但不能使他強化其監察權，反而使他的職權留於萎縮，所以職權的「分立」常常反而促使職權的「孤立」，而不能使權力「獨立」。今日的監察院，假如他的功能是屬於「治務」監察的話，則應該使監察院人員與行政機關結合，重新安排其關係，才能充分發揮吏治澄清的作用，否則，監察人員只能每天閱讀報紙的社會版才能了解政風弊端，根據報館記者的二手記述以執行監察，畢竟易陷於被動和錯誤。

如果監察院一定要「分立」於行政機構而「獨立」存在的話，那麼它便不應而且也不能執行「治務」監察的任務。在此種情況下，它的功能應該是古代諫官的功能，可以只從事「政務」監察的任務，對於國家的大政方針、主要部門的重大決策、以及對於法官與特任官以上政務人員的監督工作。目前監察委員偶而也作這種監督工作。　國父將監察權獨樹一支的目的，原是為了加強監察權，但目前的監察權固然在「治務」監察上先天的不能發揮作用，而在「政務」監察上，本來監察院機構從行政權分立也無礙其執行政務的監督，但至今所以始終無法為國家樹立超然而權威的監察權。我們以為可以從制度和人兩方面來討論。

在制度方面，監察院尚缺乏一個強大的力量做為其強化監察權的後盾，監察院雖然有時也勇敢地彈劾部長級的官員，但被彈劾者只要火侯和修養功夫夠，仍然可以完全無動於衷，而且屢被彈劾糾舉者也往往毫不影響其飛黃騰達的官運。其關鍵在於監察權的背後沒有逼迫性的力量，才使得大官們對於監察院的九人委員會可以一笑置之。採取三權分立的國家，所以將彈劾權放在立法機構，是由於立法機構掌握預算審議權。彈劾假如自一個有刪除預算權的機構，相信任何高官貴吏們對此都不敢掉以輕心。為了要強化監察權的功能，假如不能將兩權合而為一，也應該賦予監察院質詢及預算審議的權力。

在人的方面，監察委員假如其角色是諫官性質的話，他不必是地區代表，也不必是行業的代表，它所代表的應該不是地區或行業而是正義與勇氣。所以他應該是德學兼備、見解通達的敢言之士。這樣的人，不一定能在選舉中產生，也不需要由選舉來產生。他不妨由考試來產生。　國父主張考試權，原是為防止選舉之弊而發，所以考試之應用當可適合於政務人員之產生。現在，「諫監委員」就應配合考試權之精義而由公開考試產生之。假如以「凡品行無不良紀錄，年滿三十歲，具有學士以上學位者，均可報考」為資格，以國家大政之策論為考題，則深信必可考出一批最有學識、最有朝氣的「諫監委員」，而成為策進國家進步的強大推動力。

經濟問題乃是國力的問題。經濟的萎縮表現於一個國家的，往往是營養的失調，而法治的不興，對於一個國家而言，更易導致叢生的弊病，甚至於癱瘓不靈。假如社會型態仍然維持著數十年前單純的農業結構，也許還不至於產生問題，但今天社會結構的變化，已產生了大批知識份子及中產階級的新興力量，這個階層乃是要求法治最積極而熱切的力量，政府必須要滿足這種慾求，從根本上去建立現代化的政府與合理公平的法治社會，只有如此才能使政府繼續適存於現代世界。

四、多元價值的開放社會

（一）思想統一不是國家統一的先決要件

今日多數的學者所以承認開放的民主社會優於閉鎖的專制社會，主要因為人們已經發現，這是唯一可以使人類智慧和創造力發揮到最高點的社會。社會文明的進步，主要乃依賴人類的創造力，這是使人類文明免於愚昧而枯萎的主要泉源。專制政治最不可饒恕的罪惡乃是在於因亟亟於排斥異己而徹底地扼殺了人性的自由與創造的活力，這種型態的政治體制，雖然在表面上可以達到虛有其表的統一力量和集中力量的形式效果，但是任何一個發揮到最極致的專制政治，長久以往也是無法和一個活活潑潑的民主政治互相競爭的。三十年前的納粹政權，可以代表一個高度效力而且發展到極致的專制政權，但是到最後卻難以避免因叢生的錯誤而至滅亡。單元化的權力一旦形成絕對化的結構之後，很少沒有不被恣意濫用的，而真理一旦被專制者所壟斷，眾多的智慧便無法再發揮其應有的貢獻，其結果所造成的枯萎和滅亡乃是一件很自然的事。

杜魯門總統曾對民主政治下過一個註解，他說；「沒有一個政治體制是完美無缺的，而民主政治最起碼的優點，是他的缺點極易於被發現，而迅速地被改正過來。」因而民主的社會雖然散漫而且化費頗鉅，但這種政權卻不易因為智慧的枯槁與錯誤的累積而至日暮途窮。

幾千年來我國傳統的政治，本質上閉鎖社會的產物，自古在文化上處於惟我獨尊的狀態下，既少國際的競爭，也就沒有開放知識的迫切需要。知識的發達對於不求長進的統治者而言，常常是一種無形的威脅，因此，在古代「民可使由之，不可使知之」的觀念下，發展成一種「牧民」的政治，只有在百姓普遍愚昧的情況下，統治階層才可高枕無憂。然而求知慾畢竟是人類難以阻擋的主要慾望之一，不管統治者如何地講究愚民的技巧（如八股取士），用以限制凡庸之輩的思想固然有餘，對於才氣縱橫而具有高度天賦的知識份子而言，只有增加他們的反感。

大約是從秦始皇開始，他告訴後世君王一個統一疆域的公式：欲達成國家的統一，除了語言、度量衡和交通工具的統一之外，最重要的必須達成思想的統一。幾千年來的統治君王幾乎都迷信這個鐵律，欲一統天下，必先樹立獨一無二的價值標準，並且徹底清除任何相異的思想。幾千年來，歷代不斷地努力於思想的統一，而不幸的是人類的思想從來也沒有在暴力下有效地統一過。中國人過去幾千年極寶貴的精力和鮮血幾乎完全糟蹋在價值標準的單元化運動上。於是這一個曾一度光輝燦爛的文明古國，只因她長久地自我閉鎖，經由自我單元化而扼殺了自己的智慧。今天和西方社會相較，這些實行開放社會不過數百年的國家，不論文化之高，不論國力之強，今天眼看我們落後的程度，以不是單靠復興固有文化所能輕易地迎頭趕上的了。

現代的開放國家，多數都能容納各種不同的思想見解，使他們發揮多重的功能，不僅無礙於國家的統一，反而更能增強其國力。近世以來，西方國家所走的一條嶄新的途徑，應該可以給我們一項新的啟示——達成國家的統一，並不以知識的閉鎖和思想的統一為必要的途徑，而且我們在一場慘痛的經驗和教訓中應該已經發現，開放社會比閉鎖的社會更容易累積龐大的國力，以作為統一國家的更為堅實的基礎。今天，時間已經不容許我們繼續閉門造車，二十世紀的國際社會已經進入智慧競賽的社會，人類的智慧和創造力已經形成一股不斷高漲的狂潮，在這種要求開放的激流中，我們似乎已不可能再用高築圍牆的方式來企圖保留我們的古老、僵硬的傳統價值。這個文明古國近代以來幾經浩劫之後，如果再不猛省，不久之後也將步隨埃及、巴比倫等文明之後熄滅其光芒。

二十年來，我們所努力的方向，仍然是在以建設民主自由的社會來對抗共產的專制集權，這是正確的。然而無可否認的，我們的缺點乃是：**容許某些缺乏知識的人來操縱自由，而大多數有識之士卻未必充分享受過自由**。因而我們雖然在追求民主，但卻並沒有在此地看到開放的社會所應綻開的花朵。二十**多年來我們曾經用盡一切力量，努力在發展經濟，嘗試開發一切所能開發的物質資源，然而蘊藏在每一個中國人內心的智慧，卻未被充分開發。努力發展物質而忽略了智慧的結果，恐怕明日的中國人，滿街將是肥胖而愚蠻的動物**。

今天我們所面臨的問題是：二十年來，我們在教育發達之下，接受西方現代文明的薰陶，不但了解西方文明的長處，而且也瞭解了它的短處；由於當政者畏懼它的短處，而排斥了它們的長處。但是另一方面我們卻面對著一個發揮集權效力的共產強敵，尤其自從挫敗在這個兇殘的敵人手中之後，大家似乎更想學習敵人的「長處」，而他們的「長處」卻是扼殺人性的。

共黨之能建立今日的政權，乃因為它充分地運用了清末民國以來實行部分開放的政策所培養出來眾多的知識份子，這些接受現代訓練的知識份子，他們有理想、有抱負、有熱情，這是近百年來實施開放教育所培植出來的最為卓越的人才，這股潛力原是中國用以擺脫落後閉固的新生力，它的誕生和延續，象徵著改變數千年中國的一線希望，中共曾充分地運用了這股力量以建設它的政權，然而一旦掌握了政權之後，不僅變本加厲地實施專制，而且以更殘酷的手段扼殺了這股百年來所維繫的生機。中共最不可饒恕的乃是：它利用了清末以來開放教育所培養出來的知識份子的力量，卻又是徹底摧毀這股力量的劊子手，而將中國重新帶入一個陰森而恐怖的社會。

開放的民主必然優於共產極權。我們要能堅強這種信念，儘快建設一個可以使同胞的智慧獲得充分發展的社會，那麼一個多元社會所給我們帶來的生機將不僅使我們得以自存，而且將會獲得所有中國人由衷的支持。假如不能如此，那麼我們未來的命運將更為黯淡。

(二) 權威和八股教育

從家庭教育開始，我們至今仍保存著極為濃厚的極權主義色彩，父母自小將子女視同可以任意支配和驅策的私產，父母不斷在有意無意之間，約束著子女可以正常發展的心智和個性。上一代，由於經歷變亂，飽經政治滄桑，餘悸猶存，因而諄諄告誡子女不可造次多事，作一個「聽話的好孩子」。在學校裏，訓導人員的訓話，迅速地接替了父母的功能，對孩子們繼續施予嚇阻性的壓力，並使他們習慣於權威偶像的崇拜。另一方面我們整套的教材和教學方法都無視於思想的啟發和判斷能力的培養，由於升學競爭的激烈，學子們成年累月地將心思精力耗費在模式化的「標準」教材上。長期灌注性的教育，使學子們對於課本以外的天地全然生疏隔膜。一個學生，由幼稚園開始到大學，總得經過幾千次以上的大小考，這樣「千錘百鍊」出來的好學生所能達到的最稱意的表現，便是機械性的吸納與覆述——一個學生只要把標準本背得滾瓜爛熟就行了。在極有限的範圍內反覆背誦，以記憶代替思考，這種新科舉教育，無疑的會慢性地扼殺人的創造心能，而阻礙了個性的發展。

（三）治安帶來的不安

在一個政治局面尚未底定的早期，加強各種軍警治安的力量以求局面的加速澄清，這是無可厚非的而且往往是必要的。但是當局勢已告安定之後，假如仍然繼續以此作為統治的主要基礎，那麼社會的進步便要遭到嚴重的障礙。

廿年前的臺灣社會，因為局勢的動盪不安，不得不採用特殊的安全措施，但長久地採用這些措施，無可諱言地已經影響到整個社會的氣氛，在人與人之間的關係上留下了陰沉而濃重的陰影。**更何況，今天的安全措施往往會誤及許多清白無辜的人。**

幾千年來先人所盡其權力以維護的倫理制度，最可貴的是將人與人之間的關係建立在一種敦厚篤實而且和諧互信的基礎上，這是建立真正安全和安定的社會所不可或缺的基本美德，但是數千多年所建立的這種人際關係的規範，今天卻不免會被嚴密的安全網所破壞，人們的互信互愛也不免會被疑懼所取代。假使安全的措施為大家帶來了廣泛的不安，使大家都抱有一種明哲保身的態度，消極地尋求退守和逃避，那麼便會有害於進步和安定。

（四）學術自由之必要

學術乃是國家文化最寶貴的智慧源流，也是國家真正力量的來源，更是人類追求的崇高目標。想要這個泉源綿綿不絕的潤澤全國民的心田，使它散發出智慧的光芒，就不能以任何政治力量加以干擾。只有充分自由而獨立的學術，才可以為國家發揮無與倫比的力量。政治可以因為學術智慧的運用而綻出奇葩，國家可以因為學人的傑出成就而散佈光輝。然而政治若以學術為婢女，則學術的命脈立即暗淡無光，而不再成為力量。**學術之能否發達，植基於學術之能否自由及能否獲得研究之鼓勵，而一個國家學術之發達與否，也就判定了它是文明還是野蠻，我們必須深切的體認：學術衰敝就是文化衰敝，學術衰敝的國家就是落後的國家，文化衰敝的社會就是野蠻的社會！而學術研究之缺乏自由，研究資料之遭受禁錮，就是學術衰敝之原因。**學術研究必須瞭解世界既有的研究成果；學術研究也絕不能以人廢言，如果敵人說出了真理，不能因此就把真理關在門外。書禁的實施，將造成學術的衰敝。何況越是禁書，越使人存以幻想與好奇。真理只有愈辯而愈明，如果以為有問題就輒予禁止，則就失去了駁難辨明的機會。學術乃天下之公器，人人有研究與發表的自由，絕不能因政治的藉口而遭剝奪。

無數大陸撤退前所寫的重要學術著作被查禁，只因作者身在大陸。有些作者也許只因情況緊急而不及逃出，有些作者雖思想不同但日後為共黨清算，這些作者的著作，我們實在不該查禁，這不僅是由於學術本身的價值，就算站在思想爭鬥的立場來看，也是爭取大陸知識份子向心的一項好措施。事實上，許多開放的社會，無書不可讀，在這種社會裏，真正的共黨信仰者，卻少之又少。許多封閉的社會動輒查禁書刊，在這種社會裏，往往反倒是共產黨繁殖的溫床。

（五）開放大陸研究之必要

所謂匪情的研究，二十年來，始終由少數情報機關人員所獨佔。而所謂匪情，包括的是全中國大陸的一切。我們不想光復大陸則已，如果還想光復大陸，怎能不讓青年的一代全面的直接的去研究瞭解，所以這不但人人應有研究故鄉情況的權利，而且更有必要讓所有的知識青年因公開研究而知彼此，集中全國的智慧來研究如何可以光復？如何可以在光復後與大陸同胞相處？這是何等重大的事情，豈可由少數人包辦？如果臺灣的青年都不能信賴，那末我們國家還有甚麼基礎哩？當然，為了避免不良後果，由一些專家作批判性的指點與講評是需要的。除非展開大規模的大陸情況資料的公開研究，是無法結合全民的力量的。真正的心防，是在徹底了解對方之後的對策，而不是盲目宣傳下的盲目呼應。

（六）門戶開放之必要

人民有居住及遷徙之自由，為憲法所明定，也是任何現代國家的通則與達成開放社會的必要條件。只有專制國家與共產黨主義的國家才需要築起鐵幕禁止人民出入。我們如果要希望擠入現代國家之林，便應使人民有充份的出入自由，也唯有如此，才能加速吸收新知識、新觀念，而促進社會的進步。在今日的狀況下，為了防止共諜的滲入，對入境加以審核，也許尚有必要，但對出境的種種限制，實在已無存在的理由。當一個人既非罪犯、又已盡了國民的義務，也未欠納稅金，而欲申請出境，那末政府是不應該加以留難的。現在種種對出境的限制，所達到的效果，無非是增加人民的不滿情緒。當今世界文明國家都在致力促進相互的溝通交流，我國也在力謀發展觀光事業，但人民竟不能以觀光為由而出境，其為落伍與開倒車殆無疑義！再說人民以求學與就業為由而申請出境，則更無限制之理由。人民既應有求學與擇業之充分自由，國內之無充分就學與就業的機會也很顯然，那麼政府又何必要去阻撓他們呢？不但大專畢業者之欲出國留學不應有任何限制，便是其他沒能考入大專學校年青的，如果他們自己找到出國升學的機會，我們又怎可剝奪他們的求學機會呢？更何況國人出國就學與就業，還多少可以緩和我們的人口壓力。

結語

當此國家花甲大慶的今日，我們以極為沉重的心情約略表達了年輕一代對國是的一點看法。不論成熟與否，字字句句無不吐露由衷的心聲與對國是的熱忱。

我們所理想的社會乃是公平的、自由的、民主的、合理的、開放的、富有的、無恐懼的、無壟斷的、而且無暴力的社會。全世界的人類追求這種生活方式的心願向已極為熱烈，一個政府假若無力領導人民實踐這種理想，最低限度也不應該阻礙這種潮流的發展。（任何順應此一潮流的政府必能一帆風順與堅強壯大，而阻礙這種潮流的政府則終將為潮流所淹沒。）做為一個中國人，祖先對於這種意境的夢想已懷抱了數千年之久，假如我們能在臺灣建設成一個祖先數千年來所夢想的樂土，毫無疑議的，必將立即為七億中國人希望的明燈。

開放學生運動

陳鼓應

本文說的「學生運動」，即是一種「自覺運動」，一種「革新運動」，同時也是一種「愛國運動」。「簡單的說，學生運動不過是意見參與的活動。」學生運動不僅不足畏懼，還值得各界人士支持。

本文是一篇座談會發言紀錄。臺大法代會十一月二十五日舉辦「民主生活在臺大」座談會，應邀出席者有胡佛，黃默，馬鶴凌，張德溥，洪成完，林正弘及作者七人。這篇發言紀錄，因「臺大法言」未及刊出，故予單獨發表。

本文題目原名「培養參與感及開放學生運動」，為了簡明起見，縮為「開放學生運動」。

——《大學雜誌》編者

一、大眾冷漠的原因

民主精神在於大眾的參與。如果沒有大眾的參與，民主就成為沒有內容的口號。我們要談論參與的問題，當先探討為什麼今天會造成大眾的冷漠感？找出病根所在，才能著手改善，進一步來培養大家的參與感。我認為冷漠感的形成有三個主要的原因：

（一）無形的壓力感造成了過度的敏感

關於這一點，我在「容忍與了解」的一篇文章上已經說過了。最近執政階層的人已經注意到這些問題，並且正在謀求改善中。只是以往所形成的空氣，恐怕得要一段相當長時間的努力，才能改正過來。讓我舉一個有趣的小例子；兩個星期以前，法代會幾位同學告訴我想再舉辦一次座談會，那時題目還沒有擬定，大家坐在一起想題目，有位同學建議用「政治參與」為題，這時大家都不期然異口同聲說：「噢！不行不行，『政治』兩字太惹目太刺激了！」這充分可看出大家的敏感。為什麼會這樣敏感？固然由於知識份子敏感性特別高有關係，然而以往下層執行人員水準參差不齊所造成的影響實在不小。在我的四週，親眼看到好些朋友因言論而遭致禍患，也聽到許多青年因言語而帶來累害，許多小題大作的例子使人聽了心有餘悸。只要有一件事端發生，就十傳百，百傳千，人人心感驚惕。國外報紙，又從來不放過這類事情的報導，耳聞目染，遂造成風聲鶴唳的氣氛。

最可怕的現象是紅帽子亂飛。譬如「思與言」雜誌，這是一份純粹討論專技學術的雜誌，組成人員都是這裡非常優秀的青年學者，他們實在是一群用功讀書的良民，既然被人胡亂扣上紅帽子，有些單位既然把謠言和捏造之辭當真事來辦，怎能不令人寒心！這類事端，還是知識份子搞出來的，而且還是自稱為自由民主之士呢！想不到卑劣到這種地步。他們慣用的手法是：「某人和美國自由派學人有往來，而美國自由派學人是毛澤東同路人，所以……。」這頂紅帽子運送的公式和過程真巧妙，它超音速地飛到紐約，再從紐約乘人造衛星到北平，由北平夾持火箭回來，其威力就足以毀傷任何人。知識份子迫害知識份子，為歷史上所罕見！留學生稱他們為「文特」倒滿像的。

安全人員的安全工作固然有時造成不安全感，然而知識份子的過度敏感卻也是事實，最近有個朋友要出國，問我會不會有問題，我說他從不批評政治，怎會有問題，他說政大有位教授，不出國還沒事，一辦理出國手續就被抓了起來。我說可能個人情況不同罷！看他一臉疑懼的樣子，現在回憶起來還留下很深的印象。另一個學醫的朋友也在辦出國手續，告訴我這件事，並要我別說出去，他說萬一有人搗蛋，只要寫張明信片到治安單位，事情就弄糟了。現在這兩位朋友都出了國，證明敏感是多餘的。然而敏感空氣的形成，自非毫無原由。

紅色重典所造成的怖懼感，這種情況一天不改善，大眾的冷漠感就一天不會消除。任何的地域都有「沉默的多數」，然而大家所希望的是：「沉默的朋友」，而不是「沉默的敵對」罷！

這半年來聽到好些有關治安措施改進的情形，例如以前不讓出境的人，最近放寬，有好幾位出去了。但願這種情況能成為普遍的現象。政府如果能用事實來證明青年人不會因言論而使工作、前途受影響，那麼一定會有更多的人踴躍發言，冷漠感自然可慢慢的削減。

（二）沒有參與的機會

青年人沒有參與的機會，自然冷漠，無待多言。

（三）一尊思想的影響

即使上面兩種因素都獲得解決，但是參與精神仍難以培養。這和我們的國民性有關，和文化傳統有關。在一般人民的心中，從來沒有養成所謂參與的觀念，**沒有充分認識到國家是全體國民的團體，它的主權在於全體國民，它的權能建立在「被治者的同意」（Consent of the Governed）基礎上，每一個公民都有權利也有責任對國家的事務表示意見**。可是人民並沒有養成這種觀念。以前的觀念是「不在其位，不謀其政。」由於這種傳統的意識作梗，所以要人民不必管，無須過問；過問國家大事，是多管閒事，而非份內的事。治於人的百姓，從未曾有過過問政治的念頭，**人民生活即使百般困苦，也不知道和政治有什麼關係，也不知道是政治直接或間接造成的**。參與觀念缺乏，另一個原因是：「作之君，作之師」的傳統意識作梗。這種一尊思想所產生的權威性格是現代化最大的障礙（楊國樞先生在這方面做過許多調查研究，很可供我們作更深入的了解）。重視身分地位的意識，到現在還是很牢固，上位者在下位者的面前，一種權威意識不自主地會油然浮現。整個政治結構和社會結構出現無數層層疊疊的大小權威，人際關係成了上下隸屬的關係，上位的和下位的講話是：殷殷垂詢，諄諄教誨；下位者對上位者幾乎是沒有發言權的，彼此沒有辯論的習慣，若有批評、懷疑，就被認作頂撞、不禮貌。在集會的場所，我們常常可以聽到「某某長『訓話』」「某某老師『訓話』」這類名詞，講話就是講話，有甚麼好「訓」的！這類反民主的意識形態，在一般人的生活上紮了很深的根。思想文化的影響是極其緩慢而持久的，真像老子所說的：「綿綿若存」，深入人心。民主政治在中國喊了六、七十年，依然不見成效，這和根深蒂固的傳統意識的作梗有莫大的關係。

一尊思想所醞釀的權威性格，導致反民主的作風，究其根源，儒家思想有重大的影響。儒家開創人物如孔孟等，雖有許多革進性的思想，但有不少保守的觀念，不幸的是後代卻發展了它的保守面。**孔子的「民可使由之，不可使知之」，是有名的愚民政策，孔子雖注重個人才性的自由，但同時也注重社會規範對個人的制約，他的「復禮」，就是要恢復周禮，說穿了，就是恢復統治階層道德，如同尼采所指責的「奴隸道德」，而非自主道德。**孟子有「民為貴君為輕」的話，但這並不能視為民主思想，充其量是一種民本的觀念，因為它根本沒有民治的觀念，也沒有民權的觀念。孟子說：「君仁莫不仁，君義莫不義，君正莫不正，一正君國定矣！」把君主的功能看得如此之高，完全仰賴人治，看不到一絲一毫法治的影子，怎能說孟子有民主思想呢！而孟子肆意攻擊楊墨，強力排他而求思想一尊的作風，創下了不能容忍異己的惡例。荀子的「君尊臣卑」的思想，容易走向專制的路子。話又說回來，原始儒家的思想仍多可取之處，例如對無限皇權所作的道德限制，也產生過好的影響。然而到了禮記就演變成為封建思想的大本營，它把孔孟的道德原則變成了倫理的教條，它控制了一般人民的生活習俗和行為模式長達二千多年，一直到今天還遺跡猶存。董仲舒的「罷黜百家，獨尊儒術」，罪過猶大於秦始皇，而三綱之說的創立，死心塌地要臣遵從君，子從父，妻從夫，天下只有皇帝一人有獨特的意志，可為所欲為，其餘的人都沒有獨立的人格，獨立的意志。此後儒術成為儒教，一尊思想更加強化。

今天要復興中國文化，當先發揚道家精神，且慢復興儒家思想。道家雖然沒有民主參與的觀念，但

反崇尚個人，以及反獨裁反極權、反權威反權勢，反教條的態度，仍富有時代意義，它的自由精神、批判精神，永遠為人類所必需。老子的「自化」主張，莊子的「自適」觀念，徹徹底底掃除一統思想和權威性格。

在現在一般人的腦子裡，希圖在思想上統於一尊的觀念還很濃厚，這是不可能也不必要的。我們常聽人問說：「某某主義不完善，能不能另創一種主義呢？」「能不能找出一種最完善的主義呢？」這是**一種萬靈丹的思想**，像女孩子手提包裡的綠油精，頭疼拿來搽一下，肚子疼拿來搽一下，蚊子咬拿來搽一下，長癬子也拿來搽一下……，想想看，世界上哪裡有一種可推之四海解決一切問題的東西？馬克思主義能概括一切音樂、詩歌、藝術的領域嗎？馬克思主義能解答一切心理學、物理學、化學的一切問題嗎？馬克思主義能解決一切經濟學、醫學、工程學的問題嗎？顯然，在一個多面性、多向性、複雜性的社會裡，企圖用一種東西來解決一切的萬靈丹主義，只是古代 naive mind 的想法。

在古代單純樸質的社會裡，思想一尊還不至於產生大禍害，時至今日，情況不同了。我們和西方多元文化比較，就相形見絀了。思想一尊，不僅造成個人創造力的萎縮，也造成民族智慧的枯竭；**思想配給，不但不能激發真實的信仰者，反而形成更多冷漠的觀眾。秦皇漢武的錯誤，就在於疆土的統一建立在思想統一的基礎上。**

在一個教育水準提高的環境裡，我們企求一個多元開放的社會，各種異見可並存。異見並存，可以對問題作多面的認識，作更深的探討；異見並存，可以激發人的創造性，可以開發更多智慧的礦產。

二、積極參與和言論開放

上面指出參與冷漠的原因，並說明不同意見並存是好的。下面我還要繼上次座談會的題目，再談「言論自由」的問題。

我說過立志不做官，所以不可能有行動的參與，那麼我所注重的只是意見的參與。談到意見的參與，必然關聯到言論自由的問題。

要培養積極參與，先決條件是言論開放，可是在此地不少人認為言論開放是極其危險的。他們認為自由主義者的危險性僅次於共產黨，在檔案上，排在共黨份子的旁邊。假如認為言論自由是危險的話，那麼我們當知箝制言論自由比開放言論自由更加危險；路易十五大興文字獄而釀成法國大革命；查理士第十公佈「七月大法」禁止人民出版自由，結果引起法國一八三〇年革命；菲利蒲以武力干涉人民集會，結果造成法國史上一八四八年二月的大革命；英國查理士第一壓迫言論自由，結果激起一六四一年的議會革命；詹姆士又干涉言論，遂促成英國史上一六八八年革命。秦始皇四處征戰殺了不少人，但後代史家大書特書的卻是他的焚書坑儒。劉少奇因為說了這樣的一句話：「禁一本書等於殺一個人的頭。」結果被紅衛兵當成鬪爭的理由之一；共產黨在北大校園焚燒學術著作，將來也一定難逃史家的筆伐。壓抑言論自由所付出的代價實在太大了。

前天中央日報報導中共「紅旗」雜誌指出自由主義思想瀰漫，構成很大的威脅，並說：「有自由主義的人，很容易被階級敵人牽著鼻子走。」可見自由思想是共黨所畏懼的，自由是反對極權統治最有利的武器，也是民國創立的原始動力，試問：國民黨不是一個革命的政黨嗎？所從事的不是革命運動的工作嗎？革命運動不就是一項解放運動嗎？解放運動不就是要去爭取自由嗎？答案是肯定的。那麼執政黨員是不是應該為人民提供更多的自由呢？

我們要知道，任何企圖以鎮制力量箝制言論自由的，都是違反孫總理遺教的。

光緒三十年（一九〇四），孫先生發表「中國問題真解決」一文，例舉滿清罪狀十條，其中有兩條是：「抑遏吾人智體之發展」（第二條）「禁止言論自由」（第六條）。可見孫先生是何等的重視言論自由。民國十三年，孫先生在廣州召開國民黨全國代表大會，發表第一次代表大會宣言，宣言中對內政第六項說：「確定人民有集會、結社、言論、出版、居住、信仰之完全自由。」孫先生所主持的大會宣言主張「言論出版之完全自由」，這是孫先生主張言論自由的明證。

民國九年一月二十九日，孫先生對海外同志發表演講說：

「自北京大學學生發生五四運動以來，一般愛國青年無不以新思想為將來革命事業之預備，於是蓬蓬勃勃，發抒言論。國內各界輿論一致同倡。各種新出版物為熱心青年所舉辦者，紛紛應時而出，揚葩吐艷，各極其致。社會遂蒙絕大之影響。雖以頑劣之偽政府，猶且不敢攖其鋒。此種新文化運動在我國今日誠思想界空前之大變動。推原其始，不過由於出版界之一二覺悟者從事提倡。遂至輿論大放異彩，學潮瀰漫全國，人皆激發天良，誓死為愛國之思想。倘能繼長增高，其將來收效之偉大且久遠者，可無疑也。吾黨欲收革命之成功，必有賴於思想之變化。」

言論開放的好處，孫先生已經說得很清楚。我們成天聽到人喊著要追隨孫先生，而孫先生這種開放的心態是首先應該學習的。執政當局不當墨守成規，應力求「思想之變化」，至於言論的開放，尤須於最短期間，促其實現。

三、開放學生運動

最後，我要談到學校學生的問題。

近年來，臺大在建設上做了不少事，例如理工學院儀器的增加，客座教授名額的增多，「臺大之癌」的革除以及學生宿舍的改善等等。這可看出主持校務先生們的魄力和求進心，因此我也樂意在這裡向校長和諸位行政會議先生們提出一項建議：我建議臺大蓋一棟「學術活動中心」，裡面是大型的演講廳、演講教室、座談會場、討論會場。

在演講廳沒有建立以前，我建議訓導處無妨闢臺大操場為「民主廣場」，讓學生在升旗臺上自由發言。外國人常譏諷我們留學生為 silent Chinese，我們在學校裡太缺少這種訓練了，平時上課，老師全盤出超，學生全盤入超，偶而讓學生站起來發言，就好像犯了懼高症似的。學生自由演講，不僅可以訓練講話技巧和勇氣，更可激發思辯和思考的能力。

現在我要談一談學生運動的問題。最近看到「大學新聞」校慶特刊談到「開放學生運動問題」，馬英九同學說：「今天社會的弊端，就是很多人缺乏勇氣去說去做，我們年輕人，應是沒有顧忌的……。」這話說得很對，青年人既沒有政治的包袱，也不維護既得利益，他們的說話，不為自己；為理想而說話，應該多多鼓勵。

提到學生運動，首先會問學生該不該參與，這要涉及到大學的功能，以前認為大學的使命是：保存知識，傳授知識，並創造知識。現在歐美一般的看法是：除了這些之外，學生應走出學校，改造社會。在理論上有它的道理，只是有許多人認為：大學的期間，學生應當好好的讀書，讀書的時間都不夠，還要搞甚麼課外活動。我以前一直持著這種看法，不僅反對學生課外活動，而且討厭學生課外活動，深怕誤了學業。但是自從釣魚臺運動之後，心情有點變了，觀點有點修正。將來局勢的發展，恐怕容不得你閉門靜坐了，容不得你做「來亨雞」了。學生運動確實浪費時間，但是跳舞不浪費時間嗎？寫情書不浪費時間嗎？看電影不浪費時間嗎？看電視不浪費時間嗎？逛鬧街不浪費時間嗎？一羣男孩子在一塊窮聊窮扯不浪費時間嗎？從跳舞，寫情書，看電影，看電視，逛鬧街，窮聊窮扯裡面，騰出一點時間來關心社會人羣總是應該的吧！蔡元培說：「讀書不忘救國，救國不忘讀書」，今天的情況恐怕也是這樣吧！

然而，一提起學生運動，有些人就提心吊膽，聯想到共產黨來，他們認為：

(1)　大陸以前的學潮便是共產黨操縱的。這種說法顯然和歷史事實有出入，例如眾所皆知的五四運動，毫無疑問是一個愛國運動，毫無疑問沒有任何黨派滲入，毫無疑問和共黨無關。後來許多學潮，也

絕不是共黨所能鼓動得了的。學生運動如果沒有客觀的因素，口號怎能喊得響亮，怎能引起社會的共鳴，可見學生運動必然有客觀環境的因素，也有它的需要。

(2)　有些人深怕學生運動被匪諜滲透利用，這種說法也不能成立。我們常聽人說：「一千個人裡面滲透一個進去就不得了啦！」這把別人的力量過分的誇張了，大學生都有獨立思考獨立判斷的能力，九百九十九個難道抵不過人家一個嗎？這豈不是太沒有自信了！還有，設若有間諜潛伏，豈不是一個難逢的機會嗎？正好可藉這種活動的機會讓他們冒出頭來，逮住他。所有箝制學生活動的說法是不能成立的，持這種說法的人，頗有問題。第一，長別人的志氣滅自己的威風。第二，找藉口壓我們自己的學生，造成內部的不滿。

學生運動是一種責任感和正義感的最高表現，是一種利他的行為，不受物質利益的誘惑，而受良知良心的推動。學生運動若激於義憤，乃是對於不合理現象的不滿，對於不公平措施的不滿。剷除不合理現象，解決處理不公平措施，本應該由政府來領頭做的。

學生運動不可怕，學生運動若有危機，應該不是學生本身的危機，而是社會的危機，挽救社會的危機，應是採納眾言來謀求改進。我說學生運動並不可怕，因為我所謂的學生運動乃是一種自覺運動，由本身的自覺，進而喚醒別人的自覺；它乃是一種革新運動，由知識作指導與理想來推動，以促進社會走向革新開創的路子；同時它也是一種愛國運動，當國家遭受欺壓凌辱時，以正義和熱血喚醒國民共同抵禦外侮。

簡單的說，學生運動不過是意見參與的活動。這種活動，我們不能反對的理由最少有以下六點：

(1) 憲法規定凡年滿二十歲都有參與政治的權利。

(2) 無數非大學生都有發言權，為甚麼大學生沒有發言權。如果社會上其他人都有權利，那麼學生更有權利，無論從知識或心理動機而論。今天許多老奸巨猾的人都可以過問政治，何以純真、熱情，不為自己，而有社會良心的青年不能關懷國事？

(3) **今天所有輿論工具——報紙、電視、廣播電臺，都沒有學生的份，它們是：政治人的講臺，記者們的盤據處，歌星影星的活躍場所，巨商富人的收購園地。學生既沒有市場的價值，也不能運用收買或壓力集團來表達他們的意見，他們有好的意見誰來刊登？有應得的說話權利誰來維護？既然他們被排於輿論網之外，辦刊物沒有錢，公共關係拉不上，那麼，我們有什麼理由不給與他們公平發表意見的機會，他們堂堂正正的站起來，用一種不花錢而光明正大的方式，站在大庭廣眾之前表達自己的意見，有何不可？**

(4) 學生運動是一種愛國運動，它可振奮人心，提高士氣，激發生命活力，培養團體精神，這豈不是去除冷漠感最好的方法嗎？

(5) 教育最高的理想是要發展智育體育德育群育，一般學校由於升學主義的緣故，單單發展智育而拋開其他三育，這種現象早為大眾所詬病。近年來，發展全民體育的呼聲甚高，各校也開始重視體育的推展，唯獨德育和群育無從著手。**而學生運動未嘗不是激發德育群育的方式之一。在平時，一般人的正**

義感作沉睡狀態，唯獨這時候正義感抬頭了，群體合作的精神出現了。一群純真的青年，拋棄個人的利益，為一個共同的理想，表達共同的願望，以一種負責任的態度，站出來，站到光亮處，從內心深處，發出肺腑之言，想想看，該不該壓制？

(6) 以往，官僚政治是由上而下的單軌制，現在民主政治是上下交流的雙軌制，學生運動是由下而上的運動，是培養民主風度的好機會。

居於以上幾點理由，所以我們認為：學生以其純真、理想、熱情、正義而不為私，因此最有參與的權利，學生沒有任何發言的工具和機會，因而學生意見參與的運動是最公平的方式。孫中山先生不是說過嘛：「輿論大放異彩，學潮瀰滿全國，人皆激發天良，誓死為愛國之思想，倘能繼長增高，其將來收效之偉大且久遠者，可無疑也。」可見孫先生對學生運動不但支持，而且鼓勵；不但鼓勵，而且希望「繼長增高」。

最後，我們要呼籲政府接近青年，不要怕青年。民國創立，便是一群青年英傑的熱血和頭顱砌成的，十七年國民軍北伐，成千成萬的青年為了反抗北洋軍閥而捐軀。青年人是真誠的，可信賴的，一個脫離青年的政府，必將失去活力與生機！反之，一個包容青年的政府，才能支持它的生機與活力。

陳鼓應老師

陳鼓應與《大學雜誌》

受訪者：陳鼓應
訪談者：夏春祥
時間：二〇一三年十二月十七日、二十三日
　　　二〇一四年十月十日
地點：舟山路臺灣大學學人住宿
文字編輯：藍士博、廖如萱
文稿審定：夏春祥

《大學雜誌》（一九六八—一九八七）最初是臺大心理系畢業生鄧維楨所創辦的文藝性雜誌，一九七〇年改組後成為政論性刊物。人事擴編後的《大學雜誌》由張俊宏的兄弟擔任發行人、陳少廷擔任社長、楊國樞擔任總編輯，集結了本省籍與外省籍的知識份子，成立陣容強大的社務委員和編委會，逐步針對臺灣現實的政治改革提出看法。一九七一至七二年刊登的〈臺灣社會力分析〉、〈我國大專學生保衛釣魚臺運動紀實〉、〈國是九論〉等文章，皆對當時社會、輿論產生不小的影響。一九七三年二月，《大學雜誌》受到臺大哲學系事件影響，導致總編輯楊國樞、編委張俊宏、陳鼓應等人先後退出，其在政治與社會上的影響力漸次轉變，終至一九八七年停刊。

陳鼓應教授為臺灣老莊思想研究的重要學者，六〇年代開始於報刊發表時論，並且直接參與《大學雜誌》改組後的編輯運作。其文如其人，正直敢言；陳鼓應發表於一九七二年元月的〈開放學生運動〉，更觸動當時的敏感神經。在此之後，臺大校園風波不斷，他也就逐步淡出；一九七三年，《大學雜誌》再次改組，旋即發生哲學系事件，遭到臺灣大學以不續聘方式強迫離職，直至二十餘年後（一九九七年）才平反復職。

本次訪談主要從陳鼓應的學生生涯出發，內容觸及當時校園內的學風、情治機關控制與監視師生的系統、《大學雜誌》的改組與轉型等，為當事人自陳之第一手材料，值得眾家參考。

大學生涯

我是福建汀州河田鄉人，一九四九年和母親坐船過來臺灣，後來全家就定居在南投的水里坑，父母先後在水里鄉過世。年輕時就讀集集初中、臺中二中，中學畢業後（一九五四年，民國四十三年）到臺北就讀師範大學史地系。大學二年級（一九五六年，民國四十五年）時，我用高中文憑重考，考取臺大中文系，後來再轉到哲學系，一九六〇年大學畢業。一九六三年，取得臺大哲學所碩士學位。

一九五六年，我透過重考進入臺灣大學就讀後，才逐漸開竅。臺灣大學與師範大學的校園風氣很不同，尤其是文學院，處處飄盪著北京大學、西南聯大的自由學風；老師們在言行上有意無意間散發出五四的精神，無形地培養我們對時代的使命感與社會的責任心。

研究所求學期間，香港僑生林澄波擔任學生會長，特意邀請不同領域的同學，以討論會的方式，向大家報告自己學術專業的心得。這一系列的討論會，後來由哲學系擴大到文學院各系，乃至其他學院。除了學生之外，也會看到老師的身影；像殷海光先生與洪耀勳先生，他們偶爾會來參與討論會。隨著參與的人數變多，討論會地點也由原本的臺大哲學系研究生教室，挪到文二四教室。討論會進行方式主要是由對古代典籍或當代思潮有所涉獵的同學（例如：包奕明講存在主義、王尚義講「從異鄉人到失落的一代」、劉玉英講紅樓夢等等），進行每週一次的演講討論。透過這個討論會，大家相互研討，慢慢形成一個群的結合。這些在討論會上演講的同學，有時候也會將演講內容整理後在《文星》上發表。

在臺大求學期間，殷海光、方東美兩位老師對我影響最大；他倆不僅在觀念上啟發我們，同時也在人格風範上激勵我們。對我而言，我在現實人生上受到殷先生的影響最為深遠，學術人生則是走方先生的路子。方先生是我碩士論文的指導教授，擅長古典西方哲學，我在上課時總可以感覺到哲學傳統對他的薰陶；殷先生的學術專長是邏輯和知識論，而他對我思想上的啟蒙，則是他在課時內外對現實生活的論析及那些發表在《自由中國》上的文章。

在研究所求學期間，我因選修洪耀勳先生用德文開設《查拉圖斯特拉如是說》選讀，我才開始進入到尼采的世界。我經常請教我的指導老師方先生，方先生以哲學史宏觀的角度講解尼采思想的淵源及發展，進而對尼采的生命哲學產生強大的共鳴，對我的學術生涯與現實生活也產生極大的鼓舞。尼采曾說：「千年來西方哲學家所從事的思想工作都變成一種概念的木乃伊（Conceptual Mummies）」，並提出「上帝已死」的觀點；那種將一切價值重估、轉化的概念，給了我強大的生命動力——衝創意志（Will to power）。事實上，每個人的內心都有衝創意志，每一個生命都有他被激發創造力的潛能——這種因激盪而被創造出來的意志力，使我從尼采再轉到存在主義，進而體驗了六〇年代初期的時代思潮、一種時代整體的思想感受。我在一九六一、六二年所寫的《悲劇哲學家尼采》一書，應該可以代表我早期的思想觀點。接著，我的學術興趣逐漸從尼采轉向莊子，在這過程中慢慢具備了存在主義、個人主義，甚至是激進自由主義的色彩。

到了六〇年代末期，我們這批戰後成長的一代在學術園地上逐漸成熟，不僅五四傳統的新思潮衝擊著我們，更在日據時代臺灣知識分子的反抗傳統啟發下，與保守派產生強烈的衝突與對話。創辦之初的《大學雜誌》，比較像是校園刊物。但我在受到尼采衝創意志的影響下，內心有股很強的驅動力，卻又不能說破；於是，我在學術研究與現實關懷相互交織下，透過暗喻的書寫方式隱藏一些關於現實的線索。我從聖經所提供的線索，探究這個集權宗教的歷史根源，並將研究結果發表在早期的《大學雜誌》上，引起宗教界很大的迴響。

第一次解聘與專任風波

一九六六年，因為殷老師受到迫害的緣故，被視為殷門弟子的我、劉福增、張尚德等人，因「思想問題」陸續在不同大學被迫離職。一九六七年開始，我連續應徵臺大哲學系專任講師；雖然都通過系與院的審核，卻總是過不了校級安全單位的審查。那時結婚不久，孩子剛出生，找不到容身之處的生活壓力，逼得我走投無路。在跌宕谷底的抑鬱與焦慮下，我的胃病竟然加重為胃潰瘍，成為我一生宿疾。一九六八年，殷先生帶我去見他在西南聯大的老師查良釗。查良釗領著我去見臺大校長錢思亮，錢校長告訴我：「你的問題是安全問題，安全問題我沒有辦法處理；但是，只要你的安全問題今天解決了，我明天就可以送聘書過去。」

查良釗先生聽了便知道問題之所在，於是又帶我去見當時臺大校長秘書孔服農。臺大校長有兩位秘書，一位錢秘書是真正的秘書，孔秘書則專門負責安全問題。孔服農對我說：「你是一張白紙，臺大沒有你的紀錄，你是在別的地方點了一點黑點」。我聽他這麼一說，大概曉得原因可能是發生在我於文化大學任教時的一些際遇。所以，我再寫了封信給查老師，把當年殷先生來文大演講的時間、地點與經過交待清楚。我們倆人書信往返修改過好幾次，最後才由查老師出面將這封信交給臺大安全室主管，再轉給五個有關的情治單位。

這些單位陸續找我約談。他們從約談中了解我的家世背景與思想狀況，再呈報給安全局，由安全局批准我的任命案。除了查老師外，還有一位曾經擔任過福州市長、老莊研究專家的嚴靈峰也替我講過話。總而言之，我在歷時半年，經過六個安全單位的審查與幾位貴人的奔走之下，總算在一九六九年夏天接到臺灣大學哲學系的專任講師聘書。

《大學雜誌》改組

《大學雜誌》雖然是登記立案的刊物，但在改組之前，我們傾向將它定位為校園刊物；直到改組以後，才慢慢將它轉型成跨校園的、具社會性的雜誌。《大學雜誌》之所以於一九七一年大規模改組，與一九七〇年十月三日及十月二十四日的兩次青年國是座談，有很緊密的關係。如果將兩次座談會的出席名單與《大學雜誌》改組後的名單作對比，就會知道《大學雜誌》主要是以青年國是座談會的成員為基礎進行改組。

一般來說，將《大學雜誌》的成員區分成土派、洋派未必正確，甚且有可能產生一些誤解。我認為以「群」的觀點看待成員的互動比較恰當；在團體裡面每個人有自己看法是很正常的事情，觀點不同和形成派系這中間有很大的落差，《大學雜誌》內部成員在觀點上的確各有不同，但因為總編輯楊國樞胸襟寬廣、為人敦厚，所以在他的協調之下，不同的意見得以在《大學雜誌》刊登出來。《大學雜誌》在一九七一至一九七三能夠呈現出那種兼容並蓄、相尊相蘊的面貌，楊國樞是最大功臣。

有關《大學雜誌》成員的研究，很重要的一點就是必須觀察他有沒有實際參與編輯部運作。如果只是掛名社務委員，那麼他就未必有實際的影響力。比如連戰就只簽過一次名，後來就再也沒有參加。《大學雜誌》以青年國是座談會的出席名單為改組基礎，然後才逐漸地擴大編輯群，比如像施啟揚、李鍾桂等人就是張紹文、丘宏達後來才去網羅入社的成員。不過，真正影響《大學雜誌》走向的並非那些撐場面的富二代、高幹子弟，而是編輯委員會及撰寫文章的作者群。

一九七一年改組以後的《大學雜誌》

我們六〇年代在臺大唸研究所的時候就已經出現了一個「群」，只是後來大家因為某些因素分裂，變成單打獨鬥的局面。因為這個教訓，所以在《大學雜誌》改組時才會有不同的思考。一九六六年，我因為被情治機關認為思想有問題的關係，經常與張紹文保持聯絡。《大學雜誌》即將改組前，有一天我去找張紹文，張俊宏碰巧也到他家，此事便一拍即合。因為何步正與我都是在差不多那時候與張俊宏相識，所以即便陳少廷對於改組一事抱持著反對、杯葛的態度，仍在我居中協調後，透過何步正、張俊宏邀集大家溝通，才促成了《大學雜誌》的改組。

一九七一年，《大學雜誌》改組後的第一期內收錄了我寫的〈給　蔣經國先生的信〉與〈容忍與了解〉，張俊宏（張景涵）寫的〈消除現代化的三個障礙〉與陳少廷寫的〈學術自由與國家安全〉。雖然《大學雜誌》內設有編輯部，但大家起先各寫各的，交到編輯部討論後，就拿去印刷廠印刷。〈給 蔣經國先生的信〉這篇文章有個插曲；那時，丘宏達曾在稿子送去印刷廠以後，跑去改了好幾個地方。我聽說以後，又去印刷廠改回來。大家協商之後，才形成了誰都不准到印刷廠改稿子的編輯共識。

當時校園內的雜誌有審稿制度的限制，校園外的刊物則大多是交由國民黨黨中央第四組，也是後來的文化工作會（文工會）負責；至於第六組則是管大陸情資，同時也一併管理像《大學雜誌》這種可能會有思想問題的刊物。《大學雜誌》改組後的第一期文章就引起爭議，那些高幹子弟們自第二期就開始退縮，我的發言權也受到限縮，只能用筆名陳漳生發表少數幾篇文章。

一九七〇年三月至五月剛好是保釣運動，第六組內有一位幹事剛好是我們以前臺大的同學，於是我們就跨過丘宏達等人直接與第六組交涉，逐漸地在十月開始擴大論述範圍，陸續發表〈「言論自由在臺大」座談會紀錄〉、〈開放學生運動〉等文章。〈開放學生運動〉原來的篇名是「培養參與感以及開放學生運動」，我後來把它改成「開放學生運動」，主要是希望達到比較醒目的效果。這篇文章原先是我的發言稿，發表於一九七一年十一月二十五日下午七時由臺大法代會舉行的「民主生活在臺大」座談會上。文章發表以後，《中央日報》自同年（一九七二年）四月四日起，一連六天連載孤影〈小市民的心聲〉來批判我。筆名叫作孤影，就是取諧音「鼓應」的意思。

一九七二年一月，〈國是九論〉一文的刊登，使得《大學雜誌》言論尺度逐漸逼近黨中央的警戒線。

國民黨中央黨部秘書長派施啟揚來談判，希望雜誌社改組。事隔不久，我獲准到美國一趟。在我赴美期間，陳少廷、丘宏達與楊國樞等人有過商量，希望我跟張俊宏能夠退出《大學雜誌》。說起來，這件事情還有一些波折；有一天我剛好去找楊國樞，他與施啟揚相約在臺電大樓附近吃中飯。那陣子因為接近總統選舉，中央黨部希望可以將不同意見區分清楚，所以施啟揚便在席間表示：倘若我跟張俊宏可以退出，未來《大學雜誌》的盈虧便由國民黨中央黨部負責。我跟楊國樞、張俊宏、丘宏達、施啟揚討論了好一陣子，彼此交換意見，最後才決定由丘宏達跟施啟揚等人退出《大學雜誌》。

當時，國民黨政府利用陳少廷曾被監禁的恐懼，以及軟硬兼施的各種壓力，使得作為《大學雜誌》舵手的總編輯楊國樞決定辭職離去。楊國樞的離去，影響甚大，使得不同意見的言論都出不來了，而我也開始遭遇另一波風雨。

一九七三年《大學雜誌》再次改組之後

一九七三年《大學雜誌》再次改組後，由陳少廷與陳達弘負責。我旋即在二月十六日被情治單位逮捕，隔日遭到釋放。說起來，那些權貴後裔們還是很夠義氣，即使我們在經營《大學雜誌》的想法不同，但是在我離開《大學雜誌》時，關中曾經讓一位姓唐的教授探望我；丘宏達也跟魏鏞說：「鼓應雖然現在跟我們意見不同，但是還是要照顧他，還是要關照一下」。老實說，丘宏達有他的格調，即使他很生氣，但不至於因為彼此的觀念不同就排斥你。所以說，我才會一直強調我們這群人從六〇年代起就培養的「群」的關係。

也正是因為這層關係，所以在我最落難的時候，還是有很多人暗地關照我，還是有發自於良心跟友誼的關懷。後來，我能夠平反回臺大任教，不僅有楊國樞的幫忙，其他像楊維哲、李永熾，以及柯慶明等政治意見與我不同的人，也為我出力許多，都是很珍貴的情誼。說起來，我一直落難又一直得到關懷，與殷先生的際遇相當近似。

從《大學雜誌》轉向人權工作，其實就是將我的民主參與從觀念的參與轉到行動的參與，進而形成我對當時整個時代的生命感受。我在意的不只是言論自由的重要性，自由在我們的生活中只是一種最基本的需求。作為自由主義者的我在那個時代的最大課題——是我們究竟要如何才能避免「恐懼的自由」，跟「自由的恐懼」。或許因為我曾經被解聘、逮捕的際遇，得到了政治犯及家屬們的信任，因此只要我一得到政治犯的資訊，便會想盡辦法向國外發佈，或者透過各種不同的管道來接濟當事人及家屬。在當時，這些行動其實都是很危險的事情，也跟我之前在《大學雜誌》所進行的言論倡議有很大的不同。

附錄：《大學雜誌》第三十七至六〇期提要

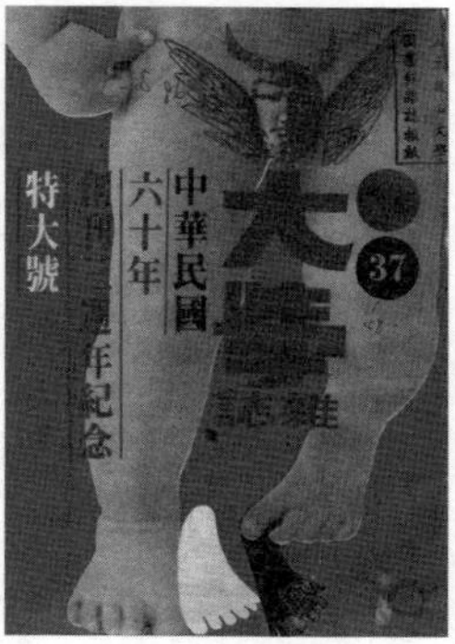

第三十七期

民國六〇年（一九七一）元月，大學雜誌推出「中華民國六十年暨創刊三週年紀念特大號」，同時去年底就醞釀的大改組也正式公佈，在封面裡刊出社務委員名單，包括：

（國內）文崇一、王人傑、丘宏達、包奕洪、何步正、呂俊甫、李怡嚴、李松岩、李鍾桂、余雪明、吳大中、吳岱勳、林抱石、林榮雄、林春雄、林清江、林茂雄、林茂坤、林正弘、邵子平、洪成完、高信疆、張紹文、張俊宏、張育宏、張襄玉、張玉法、張尚德、黃金寶、秦之棣、施文森、施啟揚、郭士昂、郭正昭、郭承豐、陳鼓應、陳英傑、陳達宏、陳博中、陳漢卿、喬建、劉福增、劉君燦、劉國昭、蘇俊雄、鄧維楨、楊國樞、楊升橋、魏鏞、蔡昭發、羅傳地、關中、錢永祥、龔忠武。

（國外）于樂平、李學叡、胡卜凱、張系國、甄燊港、劉滌宏、劉述先。

常委：丘宏達、何步正、林抱石、陳少廷、陳達弘、張紹文、張俊宏、張襄玉、楊國樞、鄭臻、羅傳地。

發行人仍為張育宏、總經理陳達弘，增設名譽社長丘宏達，社長陳少廷，副社長何步正、劉滌宏。編委：楊國樞、陳少廷、陳鼓應、張系國（國外）、何步正、郭臻、林抱石、張俊宏、劉君燦。執行編輯是何步正、鄭臻。

本期篇幅達九十六頁，文章相當夠份量，包括邵雄峰的臺灣經濟發展的問題，陳鼓應的容忍與了解，張景涵（張俊宏）的消除現代化的三個障礙，陳少廷的學術自由與國家安全，劉福增、陳鼓應、張紹文給蔣經國先生的信，殷海光遺著我對中國哲學的看法，丘宏達的從國際法觀點論釣魚臺列嶼問題，徐復觀的由「董夫人」所引起的價值的反省，蘇俊雄的論大學的任務與政治革新，龔忠武的一個日本現代武士作家的殞落：三島由紀夫之切腹自殺自裁及其意義。

在給蔣經國的信中提出三點建言：多接觸想講真心話的人，提供一個說話的場所，若有青年人被列入「安全紀錄」而影響到他的工作或出國時，請給予申辨和解釋的機會。

第三十八期

上一期特大號引起不少迴響，余雪明、李鍾桂、關中、施啟揚聯名寫了一篇「對上期的幾點意見」，針對臺灣經濟發展的問題、容忍與了解、消除現代化的三個障礙、學術自由與國家安全四篇文章，提出不同看法。

龔忠武在上期論三島之死的文章，也引來陶希聖呼應，除提供他寫的三島由紀夫之死（原載中央日報副刊）給大學雜誌轉載，並引介日人木下彪的三島切腹的意義，供大學雜誌刊登。本期大學論壇聚焦教育問題，有呂俊甫的改進入學考試以使教育正常化，金神保的人才引用、教育膨脹與政治危機，林清江的大學的功能。丘宏達發表「對於國是的幾點意見」，丘宏達認為，在當前進步的現象中還隱隱有些考慮的因素，第一，政府機構及社會似乎缺少足夠的生機與活力，如政府要員換來換去都是那幾個舊面孔。其次，政府施政情況在宣傳與實際之間，恐有相當距離。最後，希望政府鼓勵人民對國事多提建設性意見。

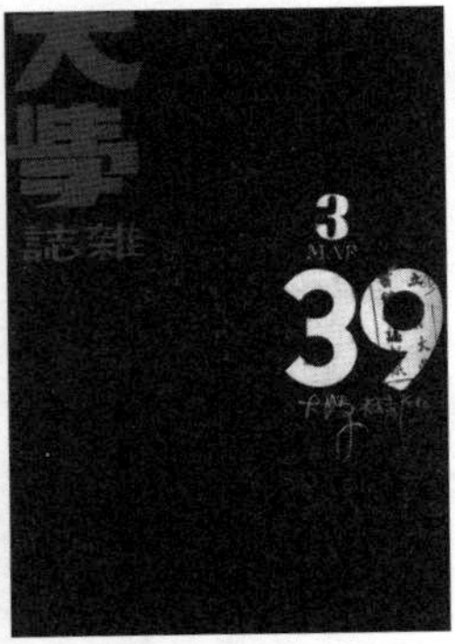

第三十九期

本期特別刊出大學雜誌命名緣由，引述四書「大學」開宗明義說的：「大學之道，在明明德，在親民，在止於至善。」稱本刊的命名，即源於此。所以「大學雜誌」並不是一本全以大學生為對象的讀物，更不是某一大學的校刊。它是為了每一位愛好新知、關心現實的朋友創辦的。

本期封面專題做的是大學教育，雜誌社推出大學生與大學教育座談會，由總編輯楊國樞引言，呂俊甫談大學生應加強社會美德，雷國鼎談大學教育應強調國家觀念，蔡保田談大學生應選擇吸收傳統文化，蘇俊雄談大學政治教育應重啟發，陳鼓應談校務措施應重視學生意見，林清江談大學教育目標的多元性，梁尚勇談致精微與致廣大並重，胡芷江談獨立判斷能力的培養，陳榮華談德育應具體化與運動化，丘宏達談減少科目縮小班級，周湳談重視青年情緒與適應問題。

除了座談會，專題還推出呂俊甫的大學生、大學法與大學教育，宣九日的談法律教育改制及其他，顏裕庭談醫學教育。

本期版權頁，楊國樞恢復列名總編輯。

第四十期

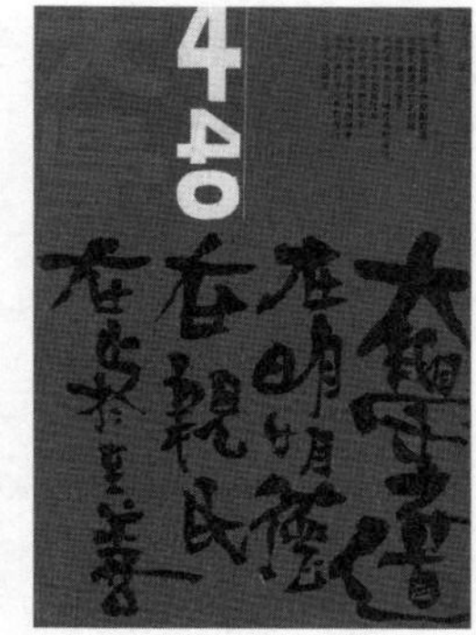

上期刊出大學雜誌命名緣由，本期封面即打上「大學之道在明明德在親民在止於至善」，是很別出心裁的設計。

封面裡是一幅釣魚臺列嶼地理圖解，內頁則提出「我們對釣魚臺列嶼問題的看法」：「最近由於日本對我國領土釣魚臺列嶼擅自提出主張，引起海內外華人的普遍關切，我們身為中國人，對於這種關係國家主權的大事，不能再繼續保持緘默，因此鄭重表明我們對這個問題的看法：釣魚臺列嶼在歷史上、地理上與法律上，應為中國領土臺灣省的不可分割部分，我們堅決反對任何外國以任何方式侵占我國這片領土，並堅決支持我國政府維護該列嶼主權的措施。」這篇宣告，集結了九十三位知識份子一起發聲，包括王曾才、沈君山、李鍾桂、金神保、許信良、關中、及大學雜誌的主力成員丘宏達、何步正、陳少廷、陳鼓應、張景涵、楊國樞、鄭臻等人。

相關文章還有「留美同學的愛國運動」（轉載）及丘宏達編的「釣魚臺列嶼問題大事記」。

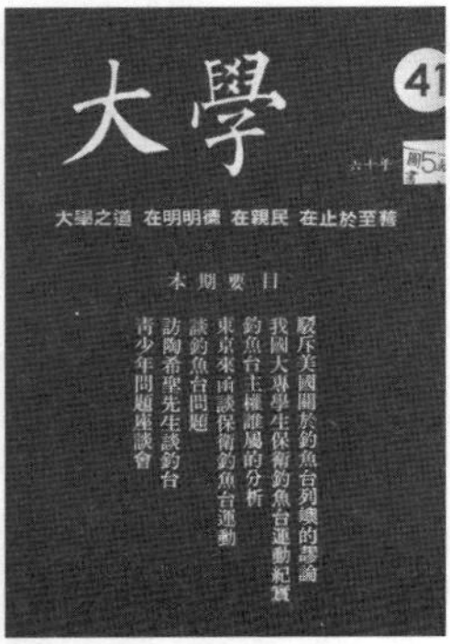

第四十一期

四月九日及二十八日，美國政府兩度對釣魚臺發表荒謬主張，引爆大學生保釣狂潮，臺大校園貼出海報，臺大、師大、政大學生舉行大遊行。當局非常緊張，擔憂學生運動再起，嚴控媒體報導。

大學雜誌在這激昂中帶著肅殺的氛圍下，仍勇敢推出保釣專號，一度還以遊行照片作為封面，當局對於是否查封大學，內部有過討論，大學雜誌對於是否挑戰禁忌，內部同樣有過掙扎。後來在壓力下，只有一部份印有照片的雜誌寄到海外，國內的保釣專號封面，則是單色的墨綠色，以反白字印上數則保釣文章的標題。封面裡是兩幅掛在臺大校園內的標語：「美國荒謬」、「日本無理」。

內文以本社編委會名義，發表「駁斥所謂臺灣法律地位未定的謬論」，及「駁斥美國國務院四月九日關於中國領土釣魚臺列嶼的謬論」。（本期版權頁顯示的編委包括蘇俊雄、丘宏達、呂俊甫、金神保、林抱石、陳少廷、陳鼓應、張俊宏、孫震）

「我國大專學生保衛釣魚臺運動紀實」，紀錄了這一場撼動人心學生愛國運動，附有多張學生遊行、靜坐、簽名抗議的照片。

與保釣有關的文章還有「與陶希聖先生一席談：從釣魚臺談起，看今日青年方向」、「東京來函：談保衛釣魚臺運動」、「談釣魚臺問題」，另轉載「釣魚臺主權誰屬的分析」。

第四十二期

上一期保釣專號的出刊，讓大學雜誌與當局關係緊張，經銷大學雜誌的環宇出版社（臺北市光復南路三四六巷五十五號），遭到警備總司令部（警總）指揮警察搜查，住在環宇二樓的何步正被捕，搜查人員還提到環宇另一個品牌「萬年青」出的書有問題。最後，何步正獲釋，但變相軟禁，萬年青書店也決定結束，由發行人楊慧玉在大學雜誌四十二期刊登「萬年青書店結束營業啟事」。

這一期大學推出的主題是臺灣經濟發展問題，雜誌社主辦了一場經濟問題座談會，出席的有學界的于宗先、王作榮、侯家駒、梁國樹、孫震、劉清榕，財經官員汪俊容，企業界的嚴慶齡，以及大學雜誌的陳少廷、蘇俊雄、蔡昭發、許仁真。座談會對當前經濟問題與對策，提出高見，供當局與社會各界參考。

與主題相關的文章還有陳叔君的二十年來臺灣經濟發展的經緯、士堯的政府遷臺後對外貿易發展的情形，吳聰賢的臺灣農村發展的評價。

自本期起，封面改由畫家莊喆設計，風格與之前有相當大的差異。

第四十三期

七月推出的大學雜誌，封面是「七七」兩個字，主題是七七事變與抗日運動，有陳少廷的林獻堂先生與祖國事件、徐復觀的抗日往事、李雲漢的抗日先鋒第二十九軍、陳三井的列強與七七事變、陳南郇的七七前後的片憶。另外，以本社編委會名義，發表「嚴厲警告美日政府侵略釣魚臺聲明」，對美日在六月十七日非法簽訂「協定」，將琉球群島的「行政權」移交日本，並將我國領土釣魚臺列嶼一併包括在內，表示強烈抗議。

美國妄交釣魚臺給日本，也再次引發大學生的憤怒，「六一七學生示威紀實」一文指出，六月十七日，臺大學生在重重阻力下發起示威，集結逾千學生至美國及日本大使館，宣讀並遞交抗議信（由王曉波起草）。在從美國大使館遊行至日本大使館途中，學生呼喊「打倒帝國主義」、「日本鬼滾出去」等口號，同胞們為遊行隊伍鼓掌，一起振臂呼口號，展現了中國人的民族意識。

本期還有一篇重量級的文章，是由張景涵（張俊宏）、張紹文、許仁真、包青天合撰的「臺灣社會力的分析」，嘗試對臺灣的社會潛力及社會結構作一番分析探討，希望使社會的各種階層各種潛力從根本上建立起鞏固而深厚的基礎。全文甚長，分三期連載，本期先針對一、舊式地主；二、農民及其子弟，進行冷靜分析，了解他們在現代社會中扮演的角色，以及從沒落到轉型的過程。

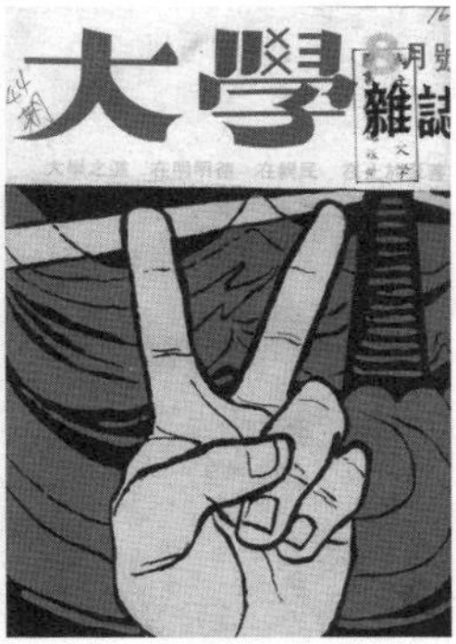

第四十四期

本期推出外交問題專號，文章包括許漢傑的「不必只顧責備尼克森」、王人傑「對外交上的一些小意見」、李萬來的「核子時代的外交政策」、王曾才的「中國外交制度的近代化」、丘宏達的「南沙群島是中國領土」。

其中「南沙群島是中國領土」，是針對七月十日菲律賓總統的不當言論，丘宏達從歷史、使用及有效管領方面，力證南沙群島屬我國領土，不容置疑。

接續上期的「臺灣社會力的分析」，本期針對三、智識青年；四、財閥，企業幹部及中小企業者，進行深入分析。前者保存較多的純真、理想和活力，是打破社會保守力量的先鋒。後者是臺灣社會的新貴，這個階層迅速發展的結果，使臺灣的社會結構起了根本上的變化。

第四十五期

大學雜誌本期推出人口問題專號。不同於二十一世紀之後臺灣面臨少子化危機，一九七一年前的臺灣，人口負擔一直是個大問題，陳木在發表「臺灣的人口問題與經濟發展」，指出戰後人口快速增長，對經濟發展形成沉重壓力，政府被迫在一九六八年起推動家庭計畫，控制人口增長速度，對提高個人平均所得及加速經濟發展，貢獻很大。文章呼籲進一步加強人口政策目標，有效控制人口。

人口問題專號其他文章還有汪仲譯的「擁擠的世界」、王士英的「鼠與人」、蘇俊雄「都市計劃與人口」、林益厚的「臺灣人口的都市化」。

「臺灣社會力的分析」本期繼續對勞工、公務人員的結構、心態與衍生出的問題，提出分析與建言。

大學雜誌自七月號（四十三期）起，連續三期刊登「臺灣社會力的分析」，獲得極為熱烈的迴響，引發各界對臺灣社會熱切的討論與關懷。直到今天，仍堪稱大學雜誌最具代表性的大文章之一。

大學
雜誌
大學之道 在明明德 在親民 在止於至善
46

第四十六期

十月號大學雜誌推出國是專號，陳少廷拋出震撼彈：「中央民意代表的改選問題」，文中明白主張，要達成全面政治革新目標，中央民意代表必須改選。陳少廷指出其理由，一是現有中央民意代表業已失去「代表性」，其次是他們雖已老邁體衰，但因長久沒有改選，成了變相的「終身職」中央民意代表。文章說，上層政治結構的僵化，構成社會經濟再進步的阻礙，為了擴大民主基礎，永保政治活力，中央民意代表全面改選勢在必行。

國是專號還有一篇「國是錚言」，由張景涵、高準、陳鼓應、許仁真、包青天、楊國樞、丘宏達、呂俊甫、吳大中、金神保、孫震、陳少廷、張尚德、張紹文、蘇俊雄等十五人具名，主張治理階層必需革新，推動富民的經濟建設，確立法治政治，落實多元價值的開放社會。其中在確立法治政治方面，特別點出，一個不能與社會大眾緊密銜接的中央民意代表群，一個不能與社會主流和大眾聲息相通的特權化民意機構，絕不是健全的民意機構，法治政治也絕無法圓滿達成。

本期大學雜誌還轉載了一篇蔣經國的「追念我的知友王繼春」，文章懷念贛南時期和蔣經國一起奮鬥卻不幸身故的夥伴。編者說，希望當年的「新贛南精神」能在此時此地再現，推動舉國上下共同為建立富強康樂開放的新中國而努力。

第四十七期

十月二十六日（臺北時間），中華民國在現實的國際情勢壓迫下，含憤退出聯合國，大學雜誌在十一月號以本社編委會名義，提出「信心、決心、革新：我們的呼籲」，針對退出聯合國一事，沉痛呼籲全國上下同心協力支持政府，敦促政府當機立斷，起用才俊，加速建設一個自由、法治、公平、合理而富民的開放社會。

孫震、丘宏達、張宏遠也都有文章評析退出聯合國帶來的衝擊，他們都主張，面對挫折，必須自強革新，以應付變局。丘宏達在文章結尾特別指出，知識份子在國家危難的時候，必須有面對困難的道德勇氣，挺身而出，維護國家的生存。

本期起，雜誌封面設計改由布魯氏負責。

大學
雜誌
12月號
大學之道 在明明德 在親民 在止於至善

第四十八期

大學雜誌在七月號到九月號。刊登了張景涵等四人合寫的「臺灣社會力的分析」，引起各方極為熱烈的反應，有人讚揚肯定，也有很多人表示不同意見。大學雜誌特別在十一月十三日舉行「臺灣社會力的分析」座談會，邀集學者專家聚集一堂，共同研討。座談會由社長陳少廷引言，總編輯楊國樞主持。與會發言的有農復會農業經濟組組長李登輝、臺大經濟系教授王作榮、臺大經濟系教授梁國樹、臺大經濟系副教授孫震、經合會綜合計劃處處長崔祖侃等多人，從農業、經濟、文化、社會各層面，檢視「臺灣社會力的分析」，也發表他們對這些問題的建議。張景涵、張紹文、許仁真、包青天四位作者針對各項質疑或討論，也即席說明補充。這場座談會紀錄成為本期最受矚目的內容。

由於文章太受矚目，環宇出版社還特別結集出書，並在本期雜誌刊登廣告，稱「臺灣社會力的分析」深入分析臺灣社會的病態，從腰纏萬貫的大財閥到八股教育受害者的知識青年，都是被分析的對象。

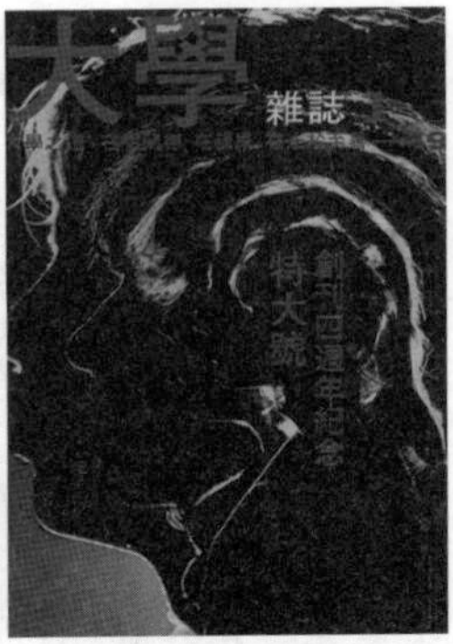

第四十九期

民國六十一年（一九七二）元月，大學雜誌創刊四周年特大號推出國是九論，在國家面臨巨變的關鍵時刻，王文興、包青天等十九人選擇了九個當前為社會關心的大題目，提出觀念和實際做法上的建議。國是九論，包括陳鼓應執筆的「論保障基本人權」，張景涵，許仁真執筆的「論人事與制度」，張景涵執筆的「論生存外交」。林鐘雄執筆的「論經濟發展方向」，蔡宏達執筆的「論農業與農民」，白秀雄、包青天執筆「論社會福利」，呂俊甫執筆的「論教育革新」，陳陽德執筆的「論地方政治」，王漢興、陳華強執筆的「論青年與政治」。

除了重量級的國是九論，本期另一值得注意的是「中央民意代表的改選問題」系列文章，包括臺大法代會舉辦「全面改選中央民意代表辯論」紀錄。這場辯論由周道濟和陳少廷主辯，臺大體育館聽眾爆滿，但因議題敏感，翌日只有一家報紙報導，大學雜誌則全文轉載臺大法言這篇錄音紀錄。其他相關文章還有洪三雄的「支持全面改選中央民意代表之我見」，陳少廷的「再論中央民意代表的改選問題」，陳少廷的「我對地方選舉延期的看法」。

陳鼓應本期寫了一篇「開放學生運動」，也引起相當大的迴響。陳鼓應引述臺大「大學新聞」校刊談到開放學生運動問題，當時還是學生的馬英九說：「今天社會的弊端，就是很多人缺乏勇氣去說去做，我們年輕人，應是沒有顧忌的。」陳鼓應深表認同，並認為，學生運動是一種自覺運動，一種革新運動，也是一種愛國運動。

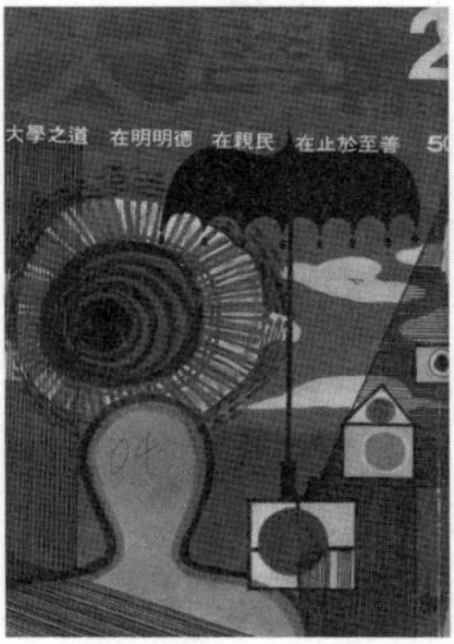

第五十期

本期持續提出國是問題，有華國權的「論國是決之於公意」，楊庸一的「對當局與輿論界的強烈建議」，許志仁的「支持全面改選中央民意代表」，洪三雄，楊庸一撰寫的「民意何在？」，陳會瑞的「拔擢青年才俊與充實中央民意機構」。大學雜誌對全面改選中央民意代表，可說立場明確，火力集中，但在當時的現實政治環境中，這種改革呼聲依然顯得孤掌難鳴。楊庸一在「強烈建議」一文中，即沉痛呼籲當局誠心接納這一代青年的呼聲：中央民意代表必須全面改選。

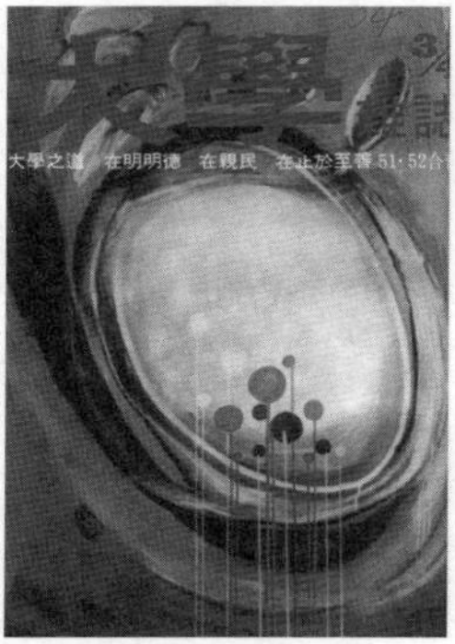
大學之道　在明明德　在親民　在止於至善 51·52合

第五十一期、五十二期合刊

就在大學雜誌連續數期大聲疾呼「全面改選中央民意代表」的同時，國民大會通過了憲法臨時條款修正案，這項修正案違背了國民黨充實中央民意機構的意旨，現有中央民意代表解消了改選之憂，保住金飯碗，高呼「萬歲」，但有識之士和社會大眾卻是憂心失望。

本期大學雜誌以本社編委會名義，發表「臨時條款修訂之後：我們對政府及執政黨的寄望」，稱當此國難方殷，亟須革新求變，開創新機之時，國大代表如此熱衷於個人得失的考慮，實在很難獲得諒解。失望之餘，編委會還是提出數點建議，寄望黨政當局積極改革。

國民大會和臨時條款如今都已走入歷史，但透過大學雜誌的紀錄，仍可感受到當年改革之不易。

第五十三期

陳鼓應在元月號發表的「開放學生運動」，引發許多討論，也引來保守勢力反撲，中央日報副刊以孤影為名寫的「一個小市民的心聲」，就是最明顯的例子，此篇文章倡言苟安，滿足現狀，視學生運動如洪水猛獸，打擊青年革新熱情，在當局推波助瀾下大量散布。大學雜誌本期特別製作「小市民的心聲」的討論，來稿幾乎一面倒地批判「一個小市民的心聲」，王文興、黃默、張亞澐、楊國樞、高準、陳鼓應、何烈、孫震、王曉波、呂俊甫、葉洪生等，紛紛撰文，從各個角度質疑保守勢力的心態。

大學雜誌還以本社編委會名義發表「慶祝總統蔣公就職默辭」（蔣中正總統連任，五月二十日就職），名為祝賀就職，文內卻呼籲革新政治，建設民生經濟，要求當局正確理解青年問題，激發青年愛國熱情。

第五十四期

五月，蔣經國出掌行政院，公布新內閣人事，六月號大學雜誌即以本刊編委會名義發表「令人振奮的蔣經國內閣」，稱此一內閣人事安排，是半年來最令人滿意的政治家與氣魄地表現。文章特別指出，蔣內閣最足稱道的特色有二：它是以卓越的行政人才為主流的內閣；它充分地照顧到了政治上的現實問題。大學雜誌希望新閣閣員能放手去做，為苦難的國家開拓新的局面。

李筱峰以一篇「從當前教育問題談學生運動之必要」，持續參與批判「一個小市民的心聲」，他認為今日教育的癥結之一，是民主教育未能建立，癥結之二是形式主義，癥結之三是情育的忽略。基於這幾點，李筱峰主張我們更需要開放學生運動。

大學雜誌
大學之道　在明明德　在親民　在止於至善

第五十五期

青年問題一直是大學雜誌關心的重點，本期大學推出青年與社會專欄，除轉載第六十六期臺大青年的「臺大社會服務團平議」外，還有楊懋春的「知識份子服務桑梓」，何亦修的「培養大學生與製造大學生」，吳瓊恩的「一個知識青年的意見」。楊懋春指出，知識份子服務桑梓，是說受過高等教育的青年與壯年，要找機會服務自己在鄉村中的家鄉。他舉自己的例子，雖然大部分時間待在臺大校總區的課室與研究室內，但和鄉村中的農民、農村生活一直維持密切而有意義的關係。他誠懇呼籲受過教育青年，能尋求臨時或長久途徑，為桑梓服務。

本期還刊載了「文學與社會」座談會，由王文興主持，余光中、邢光祖、高準、彭歌、瘂弦出席，談文學的社會功能、反映社會的作品及其文學價值、文學反映社會應否加以限制？

第五十六期

本期推出選舉專欄，分為兩個部分，一是張景涵、許仁真、包青天、陳陽德四人合寫「二十五年來臺灣選舉史的探討」，探討臺灣選舉的成就，也探討選民與候選人。張景涵等人分析，光復二十五年來，選民與候選人有幾個階段性的變化，這種變化是循著社會結構的變動而變化的，又可細分為純樸期、汙染期、覺醒期。進入覺醒期之後，面對的最主要課題，教育普及所產生的青年知識份子、工業發展所帶來大批的勞工大眾，農村破產所造成埋怨的農民，這股青年及工農大眾的力量，使第三階段邁入關鍵時刻。

專欄的另一部分是「中央及地方選舉問題」座談會，由陳少廷、楊國樞主持，出席者包括王杏慶（南方朔）、王曉波、吳豐山、胡佛、高育仁、康寧祥、洪三雄、陳玲玉、陶百川、黃森松、鄧維楨等多位，針對即舉行的中央及地方公職人員的選舉，提出各項建言。

本期起，由江志豪擔任封面設計。

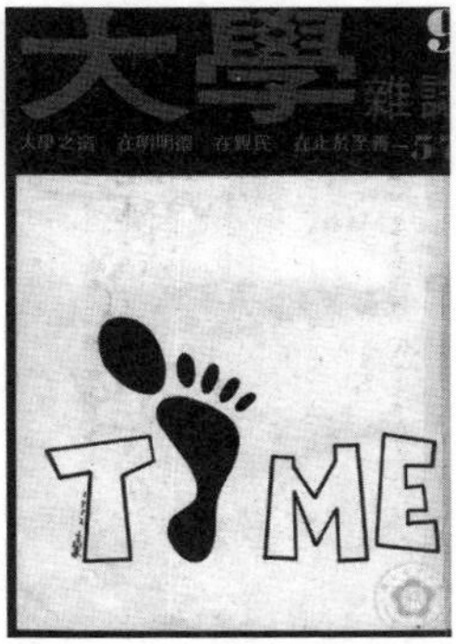

第五十七期

日本田中角榮政府宣稱日本與中國大陸「關係正常化」時機已成熟。面對日本即將與大陸建交，大學雜誌九月號辦了一場「中日關係的演變及其因應之道」座談會，陳少廷、楊國樞主持，邵毓麟、陳水逢、王曉波、高準、王文興、鄭佩芬等出席。座談會希望從一個比較廣泛的、較長遠的觀點，來研討「中日關係的演變」，預測未來可能發展，從而作較有效的因應。其中，臺灣對日本應採激烈或溫和的反應，會中曾引發爭議。

相關文章還有黃剛的「所謂的日中國交正常化的法律基礎問題」，蘇衷怡等四十六人聯合簽名發表的「我們自己的命運由我們自己決定」、王生力「我們對中日斷交的態度與主張」。

大學
10
雜誌
大學之道　在明明德　在親民　在止於至善

第五十八期

本期大學雜誌特別推出社論，而且一推就是兩篇，第一篇是「論自立自強的新經濟政策」，第二篇是「現階段加速農村建設的意義」。

繼上期刊出的中日關係座談會後，本期縮小範圍，座談會聚焦在「我國對日經濟關係」，邀請的來賓也較少一點，包括金神保、林鐘雄、吳聰賢、吳豐山等。與會者多認為我國對田中的不友好動向應採強硬措施，但在中斷經濟關係方面，則宜謹慎，務使我國受到的損害與不便減至最低程度。

本期另有一場座談會，主題是「大專青年教育問題」（分三期刊登），出席者超過六十人，馬英九剛從臺大法律系畢業，也出席這次座談，其他出席者還有陳永興、毛鑄倫、李大維、林聖芬、林嘉誠、金惟純、周渝、馬鶴淩等。馬英九在座談會中表示，臺灣青年問題核心，不是就業，不是婚姻，更不是青少年犯罪問題，而是青年對國家社會普遍缺乏認同感的問題。他主張要多多提供青年參與的機會，讓青年從參與的過程中，意識到國難的嚴重是自己切身的責任。

第五十九期

本期推出「中國前途問題專號」，重頭戲是「臺灣對於中國前途所處的角色與使命座」談會，出席的有文崇一、王文興、王曉波、林鐘雄、胡佛、孫震、韋政通、高準、陶百川、陳鼓應、張系國等。楊國樞在座談會總結時表示，應該把握時間，繼續努力，以臺灣為實驗場，為中國問題的解決追求一個合理的答案，建立一個自由的、民的、平等的、均富的、和平的國家、社會。而最關鍵的，還是要徹底實行民主憲政，擴大民意基礎，推動政治社會革新。

專號刊出的文章，還有唐君毅的「談中國現代社會政治文化思想的方向與海外中國知識份子對當前時代之態度」，張曼濤「中國文化與中國前途」，海浮子的「再論中國的處境與我們應走的方向」。

大學
12
雜誌
大學之道　在明明德　在親民　在止於至善
4

第六十期

本期有兩篇涉及警察侵犯人權的文章，一是郭耀南的「嚴重抗議臺南市第二分局侵害人權」，作者是成功大學學生，因「頭髮過長」，遭警察拖進警局修理了一頓，頭髮也理個精光。另外，周人德「警察待老百姓的態度是這樣的嗎？」講述他騎車目睹與親歷警察的粗暴執法。

陳鼓應發表「我對嘉義師專訓育作風的感想」，針對報載一對男女同學因「行為不軌」，而遭退學，文章認為部分教育人員的保守心態實有調整必要。

大學雜誌除了高舉知識份子論政大旗之外，也不時刊登此類針砭時弊、與個人人權有關的文章，這類文章和一般民眾的距離似乎更為貼近。

國家圖書館出版品預行編目 (CIP) 資料

大學之道：知識分子與臺灣民主化 / 國立政治大學圖書館數位典藏組編. -- 初版. -- 臺北市：政大圖書館, 2014.12
面；公分. --（政治大學數位史料研究叢刊；2）

ISBN 978-986-04-2955-8（平裝）

1. 臺灣政治 2. 民主化 3. 知識分子 4. 文集

573.07　　103023116

大學之道
知識分子與臺灣民主化

編輯者　國立政治大學圖書館數位典藏組
發行人　劉吉軒　蔡明月
出版發行　國立政治大學圖書館
11605 臺北市文山區指南路二段 64 號
電話 (02)2938-7090
傳真 (02)2939-0455
美術設計　蘇品銓
經銷者　群學出版有限公司
23141 新北市新店區中正路 508 號 5 樓
電話 (02)2218-5418
傳真 (02)2218-5421
初版日期　2014 年 12 月

ISBN　978-986-04-2955-8（平裝）
本書定價　新臺幣 400 元